Ab dem Hauptstudium
bis zum Referendariat

JURA INTENSIV

CRASHKURS

Strafrecht

Dr. Dirk Schweinberger

8. Auflage

Jura Intensiv Verlags UG & Co. KG, Dinslaken, Mai 2022

Herr **Dr. Dirk Schweinberger** ist Assessor und Franchisenehmer des Repetitoriums *Jura Intensiv* in Frankfurt, Gießen, Heidelberg, Mainz und Marburg. Er wirkt seit über 22 Jahren als Dozent des Repetitoriums und ist Redakteur der Ausbildungszeitschrift RA – Rechtsprechungs-Auswertung. In den Skriptenreihen von Jura Intensiv ist er Autor bzw. Co-Autor der Skripte: Strafrecht AT I und II, Strafrecht BT I und II, Irrtumslehre, Arbeitsrecht, Crashkurs Strafrecht, Crashkurs Strafrecht Bayern, Crashkurs Sammelausgabe Handels- & Gesellschaftsrecht, Crashkurs Arbeitsrecht, Crashkurs Assex Strafurteil, Kompakt Strafrecht, Basis-Fälle Handelsrecht, Basis-Fälle Strafrecht AT, Basis-Fälle Strafrecht BT I und II.

Autor
Dr. Dirk Schweinberger

Verlag und Vertrieb
Jura Intensiv Verlags UG (haftungsbeschränkt) & Co. KG
Duisburger Straße 95
46535 Dinslaken
info@verlag.jura-intensiv.de
www.verlag.jura-intensiv.de

Druck und Bindung
Druckerei Busch GmbH, Raiffeisenring 31, 46395 Bocholt

ISBN 978-3-96712-095-0

Inhaltsverzeichnis

Crashkurs Strafrecht

Strafrecht – AT

Das vorsätzliche vollendete Begehungsdelikt

I. Tatbestand
- **1. Objektiver Tatbestand**
  - **a) Eintritt des tatbestandlichen Erfolges**
  - **b) Handlung des Täters**
  - **c) Kausalität zwischen der Handlung und dem Erfolg**
  - **d) Objektive Zurechnung des Erfolges zur Handlung**
- **2. Subjektiver Tatbestand**

II. Rechtswidrigkeit

III. Schuld

Handlung

Def.: **Handlung** ist jedes menschliche Verhalten, das vom Willen beherrscht oder zumindest beherrschbar und damit auch vermeidbar ist.

Keine Handlung bei: vis absoluta, Körperbewegungen bei Schlaf, Hypnose (str.) oder Bewusstlosigkeit, krankheitsbedingten Zuständen (Epilepsie), Reflexbewegungen (abzugrenzen zu Spontan- / Kurzschlussreaktionen, z.B. Reaktion auf ein Insekt).

Bleibt der Täter bei der „eigentlichen" Erfolgsherbeiführung straflos, so kann ihm unter Umständen ein zeitlich vorgelagertes sorgfaltspflichtwidriges Verhalten im Rahmen einer Fahrlässigkeitstat angelastet werden (**Übernahmefahrlässigkeit**). Z.B. LKW-Fahrer setzt Fahrt trotz evidenter Ermüdungserscheinungen fort.

Kausalität

Def.: **Kausal** für einen Erfolg ist eine Handlung, wenn sie nicht hinweggedacht werden kann, ohne dass der konkrete Erfolg entfiele. (Äquivalenz-Theorie; a.A. [z.B. Lehre von der gesetzmäßigen Bedingung] nur darstellen, wenn Prof. vor Ort dies verlangt; im Examen genügt die h.M.)

(P): überholende / abgebrochene Kausalität
[Zweitereignis (z.B. Schuss) führt unabhängig vom Erstereignis (z.B. langsam wirkendes Gift) den Erfolg früher herbei.]

- Kausalität (+) bzgl. Zweitereignis (kein hypothetischer erfolgsverursachender Kausalverlauf zu berücksichtigen)
- Kausalität (-) bzgl. Erstereignis; diesbzgl. dann **Versuch** prüfen!

⇨ *<u>Gutachten</u>: Zuerst Prüfung des Zweitereignisses!*

(P): kumulative Kausalität
[zwei voneinander unabhängige Ursachen führen im Zusammenwirken den Erfolg herbei]

Kausalität (+), aber i.d.R. keine obj. Zurechnung (atypischer Kausalverlauf); dann für jeden Täter **Versuch** prüfen!

(P): fortwirkende / anknüpfende Kausalität
[Zweitereignis führt anknüpfend an das Erstereignis den Erfolg früher herbei. Z.B.: Schuss auf das durch Gift geschwächte Opfer.]

- Kausalität (+) bzgl. Zweitereignis
- Kausalität (+), aber Zurechnungsproblem (!) beim Erstereignis [ebenso bei fahrlässiger Anknüpfung, BGH, 3 StR 463/07]; Zurechnung, wenn die Fortwirkung vom Täter geradezu „eingeplant" wurde; wenn keine Zurechnung: **Versuch** prüfen!

⇨ *<u>Gutachten</u>: Zuerst Prüfung des Zweitereignisses!*

<u>Bei alternativer Kausalität:</u>
Def.: Von mehreren Handlungen, die zwar alternativ, aber nicht kumulativ hinweggedacht werden können, ohne dass der Erfolg entfiele, sind alle ursächlich.

(P): alternative Kausalität
[Fall: Zwei Autobomben, die von zwei Tätern unabhängig voneinander gelegt wurden, explodieren absolut gleichzeitig]

Kausalität (+) nach Modifikation der Äquivalenz-Formel; siehe links

	(P): generelle Kausalität „Contergan-Fall“: Es genügt, wenn nachgewiesen ist, dass das Contergan zu den Missbildungen der Kinder geführt hat. Nicht nötig ist die genaue Aufklärung, welche Prozesse im Detail im Körper abgelaufen sind und zur Missbildung geführt haben.
Objektive Zurechnung	
Def.: Dem Täter ist ein Erfolg **objektiv zuzurechnen**, wenn er durch seine Handlung eine rechtlich relevante Gefahr geschaffen hat, die sich im konkreten Erfolg verwirklicht hat. (Der Erfolg muss das „Werk“ des Täters sein.)	KEINE Zurechnung bei: • **atypischen Kausalverläufen** *[Fall: Das vom Täter verletzte Opfer kommt erst durch einen Verkehrsunfall des Krankenwagens ums Leben. Atypisch kann (!) auch die Straftat eines Häftlings während einer Vollzugslockerung sein (BGH, 2 StR 557/18,* ***RA-Telegramm 2021, 28****).]* • bloßer **Risiko- bzw. Schadensverringerung**; diese Fallgruppe setzt voraus, dass eine bereits bestehende Gefahr verringert wird; wird eine neue, aber mildere Gefahr geschaffen, liegt meist eine (mutmaßliche) Einwilligung des Opfers vor, • Schadenseintritten außerhalb des menschlichen Beherrschungsvermögens *[Fall: Feind wird zum Spaziergang überredet, in der Hoffnung, ihn möge der Blitz treffen.]* • **Eigenverantwortlichkeit des Opfers**; dies setzt stets voraus, dass das Opfer das gefährdende Geschehen beherrscht; anderenfalls kann nur eine einvernehmliche Fremdgefährdung vorliegen, welche eine Einwilligung darstellen kann *(hierzu Näheres unten bei der Einwilligung und der Fahrlässigkeit)*, • **Dazwischentreten Dritter**; keine Unterbrechung des Zurechnungszusammenhangs, wenn das Handeln des Dritten schon als Gefahr in der Ersthandlung angelegt war (so im *Gnadenschuss-Fall [BGH, MDR 56, 526], wo im Rahmen eines Kriegsverbrechens A auf O schießt und B dem röchelnden O den Gnadenschuss gibt* ⇨ A und B sind wegen §§ 212, 211 als Nebentäter strafbar); demgegenüber Unterbrechung, wenn z.B. nach einer Verletzung das Opfer völlig unvernünftig der rettenden Bluttransfusion widersetzt. Keine Unterbrechung auch, wenn der Täter das Verhalten des Dritten antizipiert und geradezu einplant. • **Erfolgen außerhalb des Schutzbereichs der Norm** (v.a. bei Fahrlässigkeit), • **rechtmäßigem Alternativverhalten / Pflichtwidrigkeitszusammenhang** (nur bei Fahrlässigkeit!!)
<u>Gutachten</u>: Hinweis auf abweichende BGH-Rspr.: „Wollte man in der hier behandelten Fragestellung ein Problem des subjektiven Tatbestandes, des Irrtums über den Kausalverlauf (sog. subjektive Zurechnung) erblicken, ergäbe sich nichts anderes.“	

Tatbestandsausschließendes Einverständnis

1. Natürliche Willensfähigkeit des Betroffenen
2. Zustimmung zu der verletzenden Handlung
3. Zustimmung im Tatzeitpunkt

Einverständnis und Einwilligung	Ein den Tatbestand ausschließendes Einverständnis kommt nur in Betracht, wenn der Tatbestand ein Merkmal aufweist, welches ein Verhalten **ohne oder gegen den Willen des Berechtigten** verlangt. Z.B.: Bei der Wegnahme der „Bruch“ des Gewahrsams und beim Hausfriedensbruch das Merkmal „eindringt“.

	⇨ *<u>Gutachten</u>: Da das Einverständnis zum Ausschluss des Tatbestands führt, erfolgt seine Prüfung im Rahmen des objektiven Tatbestands beim auszuschließenden Merkmal. Im Fall des Hausfriedensbruchs müsste die Prüfung z.B. beim Merkmal des „Eindringens" erfolgen.* Das Einverständnis ist wirksam, auch wenn es durch **Täuschung** erschlichen wurde. Maßgeblich ist allein der natürliche Wille des Rechtsgutsträgers. Beachte insoweit den Unterschied zur rechtfertigenden Einwilligung: Diese ist unwirksam, wenn sie durch Täuschung erschlichen wurde.

Vorsatz

<u>Def.:</u> Vorsatz ist der Wille zur Tatbestandsverwirklichung in Kenntnis aller seiner objektiven Tatumstände. Ausführlicher Aufsatz: Sternberg-Lieben, JuS 2012, 884 ***(Abgrenzung zur bewussten Fahrlässigkeit: unten bei den Fahrlässigkeitsdelikten)***	⇨ *<u>Gutachten</u>: Formulierungsvorschlag bei unproblematischen Fällen: „Dabei handelte T in Kenntnis aller objektiven Tatumstände mit dem Willen zur Tatbestandsverwirklichung, also vorsätzlich."* **Formen des Vorsatzes:** • **Absicht** (dolus directus 1. Grades): Täter erkennt die Möglichkeit des Erfolgseintritts, wobei es ihm auf diesen Erfolg gerade ankommt. • **Direkter Vorsatz** (dolus directus 2. Grades): Täter weiß sicher, dass der Erfolg eintreten wird, was er auch billigt bzw. womit er sich abfindet. • **Eventualvorsatz** (dolus eventualis): Täter erkennt die Möglichkeit des Erfolgseintritts und billigt diesen, wobei es genügt, dass er sich mit dem Erfolg abfindet. **Regel zur Gesetzesauslegung:** Wenn das Gesetz spricht von „Absicht", „absichtlich", „um zu" oder „zur", so gilt für die Auslegung: **Absicht** ist nötig, wenn eine **Begünstigungstendenz** im Täterhandeln beschrieben wird, z.B. § 263 „Bereicherungsabsicht". **Direkter Vorsatz** genügt, wenn eine **Schädigungstendenz** im Täterhandeln beschrieben wird, z.B. § 274 I Nr. 1 „in der Absicht, einem anderen Nachteil zuzufügen" und § 267 „zur Täuschung im Rechtsverkehr". [Ausnahmefall: Im Rahmen der Zueignungsabsicht bei § 242 genügt bei der Enteignungskomponente sogar Eventualvorsatz.]
Vorsatz bzgl. des Erfolges	• (-) bei **vorzeitigem Vorsatz** (dolus antecedens) *[Fall: Täter will den Erfolg bei Vornahme der Handlung nicht mehr.]* • (-) bei **nachzeitigem Vorsatz** (dolus subsequens) *[Fall: Täter wollte den Erfolg bei Vornahme der Handlung noch nicht. So kann also z.B. der Vorsatz nicht mit einem Geräusch erst beim Aufschlagen des Opfers auf den Boden begründet werden, BGH, 2 StR 377/18, **RA-Telegramm 2019, 66**.]* • (+) beim **kumulativen Vorsatz** *[Fall: Täter hält die Verwirklichung mehrerer Tatbestände mind. für möglich. Konkret: X findet seine Frau F und deren Liebhaber L schlafend auf dem Sofa vor. L liegt auf F. X nimmt ein Beil, stellt sich neben das Sofa und holt aus, um L das Beil auf den Kopf zu schlagen. Dabei nimmt er in Kauf, die unter L liegende F zu treffen. Der mit großer Wucht geführte Schlag trifft und tötet F.]* Wegen Eventualvorsatz bzgl. F kein Fall der aberratio ictus. Nach h.M. (BGH, 4 StR 369/08) Vollendung in Tateinheit mit Versuch. Nach M.M. ist Vorsatz mit Vollendungsstrafe „verbraucht". Nicht überzeugend, da Täter zwei Vorsätze hat.

Fortsetzung: Vorsatz bzgl. des Erfolges	⇨ *Gutachten: Erst vorsätzliche Vollendung bzgl. F prüfen und wegen des Eventualvorsatzes bejahen. Dann Versuch an L prüfen und klären, dass es zwei Vorsätze gab, die beide verwertet werden dürfen und müssen.* • **(P)** bei **Tatbestandsirrtum** *[Fall: Täter T schießt auf X, weil er ihn irrig für eine Vogelscheuche hält.]* Kein Vorsatz bzgl. Tötung, da T der in § 212 I vorausgesetzte Umstand „Mensch" nicht bekannt war. • **(P)** bei **error in persona** *[Fall: Täter schießt auf X, weil er ihn irrig für seinen Feind F hält.]* Vorsatz bzgl. des getroffenen gleichwertigen (!) Objekts, da kein Fall des § 16 I gegeben ist, da der Name des Opfers kein Umstand ist, der zum Tatbestand gehört. M.M. zum e.i.p.: Es liege zusätzlich noch ein Versuch am eigentlich gewollten Objekt vor. Abzulehnen, da der Vorsatz des Täters bereits im Rahmen des Vorsatzes bzgl. des getroffenen Objekts bejaht (und folglich „verbraucht") wurde. Dieser Vorsatz darf kein zweites Mal verwertet werden (Verbot der Doppelverwertung), weshalb der Tatentschluss abzulehnen ist. • **(P):** Bei **aberratio ictus** (Fehlgehen der Tat) bzgl. des versehentlich getroffenen Objekts. *[Fall: Täter schießt auf F und trifft aus Versehen den X.]* h.M. (**Konkretisierungstheorie**) Vorsatz bzgl. X **(-)**, da der Täter den Vorsatz auf das anvisierte Objekt konkretisiert habe. M.M. (**formelle Gleichwertigkeitstheorie**) **(+)**, wenn beide Objekte im Ergebnis rechtlich gleichwertig sind (z.B.: statt Mensch F wird Mensch X getroffen). M.M. (materielle Gleichwertigkeitstheorie) nur (+), wenn kein höchstpersönliches Rechtsgut (Leben, Leib, Freiheit. Ehre) betroffen ist (z.B. Eigentum). M.M. (es liegt ein Unterfall des Irrtums über den Kausalverlauf vor) nur (+), wenn das Geschehen sich in den Grenzen der allgemeinen Lebenserfahrung bewegt und keine andere Bewertung der Tat gerechtfertigt ist. ***Stellungnahme**:* Kein Kausalverlaufsirrtum, da schon ein Irrtum über den Erfolg gegeben ist (es stirbt „das falsche" Opfer). Die Th. der formellen Gleichwertigkeit unterstellt einen generellen Tötungsvorsatz, der gerade nicht vorliegt. ⇨ *Gutachten: Immer erst prüfen, ob hinsichtlich des getroffenen Objekts ein Eventualvorsatz („Streuvorsatz") gegeben ist. Nur wenn nicht, liegt eine aberratio ictus vor. Nach Ablehnung des Vorsatzes für das getroffene Objekt werden **Versuch** (am anvisierten Objekt) und **Fahrlässigkeit** (am getroffenen Objekt) geprüft.* • Sonder-**(P)**: **mittelbare Opferindividualisierung** *[Fall: Autobombe, wobei der „Falsche" die Zündung betätigt und stirbt.]* Nach M.M. liegt eine aberratio ictus vor, nach h.M. ist ein error in persona gegeben, da die noch größere Gefahrschaffung durch das Aus-der-Hand-geben des Geschehens im Vergleich zur direkten Anvisierung (in diesem Fall unbeachtlicher error in persona) den Täter nicht privilegieren kann (Erst-Recht-Schluss).

	• **(P)** bei **alternativem Vorsatz** *[Fall: Fall: A schlägt mit einem Hammer Richtung N und B. A hält es für möglich, dass eine der beiden Personen verletzt werden könnte. B wurde getroffen.]* Wegen Eventualvorsatz bzgl. B kein Fall der aberratio ictus. Nach h.M. (BGH, 4 StR 95/20, **RA 2021, 157** = JuS 2021, 366 = JA 2021, 339) § 224 I Nr. 2 (+). Bzgl. N Versuch in Tateinheit, da höchstpersönliche Rechtsgüter betroffen sind. Nach M.M. ist Vorsatz mit Vollendungsstrafe „verbraucht“. Nicht überzeugend, da Täter zwei Vorsätze hat. ⇨ *<u>Gutachten</u>: Erst vorsätzliche Vollendung bzgl. B prüfen und wegen des Eventualvorsatzes bejahen. Dann Versuch an N prüfen und klären, dass es zwei Vorsätze gab, die beide verwertet werden dürfen und müssen.*

Vorsatz bzgl. Kausalität	**(P)**: **Irrtum über Kausalverlauf** Nach BGH/h.L. Vorsatz zur vollendeten Tat, wenn unwesentliche Abweichung. Unwesentlich ist die Abweichung, wenn sich das Geschehen in den Grenzen der allg. Lebenserfahrung hält und keine andere Bewertung der Tat gerechtfertigt ist. Anderenfalls: Versuch und Fahrlässigkeit prüfen. (**Wesentlichkeitstheorie**) **Einaktiges Geschehen:** *[Fall 1 (BGH, 5 StR 509/20, **RA 2021, 492**): Das auf die Gleise gestoßene Opfer wird nicht durch den Sturz, sondern durch die einfahrende U-Bahn verletzt. Fall 2 (BGH, 1 StR 326/11): Das mit Tötungsvorsatz geschlagene und getretene Opfer stirbt infolge stressbedingten Herzversagens.]* Nach Wesentlichkeitstheorie Tötungsvorsatz (und obj. Zurechnung) gegeben, da keine außerhalb jeder Wahrscheinlichkeit liegende Verkettung unglücklicher Umstände. **Mehraktiges Geschehen:** *[Fall: Nach einer mit Tötungsvorsatz vorgenommenen Handlung wird die vermeintliche Leiche in der Jauchegrube entsorgt. Erst hierdurch ertrinkt das Opfer.]* 1. M.M.: immer Versuch und Fahrlässigkeit („**Versuchslösung**“) 2. M.M.: Vorsatz zur vollendeten Tat, wenn alle Teilakte der Tat (also z.B. Schuss und spätere Beseitigung der – vermeintlichen – Leiche) vom Täter von Anfang an geplant waren. Anderenfalls Versuch und Fahrlässigkeit. (**Lehre vom Gesamtvorsatz**) **H.M.: Wesentlichkeitstheorie** (s.o.) *Stellungnahme*: Gegen Versuchslösung: Keine Einzelfallgerechtigkeit; gegen Theorie vom Gesamtvorsatz: Sie eröffnet dem Einlassungs-geschick des Täters Tür und Tor. ⇨ *<u>Gutachten</u> beim mehraktigen Geschehen: „Gesamttat“ als vorsätzliche Vollendung prüfen. Objektive Zurechnung problematisieren aber bejahen und dann im subj. TB Frage aufwerfen, ob der Täter Vorsatz zum Kausalverlauf hatte. Wenn nein, folgen Prüfungen wegen Versuch und Fahrlässigkeit.* **Unterschied zur aberratio ictus:** Bei dieser wird ein anderes (das falsche) Opfer getroffen.

	Sonderfälle des mehraktigen Geschehens: *[Fall 1: Nach einer mit Tötungsvorsatz und heimtückisch vorgenommenen Tötungshandlung kehrt der Täter zum vermeintlich toten Opfer zurück, um Spuren zu beseitigen. Als er erkennt, dass das tödlich verletzte Opfer noch lebt, schneidet er diesem den Hals durch.]* Das LG teilte das Tatgeschehen in zwei Teilakte auf, nämlich die Schläge und die Schnitte. Auf dieser Basis verurteilte es den Angeklagten wegen versuchten Mordes in Tateinheit mit gefährlicher Körperverletzung (durch die Schläge) und wegen Totschlags (durch die Schnitte). Bei den Schnitten wäre das Opfer zum Argwohn nicht mehr fähig gewesen, weshalb keine Heimtücke vorgelegen hätte. Der BGH, 4 StR 223/15, **RA 2016, 101** = JuS 2016, 368 („**Scheunenmord-Fall**"), ging nach der Wesentlichkeitstheorie von einem einheitlichen Gesamtgeschehen aus und verurteilte wegen Heimtücke-Mordes. *[Fall 2: Nach einer mit Tötungsvorsatz und heimtückisch vorgenommenen Tötungshandlung tritt der Täter zurück. Als er danach vom Opfer angegriffen wird, schlägt er den Angriff zurück und tötet dann das Opfer.]* Hier hat BGH, 3 StR 402/16, **RA-Telegramm 2017, 34** = JA 2017, 387, einen Rücktritt vom versuchten Heimtückemord und danach einen separaten § 212 (Opfer nicht mehr arglos) angenommen. Abgrenzung: Der Täter des Scheunenmord-Falles hatte mit den zweiten tödlichen Handlungen an das Erstgeschehen angeknüpft, ohne dass ein Fallenlassen des Tötungsentschlusses zu irgendeinem Zeitpunkt erkennbar gewesen wäre. Insofern unterscheiden sich die Fälle in dem maßgeblichen Gesichtspunkt einer zwischenzeitlichen Aufgabe des Tötungsentschlusses. **„Umgekehrter Jauchegruben-Fall"** Vom Angeklagten unbemerkt hatte dieser bereits durch seinen ersten Akt – unvorsätzlich – den Tod des Opfers bewirkt und nahm dann einen zweiten Akt vor, um das vermeintlich noch lebende Opfer zu töten (BGH, 2 StR 18/17, **RA 2017, 661** = JuS 2017, 1223 = JA 2017, 948). Da ein „nachträglicher" Vorsatz (dolus subsequens) gem. § 16 I unbeachtlich ist, kommt im 1. Akt nur § 222 (u.U. §§ 223 ff. in Tateinheit) und im 2. Akt ein untauglicher Tötungsversuch in Betracht. Beim **„vorzeitigen" Erfolgseintritt** kommt eine vorzeitige Vollendung nur in Betracht, wenn der Täter bereits beim 1. Akt mit (Tötungs-)Vorsatz gehandelt hat, also insoweit bereits die **Schwelle zum Versuch** überschritten hatte.

Rechtswidrigkeit

I. Objektive Voraussetzungen
  1. Rechtfertigungslage (Die Frage nach dem „Ob")
  2. Rechtfertigungshandlung (Die Frage nach dem „Wie")
II. Subjektive Voraussetzungen

StPO-Ermächtigungsgrundlagen stellen für die ermächtigten Amtsträger strafrechtliche Rechtfertigungsgründe dar. So rechtfertigen z.B. die §§ 102, 103 StPO den mit der Hausdurchsuchung einhergehenden Hausfriedensbruch.

Notwehr, § 32

I. Objektive Voraussetzungen
1. Notwehrlage
- **Angriff auf rechtlich geschütztes Interesse**
- **Gegenwärtigkeit des Angriffs**
- **Rechtswidrigkeit des Angriffs**

2. Notwehrhandlung
- **gegenüber dem Angreifer**
- **geeignet zur Angriffsabwehr**
- **erforderlich zur Angriffsabwehr**
- **geboten zur Angriffsabwehr**

II. Subjektive Voraussetzungen (Verteidigungswille)

Notwehrlage	**Rein objektive Prüfung!** Dabei kommt es auf die tatsächlichen Verhältnisse im Zeitpunkt der Verteidigungshandlung an (BGH, 1 StR 449/13, **RA 2014, 49**). Das scharfe Notwehrrecht steht nur demjenigen zu, der tatsächlich angegriffen ist. Entscheidend sind daher nicht die Befürchtungen des Angegriffenen, sondern die Absichten des Angreifers und die von ihm ausgehende Gefahr einer (neuerlichen oder unverändert fortdauernden) Rechtsgutsverletzung (BGH, 4 StR 235/16).
<u>Def.:</u> **Angriff** ist jede von einem menschlichen Verhalten ausgehende Bedrohung rechtlich geschützter Güter oder Interessen.	Nicht die öffentliche Ordnung! (Keine privaten Ordnungshüter!) Nicht bei „Angriffen" von Tieren, außer diese werden von einem Menschen als Angriffsmittel benutzt („Hasso, fass!"). Bei Angriffen auf die Ehre, wenn es sich nicht um eine Bagatelle handelt (BGH, 3 StR 622/17).
<u>Def.:</u> **Gegenwärtig** ist jeder Angriff, der unmittelbar bevorsteht, gerade stattfindet oder noch andauert.	Nach h.M. auch (+), wenn das Verhalten des Täters zwar noch kein Recht verletzt, aber unmittelbar in eine Verletzung umschlagen kann, so dass durch das Hinausschieben der Abwehrhandlung entweder deren Erfolg gefährdet oder den Verteidiger zusätzlicher nicht mehr hinnehmbarer Risiken ausgesetzt würde (BGH, 1 StR 486/16, **RA 2017, 325** = JA 2017, 629). Es kann also einen Angriff schon im **„schmalen Vorfeld des Versuchs"** geben, also bevor der Angreifer seinerseits i.S.d. § 22 unmittelbar zur Tatbestandsverwirklichung ansetzt (BGH, 6 StR 348/21). Ein Angriff bleibt gegenwärtig, solange die Gefahr einer Rechtsgutverletzung oder deren Vertiefung andauert und noch abgewendet werden kann. Bei **Eigentums- und Vermögensdelikten** ist ein gegenwärtiger Angriff noch gegeben, solange die Beute nicht endgültig gesichert ist; auf die Vollendung der Tat kommt es nicht an (OLG Zweibrücken, 1 OLG 2 Ss 42/18, **RA 2019, 45** = JuS 2019, 591). Er dauert auch dann fort, wenn eine Wiederholung einer Verletzungs- oder Angriffshandlung unmittelbar zu befürchten ist (OLG Koblenz, 2 Ss 234/10, JuS 2011, 655).
<u>Def.:</u> **Rechtswidrig** ist ein Angriff, der objektiv im Widerspruch zur Rechtsordnung steht, also nicht seinerseits durch einen RFG gedeckt ist und den der Betroffene auch nicht aus anderen Gründen zu dulden braucht.	⇨ *<u>Gutachten</u>: In diesem Prüfungspunkt kann es zu Inzidentprüfungen kommen, wenn die Strafbarkeit des Angreifers nach der Aufgabenstellung nicht zu prüfen ist.* Nach wohl h.M. (-), wenn „Angreifer" nicht mal fahrlässig handelt. In diesem Fall ist nach h.M. nur § 34 einschlägig. **(P): Rechtmäßigkeit bei „angreifenden" Hoheitsträgern** Der von einem hoheitlichen Eingriff betroffene Bürger muss die Amtshandlung grundsätzlich hinnehmen und kann erst nachträglich eine Feststellung der eventuellen Rechtmäßigkeit der Maßnahme erreichen.

	Dies trägt auch dem Umstand Rechnung, dass die eingesetzten Vollzugsbeamten im Dienst der staatlichen Ordnung tätig werden, die wiederum die Sicherung der Rechtsordnung insgesamt gewährleistet. ⇨ Die Rechtmäßigkeit des hoheitlichen Handelns in einem strafrechtlichen Sinne hängt also lediglich davon ab, dass „die äußeren Voraussetzungen zum Eingreifen des Beamten" gegeben sind, er also **örtlich und sachlich zuständig** ist, er die vorgeschriebenen **wesentlichen Förmlichkeiten** einhält und der Hoheitsträger sein – ihm ggf. eingeräumtes – **Ermessen pflichtgemäß ausübt**. Befindet sich allerdings der Hoheitsträger in einem schuldhaften Irrtum über die Erforderlichkeit der Amtsausübung, handelt er willkürlich oder unter Missbrauch seines Amtes, so ist sein Handeln rechtswidrig (BGH, 1 StR 606/14, **RA 2015, 501**). **Sonder-(P):** Das Handeln einer Person, die einem „**unvermeidbaren ETBI**" unterliegt, stellt keinen rechtswidrigen Angriff i.S.v. § 32 dar (OLG Köln, 1 RVs 223/15, **RA 2016, 269, 272**). Allenfalls könnte noch § 34 in Betracht kommen, dessen Voraussetzungen aber meist nicht vorliegen dürften. Gegen ein nicht durch das KunstUrhG gestattetes **Fotografiertwerden** darf man sich erforderlichenfalls sogar mit Gewalt wehren. Man muss sich nicht darauf beschränken, sein Gesicht zu verdecken, sondern darf die Verteidigung wählen, die den Angriff sofort und endgültig beendet (OLG Hamburg, 3 – 14/12, JuS 2012, 1039).
Notwehrhandlung	**Maßstab: Objektives Ex-Ante-Urteil! (**BGH, 5 StR 134/14; 4 StR 509/14**)**
Gegenüber dem Angreifer	§ 32 kann grundsätzlich nur Eingriffe in die Rechtsgüter des Angreifers rechtfertigen. Ausnahmsweise kann § 32 die Verletzung von **Universalrechtsgütern** rechtfertigen, wenn dies untrennbar mit der erforderlichen Verteidigung verbunden ist (BGH, 4 StR 551/12). Z.B. Verstöße gegen das WaffG oder auch **§ 315b**, wenn die gefährdete Person der Angreifer ist (OLG Zweibrücken, 1 OLG 2 Ss 42/18, **RA 2019, 45** = JuS 2019, 591). Die Lit. hält insoweit die §§ 904 BGB bzw. § 34 für ausreichend.
<u>Def.:</u> **Geeignet** zur Abwehr des Angriffs ist jede Handlung, die nicht von vornherein als völlig abwehruntauglich erscheint.	Hier so gut wie nie Probleme. Auch der körperlich hoffnungslos Unterlegene darf natürlich versuchen, sich zu verteidigen. Alle Verletzungen des Angreifers sind auch in diesem Fall natürlich gerechtfertigt. Die „völlige Untauglichkeit" ist also abstrakt zu verstehen und nicht auf die konkreten Kräfteverhältnisse zwischen Angreifer und Verteidiger zu beziehen.
<u>Def.:</u> Die Verteidigung ist **erforderlich**, wenn sie das *<u>relativ</u>* mildeste Mittel unter mehreren gleichermaßen sicher den Angriff abwehrenden Mitteln darstellt.	Der Angegriffene darf den Angriff sofort und sicher zurückschlagen, er muss nicht ausweichen und kein Risiko eingehen, mit seiner Verteidigung zu spät zu kommen. Das Gesetz verlangt von einem rechtswidrig Angegriffenen nicht, dass er die Flucht ergreift oder auf andere Weise dem Angriff ausweicht, weil damit ein Hinnehmen des Angriffs verbunden wäre und weder das bedrohte Recht, noch die in ihrem Geltungsanspruch infrage gestellte Rechtsordnung gewahrt blieben (BGH, 4 StR 551/12, **RA 2013, 377, 380**). Maßgeblich ist stets die „konkrete Kampflage"; Achtung bei „wechselnder Rollenverteilung" zwischen Angreifer und Verteidiger. **(P): (Schuss-)Waffeneinsatz** Grundregel: Zuerst Warnung (Warn-Ruf und / oder Warn-Schuss), dann Beinschuss, dann Oberkörperschuss (BGH, 2 StR 188/17, **RA 2018, 101**). Nach Lage des Falles muss u.U. auch der Einsatz eines Messers

Fortsetzung ***Def.:*** Die Verteidigung ist **erforderlich**, wenn sie das *relativ* mildeste Mittel unter mehreren gleichermaßen sicher den Angriff abwehrenden Mitteln darstellt.	vorher angedroht werden (BGH, 2 StR 118/16, JuS 2018, 589). Maßgeblich ist immer die **konkrete Kampflage**. Aber es muss **nicht ausgewichen** werden und nicht das Risiko eingegangen werden, sich uneffektiv zu verteidigen. Deshalb kann auch der **sofortige lebensgefährliche Einsatz** einer Waffe durch Notwehr gerechtfertigt sein (BGH, 2 StR 219/16). Auch findet eine **Abwägung** der betroffenen Rechtsgüter bei der Notwehr grundsätzlich **nicht** statt, so dass es zulässig ist, die bloße körperliche Unversehrtheit durch den Einsatz eines lebensgefährlichen Mittels zu verteidigen. Schon fast lehrbuchartig: OLG Koblenz, 2 Ss 234/10, JuS 2011, 655. (Für einen Messereinsatz BGH, 5 StR 134/14; 1 StR 630/13, **RA 2014, 321** = JK 8/14, StGB 32/39; 1 StR 351/10, JuS 2011, 369, für einen Schlag mit einer Eisenstange gegen den Kopf BGH, 5 StR 397/15, JuS 2016, 562 und für Schlag mit einem Bierglas OLG Hamm, 1 RVs 38/13, **RA 2013, 698**.) **Hell´s Angels – Fall** (BGH, 2 StR 375/11, Satzger, JK 6/12, StGB § 32/37**):** Ein rechtswidrig Angegriffener muss nicht das Risiko des Fehlschlags einer Verteidigungshandlung eingehen. Wenn (weitere) Warnungen in der konkreten „Kampflage“ keinen Erfolg versprechen oder die Gefahr für das angegriffene Rechtsgut sogar vergrößern, darf auch eine lebensgefährliche Waffe unmittelbar eingesetzt werden. **(P): Würgen** Bei Würgen oder Erdrosseln als Tötungshandlung verstreicht bis zum Erfolgseintritt in der Regel ein ganz erheblicher Zeitraum der Gewaltanwendung. Vor Eintritt des Todes kommt es jedenfalls zu körperlichen Reaktionen des gewürgten Opfers, die eine Verminderung von dessen Handlungsfähigkeit bewirken und hierdurch einen Angriff auf den in Notwehr Würgenden durch fortschreitende äußere Anzeichen der Ermattung des Angreifers als sicher beendet und ein noch längeres Würgen als zweckverfehlend erscheinen lassen. (BGH, 5 StR 328/11).
Def.: **Geboten** ist die Verteidigung, wenn sie keinen Fall des Rechtsmissbrauchs darstellt. Übersichtsaufsatz: Rönnau, JuS 2012, 404 ff.	**Fallgruppen** fehlender Gebotenheit wegen Rechtsmissbrauchs: Ersichtlich schuldlos Handelnde (wenn nicht extrem gefährlich), enge persönliche Beziehung (sehr str., bei „Haustyrannen-Fällen“ Einschränkung abzulehnen; auch nicht bei bloßer WG, BGH, 2 StR 523/15, JuS 2017, 1036), Bagatellangriffe, **krasses Missverhältnis** („Kirschbaumfall“; BGH, 3 StR 450/10 = JuS 2012, 465: „Abwehr eines evident bagatellhaften, bloßem Unfug nahe kommenden Angriffs“), **Absichtsprovokation** (Täter provoziert den Angriff, um „im Schutz des Notwehrrechts“ den Provozierten verletzen zu können.) **(P): Notwehrprovokation** Einschränkung des Notwehrrechts bei Fällen **fahrlässiger (schuldhafter / vorwerfbarer) Provokation**. Rechtsfolge: **Ausweichen – Schutzwehr – Trutzwehr**. Jedoch ist stets die konkrete „Kampflage“ zu berücksichtigen, weshalb auch eine sofortige (u.U. auch tödliche) Trutzwehr gerechtfertigt sein kann (BGH, 2 StR 140/20). Hier ist vor allem streitig, ob für eine Einschränkung des Notwehrrechts ein rechtswidriges (tatbestandsmäßiges) Vorverhalten notwendig ist (z.B. Straftat nach § 142), oder ob bereits „**sozialethisch zu missbilligendes Verhalten**“ ausreicht (so BGH, 2 StR 304/20, **RA-Telegramm 2020, 131;** 2 StR 473/14, **RA 2015, 561** = JuS 2016, 177). Nach BGH ist aber nötig, dass zwischen diesem Vorverhalten und dem rechtswidrigen Angriff ein enger zeitlicher und räumlicher Ursachenzusammenhang besteht und es nach Kenntnis des Täters auch geeignet ist, einen Angriff zu provozieren. Demgegenüber kann ein rechtlich gebotenes oder erlaubtes Tun nicht allein deshalb zu Einschränkungen der Notwehr führen, wenn der Täter wusste oder wissen konnte, dass andere durch dieses Verhalten zu einem

rechtswidrigen Angriff veranlasst werden könnten (BGH, 1 StR 208/18, JA 2018, 872, 873). Scheidet wegen fahrlässiger Notwehrprovokation eine Rechtfertigung aus, kommt aber u.U. dennoch eine Entschuldigung gem. § 33 in Betracht (BGH, 2 StR 113/14, **RA 2014, 657**). Anders als § 35 I 2, wonach der Schuldausschluss versagt wird, wenn der Täter „die Gefahr selbst verursacht hat", enthält § 33 eine solche Einschränkung nicht (BGH, 2 StR 473/14, JuS 2016, 177).

⇨ *Gutachten: Immer erst eine mögliche Strafbarkeit durch das u.U. provozierende Vorverhalten prüfen, um Inzidentprüfungen zur Strafbarkeit des Vorverhaltens im Rahmen der Gebotenheit der Notwehr zu vermeiden!*

Achtung: U.U. kann ein **Fahrlässigkeitsvorwurf** an das Vorverhalten angeknüpft werden! Dies setzt stets voraus, dass die Eskalation für den fahrlässig provozierenden vorhersehbar war (so im „Schrotflinten-Fall" BGH, NStZ 2001, 143).
Wenn es um einen **Vorsatzvorwurf** geht, vgl. unten „actio illicita in causa".

(P): Angriffsprovokation durch den Nothelfer: Sofern dem Angegriffenen diese Provokation nicht zuzurechnen ist, behält dieser das uneingeschränkte Notwehrrecht. Hieraus folgt ein uneingeschränktes Not**hilfe**recht des Provokateurs, denn dieses ist akzessorisch zum Not**wehr**recht des Angegriffenen (LK-Rönnau/Hohn, § 32 Rn 260).

(P): Provokation der Provokation
Hier geht die wohl h.M. davon aus, dass der zunächst provozierte Provokateur das volle Notwehrrecht behält, wenn seine den Angriff des ursprünglichen Provokateurs auslösende (rechtswidrige) Reaktion lediglich eine adäquate Folge von dessen Verhalten ist (zum Beispiel Erwiderung einer Beleidigung mit einer Gegenbeleidigung). Es fehlt an einer Zurechnung der Provokation zur Person des Verteidigers, wenn dessen provozierendes Verhalten seinerseits durch den Angreifer provoziert wurde und der erste Provokateur daher die Verantwortung für die Folgeprovokation trägt (vgl. BGH, 1 StR 486/16, **RA 2017, 325** = JA 2017, 629; dort Jäger S. 630 f.).

(P): Notwehr gegen Erpresser („Chantage")
Notwehrlage (+), solange der psychische Zwang aufrechterhalten wird.
Notwehrhandlung:

- Erforderlichkeit: klären, ob polizeiliche Hilfe erreichbar (zumutbar) ist
- Gebotenheit: Einschränkung kommt in Betracht, wenn der Erpresste wegen eigener Vortaten nur beschränkt schutzwürdig ist. Streitig ist, ob er sich zur Abwehr auch einer Gewalttat bedienen darf. Dies wird vor allem im Fall der **Schweigegelderpressung** („Chantage": Androhung kompromittierender Enthüllungen zum Zwecke der Erpressung) verbreitet vertreten. Baut der Täter hingegen eine „gemischte Drohkulisse" auf und droht auch mit Sachbeschädigungen, Körperverletzungen etc., dürfte eine Beschränkung des Notwehrrechts eher nicht in Betracht kommen (offen gelassen in BGH, NStZ 2003, 425, 428).

(P): Notwehr gegen ein Kind
Wenn das Spielen eines Betreuers mit Grundschulkindern aus dem Ruder läuft, gilt: Im Fall eines schuldunfähigen Angreifers, insbesondere bei dem Angriff eines Kindes, sind Einschränkungen des Notwehrrechts in Betracht zu ziehen. Ein Ausweichen kann in solchen Fällen allerdings nur gefordert werden, wenn dies ohne substantiellen Rechtsverlust möglich ist. Eine Ohrfeige kann deshalb gerechtfertigt sein (OLG Düsseldorf, III-1 Ws 63/16, **RA 2017, 45** = JuS 2017, 81).

actio illicita in causa	Die Lehre von der a.i.i.c. ist einerseits eine M.M. zur Lösung der Fälle der Notwehrprovokation. Nach dieser Meinung soll in dem provozierenden Vorverhalten der Ansatzpunkt für den strafrechtlichen Tatvorwurf liegen (insoweit ist die Grundidee eine Parallele zur a.l.i.c.). Wirklich „interessant“ wird die a.i.i.c., wenn mit ihr eine Strafbarkeit aus dem **Vorsatzdelikt** begründet werden soll (vor allem in Fällen, in denen ein Fahrlässigkeitsdelikt gar nicht existiert). *[Fall: Täter T lässt absichtlich den bissigen Hund des Nachbarn frei, als ein Kind des Weges kommt. Zur Rettung des Kindes erschießt T – wie von Anfang an geplant – den Hund. Lösung: Die Erschießung an sich ist durch § 228 BGB gerechtfertigt. Die Rechtfertigung wird nicht durch den Gedanken der Absichtsprovokation ausgeschlossen, da es um die Rettung des völlig unbeteiligten Kindes geht. Frage: Kann im Vorverhalten (Freilassen des Hundes, der sog. „actio illicita in causa“) der Anknüpfungspunkt für eine Strafbarkeit wegen vorsätzlicher (!) Sachbeschädigung erblickt werden?]* Die wohl h.M. lehnt diese Rechtsfigur ab, da in dem Vorverhalten nicht bereits die Tathandlung der Sachbeschädigung liege. Andere bejahen die Strafbarkeit, da nach der Äquivalenztheorie alle Bedingungen gleichwertig seien. ⇨ *<u>Gutachten</u>: Erst die „eigentliche“ Tathandlung prüfen und die Rechtfertigung des Täters darlegen. Dann das vorgelagerte Verhalten prüfen und klären, ob die „a.i.i.c.“ eingreift.*
Verteidigungswille	Nach h.M. nötig zur Kompensation des Handlungsunrechts (des Vorsatzes). Vgl. auch z.B. Wortlaut §§ 32 II, 34: „um zu“.
<u>Def.:</u> Der subj. TB eines RFG verlangt ein Handeln in Kenntnis der rechtfertigenden Sachlage und (nach h.M.) zusätzlich das Motiv, zumindest auch aufgrund der dadurch verliehenen Befugnis zu handeln (BGH, 1 StR 126/21, **RA 2021, 661**).	**Diese (nebenstehende) Definition ist (ebenso wie die gleich folgenden Problemfälle) auf alle RFG übertragbar!** (-), wenn der „Verteidigungswille“ neben anderen Motiven bei Vornahme der Abwehrhandlung gänzlich in den Hintergrund tritt (BGH, 1 StR 126/21, **RA 2021, 661**). So liegt es etwa, wenn es dem Täter darum geht, eine endgültige Klärung der Auseinandersetzung herbeizuführen und „als eindeutiger Sieger des Zweikampfes aus dieser hervorzugehen“ (BGH, 4 StR 332/13). **(P): Täter ist nur objektiv gerechtfertigt** *[Fall: Es liegen objektiv rechtfertigende Umstände vor, die der Täter aber nicht kannte.]* e.A.: Vollendung, da die rein zufällige objektive Rechtfertigung den Täter nicht privilegieren könne. h.M.: Bloßer Versuch, da durch das objektive Vorliegen des RFG eine Kompensation des Erfolgsunrechts eintritt (BGH, 1 StR 462/16). (Z.T. werden die Versuchsregeln „analog“ angewendet.) ⇨ *<u>Gutachten</u>: Vollendung prüfen. Bei der RWK beim subj. Element die Frage aufwerfen, wie sich dessen Fehlen auswirkt. Wenn der h.M. gefolgt wird, Vollendungsstrafe ablehnen und als nächstes Versuch prüfen. Bei Vorprüfung einen „rechtlichen Fall der Nichtvollendung“ annehmen.* **(P): Täter handelt zwar in Kenntnis der rechtfertigenden Umstände, das Motiv ist aber bloß die Schädigung des Angreifers** Nach der sog. „Kenntnis-Theorie“ ist der Täter gerechtfertigt. Nach der h.M. (Lehre vom Verteidigungswillen) muss der Täter jedoch aufgrund der Rechtfertigung handeln. Hierfür spricht der Wortlaut z.B. der §§ 32, 34 („um...zu“). Hieran fehlt es, weshalb das subjektive Rechtfertigungselement fehlt. Der Täter ist also zu behandeln wie im Fall bloß objektiver Rechtfertigung: Er ist wiederum nur wegen Versuchs zu bestrafen.

	⇨ *<u>Gutachten</u>: Vollendung prüfen. Bei der RWK beim subj. Element die Frage aufwerfen, wie sich auswirkt, dass der Täter nicht helfen will. Nach Ablehnung des Verteidigungswillens Klärung der Frage, wie sich das Fehlende subj. Element auf die Rechtfertigung auswirkt (dazu oben).*

(P): Notwehr- / Nothilferecht für Polizeibeamte	Hier gibt es je nach Bundesland unterschiedliche Regelungen in den Polizeigesetzen zum unmittelbaren Zwang: ① **§ 54 II HSOG, Art. 77 II BayPAG, § 71 II Nds. SOG, § 76 IV POG RP, § 58 II ThPAG, § 60 II SOG LSA, § 40 IV BremPolG** regeln: *„Die zivil- und strafrechtlichen Wirkungen nach den Vorschriften über Notwehr und Notstand bleiben unberührt."* ② **§ 57 II PolG NRW, § 60 II BbgPolG** regeln: *„Die Vorschriften über Notwehr und Notstand bleiben unberührt."* ③ **§ 68 IV PolG BW, § 34 V SächsPolG** regeln: *„Das Recht zum Gebrauch von Schusswaffen auf Grund anderer gesetzlicher Vorschriften bleibt unberührt."* ④ **§ 25 III HambSOG** regelt: *„Das Recht zum Gebrauch von Schusswaffen in den Fällen der Notwehr und des Notstandes bleibt unberührt."* ⑤ **§ 250 II LVwG SchlH (**ähnl. **§ 9 IV UZwG Bln)** regeln: *„Das Recht der Polizeivollzugsbeamtinnen und Polizeivollzugsbeamten zur Verteidigung in den Fällen der Notwehr und des Notstandes bleibt unberührt."* ⑥ **§ 101 II SOG M-V** regelt: *„Das Recht zur Verteidigung in den Fällen der Notwehr und des Notstandes bleibt unberührt."* ⑦ **§ 8 III SaarlPolG** regelt: *„Die zivil- und strafrechtlichen Vorschriften über Notwehr und Notstand begründen keine polizeilichen Befugnisse."* Parallel enthalten die Polizeigesetze Regeln z.B. zum Einsatz von Schusswaffen, die enger sind als vor allem § 32. Fraglich ist, wie dieser Konflikt aufzulösen ist. **H.M.** (BGH, NStZ 2005, 31) **Strafrechtliche Theorie**: Bei entspr. Öffnungsklausel können sich auch Amtsträger auf die allg. Rechtfertigungsgründe berufen. Hierfür spricht vor allem, dass dem Landesgesetzgeber die Gesetzgebungskompetenz im Bereich des Strafrechts fehlt. (So könnte man die §§ bei ②, ③, ④ lesen.) M.M. **Selbstverteidigungstheorie**: Dem „Staatsbürger in Uniform" stehen die allg. Rechtfertigungsgründe nur zur Selbstverteidigung zu, also nicht zur Rettung Dritter. (So könnte man die §§ bei ⑤, ⑥ lesen.) M.M. **rein öffentlich-rechtliche Theorie**: Die Regelungen in den PolizeiG sind abschließend. Die allg. Rechtfertigungsgründe gelten nicht für Amtsträger. M.M. **gemischt öffentlich-strafrechtliche Theorie**: Der Amtsträger ist zivil- und strafrechtlich gerechtfertigt, dennoch kann das Handeln z.B. im Rahmen einer FFK gem. § 113 I 4 VwGO öffentlich-rechtlich rechtswidrig sein. (So könnte man die §§ bei ①, ⑦ lesen.)

Festnahmerecht, § 127 I StPO

I. Objektive Voraussetzungen
1. Festnahmelage
a) Frische Tat
b) Betroffen oder verfolgt (ausführlicher Aufsatz: Sickor, JuS 2012, 1074)
c) Festnahmegrund
2. Festnahmehandlung
II. Subjektive Voraussetzungen (Festnahmewille)

Frische Tat	str., ob dringender Tatverdacht ausreicht (prozessuale Theorie, Arg.: Wer Zivilcourage zeigt, der muss bei begründetem Verdacht gerechtfertigt sein.) oder ob die rechtswidrig begangene Straftat objektiv vorliegen muss (materiell-rechtliche Theorie, Arg.: Die Duldungspflicht des Betroffenen ist bei bloßem Verdacht nicht sachgerecht.) Die prozessuale Theorie ist in der Rpsr. inzw. herrschend (so auch OLG Celle, 32 Ss 176/14, **RA, 2015, 161** = JuS 2015, 565, 566; OLG Hamm, I-9 U 103/14). ⇨ i.d.R. Folgeproblem: ETBI (Dieses Problem durch „falschen“ Streitentscheid keinesfalls abschneiden. Sind Festnehmernder und Festgenommener zu prüfen, befindet sich ohnehin einer von beiden im ETBI.)

Def.: Auf frischer Tat **betroffen** ist, wer bei Begehung *(oder Verdacht, str.)* einer rechtswidrigen Tat oder unmittelbar danach am Tatort oder in dessen unmittelbarer Nähe gestellt wird.		***Def.:*** Auf frischer Tat **verfolgt** ist, wer sich zwar bereits vom Tatort entfernt hat, aber sichere Anhaltspunkte auf ihn als Täter hinweisen und seine Verfolgung zum Zwecke der Ergreifung aufgenommen wird.
Festnahmegrund		
Def.: **Fluchtverdacht** liegt vor, wenn die gerechtfertigte Annahme besteht, der Betroffene werde sich der Verantwortung durch Flucht entziehen, wenn er nicht alsbald festgenommen wird.	Wenn die Identität des Betroffenen bekannt ist, kann die Festnahme zumindest der Anwesenheitssicherung dienen.	***Def.:*** Die **Identität** des Betroffenen ist dann nicht sofort feststellbar, wenn sie nicht augenblicklich und an Ort und Stelle so festgestellt werden kann, dass der weiteren zügigen Strafverfolgung insoweit nichts im Wege steht.
Festnahmehandlung	Schuss in die Beine nur bei Kapitalverbrechen (selbst das ist str.!).	

Rechtfertigende Einwilligung

I. Objektive Voraussetzungen
1. Dispositionsbefugnis [(-) bei Leben und Rechtsgütern der Allgemeinheit]
2. Kundgabe vor der Tat
3. Einwilligungsfähigkeit [entspricht nicht §§ 105 ff. BGB – Verstandesreife genügt]
4. Keine Willensmängel
5. Keine Sittenwidrigkeit (nur bei Körperverletzung, § 228 StGB)
II. Subjektive Voraussetzungen
⇨ *Gutachten: Für die Prüfungspunkte 1. – 5. gibt es keine zwingende Reihenfolge.*

(P): Abgrenzung von einvernehmlicher Fremdgefährdung und eigenverantwortlicher Selbstgefährdung	**Abzugrenzen ist die einvernehmliche Fremdgefährdung**, die als rechtfertigende Einwilligung behandelt wird, von der **eigenverantwortlichen Selbstgefährdung**, welche die Zurechnung ausschließt. Wer eine solche Selbstgefährdung veranlasst, ermöglicht oder fördert, kann daher nicht bestraft werden. **Maßgeblich für die Abgrenzung** ist die Frage, wer das Geschehen beherrscht (**Tatherrschaft**).

(Aufsatz: Eisele, JuS 2012, 577)	Eine strafrechtlich relevante Handlungsherrschaft wächst dem an fremder Selbstgefährdung Beteiligten erst dann zu, wenn und soweit die Freiverantwortlichkeit des Selbstgefährdungsentschlusses des Opfers beeinträchtigt ist. Dies ist etwa der Fall, wenn der Beteiligte kraft überlegenen Fachwissens das Risiko besser erfasst als der Selbstgefährdende, namentlich wenn das Opfer einem Irrtum unterliegt, der seine Selbstverantwortlichkeit ausschließt, oder das Opfer z.B. infolge einer Vergiftung zu einer Risikoabwägung nicht mehr hinreichend in der Lage ist. (BGH, 5 StR 491/10) Alleine die Tatsache, dass eine Person drogensüchtig ist, schließt ihre Selbstverantwortlichkeit nicht aus (BGH, 1 StR 389/13, **RA 2014, 209**). *[Fall: Bei illegalem Autorennen wird durch einen Unfall der Beifahrer getötet.]* Nach o.g. Kriterien Fremdgefährdung. (Beachte aber: Einwilligung nach BGHSt 53, 55 gem. § 228 StGB sittenwidrig, da konkret lebensgefährdend.) Ebenfalls Fremdgefährdung, wenn das Autorennen nicht abgesprochen ist, sondern der überholte Fahrer beim Überholvorgang Gas gibt, um die Überholung zu verhindern und sich daraus „faktisch" ein Rennen entwickelt (OLG Celle, 31 Ss 7/12). Aufsatz hierzu: Mitsch, JuS 2013, 20; Walter, NStZ 2013, 673
Kundgabe vor der Tat	Einer Einwilligung, gleich ob ausdrücklich oder konkludent erklärt, kommt nur dann rechtfertigende Wirkung zu, wenn die über das betroffene Rechtsgut dispositionsbefugte Person mit voller Kenntnis der Sachlage der Rechtsgutsbeeinträchtigung zustimmt. Der Einwilligende muss auch in der „SM-Szene" eine zutreffende Vorstellung von dem voraussichtlichen Verlauf und den zu erwartenden Folgen des Angriffs und damit die erforderliche Kenntnis des Einwilligenden über Art und Intensität der bevorstehenden Rechtsgutsbeeinträchtigung haben. Wenn der Angeklagte irrtümlich annimmt, seine Tat könnte auf die Einwilligung des Opfers treffen, weil dieses der „SM-Szene" angehöre, steht dies einer vorsätzlichen Tat nicht entgegen. Ohne eine vorherige Verständigung mit dem Opfer (hier: hinsichtlich des Zuziehens einer Kette) kann keine rechtfertigende Einwilligung vorliegen. (BGH, 1 StR 530/12)
Keine (wesentlichen) Willensmängel	Nach einer Ansicht liegt ein wesentlicher Willensmangel, der eine wirksame Einwilligung ausschließt, nur vor, wenn er „rechtsgutsbezogen" ist. Schutz verdiene nur derjenige, der sein Rechtsgut unfreiwillig aufgebe, weil er zu dessen Aufopferung genötigt oder über Art und Umfang der an diesem Gut eintretenden Beeinträchtigung getäuscht werde (Wessels/Beulke/Satzger, AT, Rn 573). Nach anderer Ansicht führt grundsätzlich jeder Willensmangel zur Unwirksamkeit der Einwilligung. Wenn und weil es bei der Einwilligung um den Schutz der Autonomie des Rechtsgutsträgers gehe, müsse diesem auch die täuschungsfreie Entscheidung über seine Rechtsgüter obliegen (Rönnau, JuS 2007, 18, 19) Die letztgenannte Auffassung verdient schon wegen der völlig unklaren Abgrenzung, wann ein Irrtum nun „rechtsgutsbezogen" ist, den Vorzug.
Sittenwidrigkeit (nur bei KV, § 228 StGB) ***Def.:*** Eine sittenwidrige Einwilligung liegt vor, wenn das Anstandsgefühl aller billig und gerecht Denkenden verletzt ist.	Die Einwilligung in eine KV ist sittenwidrig, wenn die Tat führt zu: • einer schweren Entstellung des Opfers, • einer schweren Verstümmelung des Opfers oder • einer **konkreten Lebensgefährdung** des Opfers. • Gleiches gilt, wenn eine der o.g. Folgen – vorausschauend betrachtet – droht! Ebenso, wenn zwei miteinander rivalisierende Gruppen vereinbaren, sich miteinander zu schlagen (**„3. Halbzeit"** bei Hooligans), blieben die Taten wegen des ihnen innewohnenden erheblichen Grades an Gefährdung des Lebens und der körperlichen Unversehrtheit trotz der (konkludenten)

	Einwilligung sittenwidrig. Hintergrund sind die stattfindenden gruppendynamischen Prozesse und die ihnen typischerweise innewohnende Eskalationsgefahren (BGH, 3 StR 233/14, **RA 2015, 216;** 1 StR 585/12, **RA 2013, 265**). Im Unterschied zu Kampfsportarten fehlen effektive Sicherungen (Ringrichter), um das Gefährlichkeits- und das Eskalationspotential zu begrenzen und um auf die Einhaltung der verabredeten „Regeln" zu achten. Gem. BGH, 1 StR 368/19, **RA 2020, 549**, keine Sittenwidrigkeit bei gleich großen Gegnern, die verabredet hatten, Tritte gegen den Kopf auszuschließen.

Mutmaßliche Einwilligung

I. Objektive Voraussetzungen
1. **Vorliegen eines disponiblen Rechtsguts**
2. **Kein Vorliegen einer Einwilligung**
3. **Kein erkennbar entgegenstehender Wille des Rechtsgutsträgers**
4. **Einwilligungsfähigkeit des Betroffenen**
5. • **Handeln im materiellen Interesse des Betroffenen**
   • **(oder) Handeln, ohne schutzwürdige Interessen zu berühren**

II. Subjektive Voraussetzungen

Sterbehilfe **Patientenwille** **Behandlungsabbruch** (Klausur zum Behandlungsabbruch: Vormbaum, JURA 2012, 652 und Kubiciel/Wachter, JA 2013, 112)	1. **Sterbehilfe** durch Unterlassen, Begrenzen oder Beenden einer begonnenen medizinischen Behandlung (Behandlungsabbruch) ist gerechtfertigt, wenn dies dem tatsächlichen oder mutmaßlichen Patientenwillen entspricht (§ 1901a BGB) und dazu dient, einem ohne Behandlung zum Tode führenden Krankheitsprozess seinen Lauf zu lassen. 2. **Ein Behandlungsabbruch kann sowohl durch Unterlassen als auch durch aktives Tun vorgenommen werden.** 3. Gezielte Eingriffe in das Leben eines Menschen, die nicht in einem Zusammenhang mit dem Abbruch einer medizinischen Behandlung stehen, sind einer Rechtfertigung durch Einwilligung nicht zugänglich. (BGH, 2 StR 454/09) Um zu verhindern, dass aus unlauteren Motiven auf eine Lebensverkürzung schwer erkrankter Patienten hingewirkt wird, muss gewährleistet sein, dass die Entscheidung nicht unter zeitlichem Druck, sondern nur nach sorgfältiger Prüfung der medizinischen Grundlagen und des sich ggf. in einer Patientenverfügung manifestierenden Patientenwillens erfolgt. Für die Feststellung des Patientenwillens als Grundlage für den rechtfertigenden Abbruch lebenserhaltender medizinischer Maßnahmen sehen die §§ 1901a und 1901b BGB daher grundsätzlich folgendes Verfahren vor: Gemäß § 1901a I 1 und 2 BGB ist nur der Betreuer bzw. Bevollmächtigte (§ 1901a V BGB) befugt, die Übereinstimmung der Festlegungen in der Patientenverfügung mit der aktuellen Lebens- und Behandlungssituation des Patienten zu prüfen und auf dieser Grundlage dem Willen des Patienten gegebenenfalls Geltung zu verschaffen. Darüber hinaus setzt die Entscheidung über einen Behandlungsabbruch gem. § 1901b I BGB zwingend ein Zusammenwirken von Betreuer bzw. Bevollmächtigtem und Arzt voraus. Danach prüft der behandelnde Arzt in eigener Verantwortung, welche ärztliche Behandlung im Hinblick auf den Gesamtzustand und die Prognose des Patienten indiziert ist und erörtert dies mit dem Betreuer unter Berücksichtigung des Patientenwillens als Grundlage für die zu treffende Entscheidung. (BGH, 2 StR 320/10)

Hypothetische Einwilligung

Ein ärztlicher Heileingriff erfüllt zwar nach BGH/h.M. den Tatbestand § 223, kann aber nach BGH selbst beim Fehlen einer wirksamen Einwilligung durch eine hypothetische Einwilligung gerechtfertigt sein. (Hierbei kann es auch zu einem Irrtum über das Vorliegen dieses RFG kommen. (BGH, 1 StR 134/11).

Herleitung der Rechtsfigur	Diese aus der zivilrechtlichen Schadensdogmatik stammende Figur (vgl. BGH, NJW 1984, 1397) soll im StrafR rechtfertigend wirken, wenn eine an sich mögliche Einwilligung nicht eingeholt wurde, der Patient allerdings bei wahrheitsgemäßer Aufklärung in die durchgeführte Maßnahme eingewilligt hätte und der Eingriff lege artis ausgeführt wurde (BGH, 4 StR 549/06). Zweifel gehen insoweit – „in dubio pro reo“ – zu Gunsten des Arztes (BGH, 1 StR 300/03). Es soll eine Parallele zur objektiven Zurechnung vorliegen: Wäre bei rechtmäßigem Alternativverhalten (= Einhaltung der erforderlichen Sorgfalt) der Verletzungserfolg ebenfalls eingetreten, fehlt es am sog. Pflichtwidrigkeitszusammenhang und damit am Erfolgsunrecht (LK-Rönnau, Vor § 32 Rn 230; so für das Fahrlässigkeitsdelikt jetzt explizit BGH, 1 StR 320/12, **RA 2013, 637, 639**).
Kritik	Schon die Parallele zum Fall des rechtmäßigen Alternativverhaltens versagt, weil nicht nur ein pflichtgemäßes Verhalten des Arztes (Aufklärung und Einholung der Einwilligung), sondern zusätzlich noch ein Opferverhalten (Einwilligungserklärung) hinzugedacht wird (Sowada, NStZ 2012, 1, 10). Vor allem wird durch diese Rechtsfigur das – sonst vom BGH zu Recht hochgehaltene – Selbstbestimmungsrecht des Patienten ausgehöhlt (Jäger, JA 2016, 472, 474; AG Moers, 601 Ds-103 Js 80/14-44/15, **RA 2016, 45**), selbst wenn der BGH diese Rechtsfigur bei vorsätzlicher **Täuschung** (über die Erfolgsaussichten der Behandlung) nicht anwenden möchte (BGH, 1 StR 320/12, **RA 2013, 637, 639**). ⇨ *Gutachten: Die Fallgruppe der hypothetischen Einwilligung ist „logisch nachrangig“ zur tatsächlich erteilten oder mutmaßlichen Einwilligung. Verortung deshalb in der Rechtswidrigkeit, trotz der dogmatischen Nähe zur Zurechnung, die ja an sich im objektiven Tatbestand zu prüfen wäre.*
§ 630h II 2 BGB Unter der Überschrift „**Beweislast** (...)“: „Genügt die Aufklärung nicht den Anforderungen des § 630e, kann der Behandelnde sich darauf berufen, dass der Patient auch im Fall einer ordnungsgemäßen Aufklärung in die Maßnahme eingewilligt hätte.“	Es ist streitig, ob § 630h II 2 BGB im StrafR als Bestätigung der dargestellten Rspr. des BGH verstanden werden muss. Dagegen spricht: 1. § 630 h BGB regelt zivilrechtliche Beweislastfragen, aber nicht die strafrechtliche Frage nach der Strafbarkeit bzw. Rechtswidrigkeit eines Verhaltens. 2. § 630h II 2 BGB knüpft an eine nachträgliche und damit rückwirkende Betrachtung an, die im Strafrecht schon wegen § 8 grundsätzlich außer Betracht zu bleiben hat. § 630h II 2 BGB teilt das Schicksal der §§ 142 I, 184 I BGB, deren Rückwirkungsfiktionen die durch die Tathandlung begründete Strafbarkeit ebenfalls nicht ex post aufzuheben vermögen. (Conrad/Koranyi, JuS 2013, 979, 985)

Selbsthilfe, § 229 BGB	
I. Objektive Voraussetzungen **1. Selbsthilfelage** **a) Fälliger und einredefreier zivilrechtlicher Anspruch** **b) Versagen des staatlichen Rechtsschutzes** **c) Selbsthilfegrund (Gefährdung der Anspruchsverwirklichung)** **2. Selbsthilfehandlung** **a) Sachen des Schuldners** **b) Festnahme des Schuldners** **c) Beseitigung des Widerstands des Schuldners** **II. Subjektive Voraussetzungen**	
Selbsthilfelage	Es muss ein Anspruch aus dem bürgerlichen Recht bestehen, also das Recht, von einem anderen ein Tun, Dulden oder Unterlassen zu verlangen (§ 194). *Selbsthilfefähig* ist allein eine Rechtsposition des Handelnden selbst, die allerdings auch in der durch Gesetz oder Rechtsgeschäft vermittelten Vertretungs- oder Ausübungsbefugnis liegen kann, wie etwa der Einziehungsermächtigung oder der berechtigten GoA (str.); die „Fremdhilfe" ist nach Wortlaut und Zweck der Vorschrift ausgeschlossen. Erfasst sind nur *klag- und vollstreckbare* Ansprüche. Der Anspruch muss *wirklich gegeben und einredefrei* sein. Selbsthilfe kommt nur dann in Betracht, wenn auch die Mittel des einstweiligen Rechtsschutzes (Arrest und einstweilige Verfügung; einstweilige Anordnung), die Zuziehung eines Vollstreckungsorgans (vgl §§ 887, 890, 892, 892a ZPO) oder – hilfsweise – der Polizei (zur subsidiären Befugnis siehe etwa § 1 III POG RhPf) zu spät kämen. Es ist eine Frage des Einzelfalls, ob dem Anspruchsinhaber das *Beschreiten des Rechtsschutzweges zuzumuten* ist. Unzulässig sind die eigenmächtige Inbesitznahme und Ausräumung einer Wohnung ohne gerichtlichen Titel („kalte Räumung") (BGH, VIII ZR 45/09) ebenso wie die Einstellung oder Unterbrechung von Versorgungs-leistungen („sibirische Methode") durch den Vermieter/Eigentümer (a.A. – jedenfalls beim Gewerbemietverhältnis – wohl BGH, XII ZR 137/07). Der Selbsthilfegrund liegt nur dann vor, wenn aus objektiver Sicht die *Anspruchsverwirklichung* infolge drohender Veränderung des bestehenden Zustandes *gefährdet* ist. Daher begründen eine schlechte Vermögenslage, ein drohendes Zugreifen anderer Gläubiger oder Beweisschwierigkeiten allein noch keine Selbsthilfelage; anders jedoch, wenn der Schuldner Vermögensgegenstände wegzuschaffen oder sich ins (außereuropäische) Ausland abzusetzen droht.
Selbsthilfehandlung	Zugelassen ist die Wegnahme, Zerstörung oder Beschädigung von Sachen im Eigentum des Schuldners; das Selbsthilferecht erlaubt nicht die „Privatpfändung" schuldnerfremder Sachen. Um die Identifizierung eines fluchtverdächtigen Schuldners mit Namen und ladungsfähiger Anschrift zu ermöglichen und dadurch dessen Festnahme zu vermeiden, darf der Geschädigte deshalb grundsätzlich im Wege der Selbsthilfe eine dem Schuldner gehörende Sache wegnehmen (BGH, 3 StR 66/11, JuS 2011, 940). Ein Schuldner, welcher der Flucht verdächtig ist, darf festgenommen werden. Unbeschadet weitergehender Befugnisse aus § 127 I 1 StPO müssen im Rahmen der Selbsthilfe die Voraussetzungen des *persönlichen Arrests* gemäß § 918 ZPO (bzw. einer ausnahmsweise statthaften Haftanordnung im Wege der einstweiligen Verfügung) vorliegen. Der Widerstand des Schuldners gegen eine Handlung, die er zu dulden verpflichtet ist, darf beseitigt werden. Die *Duldungspflicht* kann sich aus dem zu sichernden Anspruch oder aber der Selbsthilfehandlung ergeben; der Handelnde darf daher das Wegnahme- bzw. Festnahmerecht auch gewaltsam durchsetzen (s. auch §§ 758, 892, 892a ZPO); insofern sind dann

	auch Einwirkungen auf schuldnerfremde Sachen statthaft. Der Einsatz lebensbedrohender Mittel ist aber, wenn nicht die Voraussetzungen des Notwehrtatbestandes (§ 227 BGB) gegeben sind, widerrechtlich.

Notstand, § 34 StGB (subsidiär!)

I. Objektive Voraussetzungen
- **1. Notstandslage**
  - **a) Notstandsfähiges Rechtsgut**
  - **b) Gefahr für das Rechtsgut**
  - **c) Gegenwärtigkeit**
- **2. Notstandshandlung**
  - **a) Eignung und Erforderlichkeit („nicht anders abwendbar")**
  - **b) Interessenabwägung („Abwägung der widerstreitenden Interessen")**
  - **c) Angemessenheit (§ 34 S. 2 StGB)**

II. Subjektive Voraussetzungen

Notstandslage	Die Prüfung erfolgt – schon wegen des Begriffs der „Gefahr" – aus einer **ex-ante-Perspektive**. Die Bejahung einer Notstandslage hat eine Duldungspflicht des Opfers der Notstandstat zur Folge. Nach wohl h.M. muss deshalb eine **fachkundige** Bewertung der Sachlage zum Befund führen, dass eine Gefahr vorliegt. Folglich muss z.B. eine Verletzung oder Krankheit aus der Situation eines Arztes bewertet werden. Nach a.A. ist die Bewertung der Sachlage durch einen besonnenen Durchschnittsbürger maßgebend.
Def.: Eine **Gefahr** liegt vor, wenn die tatsächlichen Umstände den Eintritt eines Schadens als wahrscheinlich erscheinen lassen.	§ 34 liefert im demokratischen Rechtsstaat keine Legitimation zu Straftaten zur Beseitigung (angeblicher) öffentlicher Missstände. Über § 34 darf nicht die Notwehrunfähigkeit von Rechtsgütern der Allgemeinheit unterlaufen werden. Allenfalls möglich: Situationen, in denen staatliche Organe nicht rechtzeitig Rechtsgüterschutz gewähren können. So z.B., wenn durch die Wegnahme des Autoschlüssels eine Trunkenheitsfahrt verhindert wird.
Def.: Eine **gegenwärtige** Gefahr ist ein Zustand, dessen Weiterentwicklung den Eintritt oder die Intensivierung eines Schadens ernstlich befürchten lässt, wenn nicht alsbald Gegenmaßnahmen ergriffen werden.	Die Gegenwärtigkeit der Gefahr kann zu einem früheren Zeitpunkt vorliegen als die Gegenwärtigkeit des Angriffs bei § 32. Möglich sind auch Fälle einer **Dauergefahr** („tickende Zeitbombe"). Dies wird z.B. relevant in den Haustyrannen-Fällen, wenn die Frau den Tyrannen erschießt, während dieser schläft. In diesem Fall zwar § 34 (-) [keine Abwägung Leben gegen Leben], aber nach M.M. § 35 (+). Der BGH nahm einen (vermeidbaren) Irrtum gem. § 35 II an.
Notstandshandlung	Prüfungsmaßstab für die Notstandshandlung ist ein **Ex-ante-Maßstab** aus der Perspektive eines objektiven sachkundigen Beobachters.
„nicht anders abwendbar"	geeignet, relativ mildestes Mittel (sog. „Erforderlichkeit")
„wesentlich überwiegendes Interesse"	Wertungen der §§ 228, 904 BGB beachten! ⇨ Ein völlig unbeteiligter Dritter muss weniger Rechtsgutsbeeinträchtigungen hinnehmen als derjenige, von dem (oder von dessen Rechtsgütern) die Gefahr ausgeht. Das Gesetz sieht zwei Abwägungsebenen vor: Den abstrakten Rechtsgütervergleich und die konkrete Abwägung („Grad der drohenden Gefahr").

	(P): **keine Abwägung „Leben gegen Leben"**, aber u.U. Entschuldigung über § 35 (bei Sympathieperson), sonst kommt übergesetzlicher entschuldigender Notstand in Betracht.
„angemessen"	Nach h.M. eigenständiger Prüfungspunkt, um dem Solidaritätsgedanken Grenzen zu ziehen. **(P)** z.B. bei **erzwungener Blutspende** zur Rettung eines Unfallopfers Nach wohl h.M. nicht angemessen, da das Opfer als „lebende Blutkonserve" in seiner Würde verletzt werde. Nach a.A. führt der Vergleich mit § 81a StPO dazu, dass das Vorgehen angemessen ist (Erst-Recht-Schluss).

Schuld	
§ 17 StGB	Alle Verbotsirrtümer verlangen eine strikte Prüfung der Vermeidbarkeit des Irrtums. Grundsatz: Verbotsirrtümer sind vermeidbar. **„Normaler" Verbotsirrtum**: Täter hält aufgrund falscher rechtlicher Wertung ein strafbares Verhalten für straflos (z.B.: *Täter glaubt, eine Beleidigung sei nur gegenüber Volljährigen möglich*). **Unvermeidbar** ist ein Verbotsirrtum erst dann, wenn der Täter alle seine geistigen Erkenntniskräfte eingesetzt und etwa aufkommende Zweifel durch Nachdenken oder erforderlichenfalls durch Einholung verlässlichen und sachkundigen Rechtsrats beseitigt hat. Dabei müssen sowohl die Auskunftsperson als auch die Auskunft aus der Sicht des Täters verlässlich sein; die Auskunft selbst muss zudem einen unrechtsverneinenden Inhalt haben. Bei der Auskunftsperson ist dies der Fall, wenn sie die Gewähr für eine diesen Anforderungen entsprechende Auskunftserteilung bietet, sie muss insbesondere sachkundig und unvoreingenommen sein und mit der Erteilung der Auskunft keinerlei Eigeninteresse verfolgen (BGH, 2 StR 573/15). Gefälligkeitsgutachten oder erkennbar mangelhafte Auskünfte eines Anwalts können die Unvermeidbarkeit nicht begründen (BGH, 3 StR 521/12). Insbesondere bei komplexen Sachverhalten und erkennbar schwierigen Rechtsfragen ist regelmäßig ein detailliertes, schriftliches Gutachten erforderlich, um einen unvermeidbaren Verbotsirrtum zu begründen (BGH, 1 StR 253/16). **Erlaubnis- und Doppelirrtum** (dazu unten) sind Unterfälle des Verbotsirrtums.
§ 20 StGB (Schuldunfähigkeit), 21 StGB (verminderte Schuldfähigkeit)	Promillegrenzen als bloße Richtwerte / Indizien. Maßgebend ist stets der konkrete Einzelfall (BGH, 4 StR 530/17, **RA-Telegramm 2018, 41;** 4 StR 557/12, **RA 2013, 695**): **§ 20**: 3,0 Promille [3,3 Promille bei schwersten Gewalttaten (v.a. vorsätzlichen Tötungsdelikten; Schlagwort: Hemmschwellen-Theorie)] **§ 21**: 2,0 Promille [2,2 Promille bei schwersten Gewalttaten (v.a. vorsätzlichen Tötungsdelikten; Schlagwort: Hemmschwellen-Theorie)] Achtung: Hemmschwellen-Theorie gilt nicht beim **U-Delikt**, deshalb dort keine Erhöhung der Promille-Grenze.
actio libera in causa Täter betrinkt sich, um im schuldunfähigen Zustand seinen Feind zu töten.	Achtung: Die a.l.i.c. ist beim **fahrlässigen Erfolgsdelikt** nicht „nötig", weil auf das Berauschen als vorgelagerten Sorgfaltspflichtverstoß abgestellt werden kann. *[Fall: Täter betrinkt sich, obwohl er weiß, dass er noch Auto fahren muss, und fährt einen Fußgänger an.]*

Relevanz hat die a.l.i.c. folglich nur bei den **Vorsatzdelikten:**
[Fall: Täter betrinkt sich, um ohne Tötungshemmung seinen Feind zu erschießen.]
Hier „droht", dass der Täter nur gem. § 323a bestraft werden kann. Die „Idee" der a.l.i.c. ist, den Täter dennoch wegen §§ 212, 211 bestrafen zu können.

M.M.: generell gem. Art. 103 II GG **unzulässige Analogie** zum Nachteil des Täters
M.M.: **Ausnahmemodell**: Ausnahmsweise muss die Schuld nicht i.S.d. § 20 „***bei*** Begehung der Tat" vorliegen. Es genügt, wenn die Berauschung schuldhaft erfolgt ist. Damit ist die a.l.i.c. auf alle Tatbestände anwendbar. (Kritik: Verletzung des Prinzips, dass alle Voraussetzungen der Strafbarkeit gleichzeitig im Zeitpunkt der Tatbegehung erfüllt sein müssen, sog. Koinzidenzprinzip [= Gleichzeitigkeitsprinzip].)

BGH: **Modifiziertes Tatbestandsmodell**: Die gesamte Tat (also nicht nur die Schuld, sondern auch Tatbestand und Rechtswidrigkeit) wird in das Stadium der Berauschung vorverlagert, wodurch dem Koinzidenzprinzip Rechnung getragen wird.
Folglich kann die a.l.i.c. auf alle **verhaltensgebundenen Delikte** (z.B. §§ 315c, 316 und Mordmerkmale der 2. Gruppe) **nicht** angewendet werden, weil das vom Gesetz beschriebene Verhalten nicht in der Berauschung liegt.
Möglich ist die a.l.i.c. aber bei den **reinen Erfolgsdelikten**, da schon nach der Äquivalenz-Theorie alle Bedingungen gleichwertig sind.

Voraussetzung („Tatbestand" der a.l.i.c.): 3-facher Vorsatz
Wenn die a.l.i.c. anerkannt wird, setzt die vorsätzliche a.l.i.c. stets voraus:

- Vorsatz zur Berauschung an sich
- Vorsatz im Zeitpunkt der Berauschung hinsichtlich der zu begehenden Tat
- Vorsatz im Zeitpunkt der „eigentlichen" Tathandlung

Fehlt auch nur einer dieser „drei Vorsätze", kommt nur noch Fahrlässigkeit in Betracht.

⇨ *Gutachten: Prüfung der „eigentlichen" Tathandlung. Kein „Springen im Gutachten" auf die fehlende Schuld, da die a.l.i.c. voraussetzt, dass alle Voraussetzungen der Strafbarkeit – bis auf die mutwillig herbeigeführte Schuldunfähigkeit – vorliegen. Ablehnung der Schuld. Dann Prüfung des Vorverhaltens. Bei fahrlässigen Erfolgsdelikten ohne a.l.i.c. zu bejahen. In den anderen Fällen a.l.i.c. prüfen.*

Probleme innerhalb der BGH-Rspr.:

(P): Unmittelbares Ansetzen zum a.l.i.c.-Versuch:

- Theorie vom ersten Schluck
- Ansetzen im Zeitpunkt des Eintritts der Schuldunfähigkeit
- Ansetzen erst im Zeitpunkt der „eigentlichen" Ausführungshandlung

(P): error in persona in Zeitpunkt der „eigentlichen" Tatbegehung

- BGH: unbeachtlich, da sich in der Fehlindividualisierung ein durch die Alkoholisierung geschaffenes Risiko verwirklicht hat.
- Wohl h.L.: aberratio ictus, da die innere Verknüpfung zwischen der im Zeitpunkt der Berauschung geplanten Tat und der tatsächlichen begangenen Tat zerrissen sei.

	⇨ *<u>Gutachten</u>: Im Rahmen des o.g. 3-fachen Vorsatzes stellt sich die Frage, ob der Täter den Vorsatz im Zeitpunkt der Berauschung hinsichtlich der zu begehenden Tat hat, weil das vorgestellte und das später getroffene Objekt nicht identisch sind.*
§ 33 StGB	***<u>Vss.:</u>*** Der Täter muss sich in einem psychischen Ausnahmezustand mit einem Störungsgrad befunden haben, der eine erhebliche Reduzierung seiner Fähigkeit, das Geschehen zu verarbeiten, zur Folge hat. § 33 ist nur anwendbar auf den intensiven Notwehrexzess (beim extensiven Notwehrexzess hat Täter gar kein Notwehrrecht [mehr], str.). Folglich schließen sich § 33 und **ETBI** im Regelfall aus. Irrt sich der Täter allerdings „nur" über die Intensität des Angriffs, kann im Einzelfall § 33 auch im Rahmen des fahrlässigen Delikts (Folge des ETBI) zur Anwendung kommen (BGH, 3 StR 450/10). ⇨ *<u>Gutachten</u>: § 33 „ersetzt" auf Schuldebene nur die fehlende Erforderlichkeit bzw. Gebotenheit. ⇨ Im Rahmen der Schuld muss Prüfung von (Gebotenheit und) Verteidigungswille (BGH, 3 StR 199/15, JuS 2016, 366; 4 StR 551/12) nachgeholt werden. Nur wenn auch diese vorliegen, greift § 33.*
§ 35 StGB	Bei „Sympathiepersonen" ist auch eine Entschuldigung gem. § 35 bei einer Abwägung „Leben gegen Leben" möglich. Sofern keine Sympathiepersonen betroffen sind, kommt ein übergesetzlicher entschuldigender Notstand in Betracht. Insoweit ist vor allem zu berücksichtigen, ob bestimmte Personen ohnehin unrettbar verloren sind (z.B. Passagiere im von Terroristen entführten Flugzeug; „Morituri-Argument").

Irrtum über Rechtfertigungsgründe

(P): **Unrechtsbewusstsein**
Streit herrscht über die richtige dogmatische Einordnung des **Unrechtsbewusstseins** und die Folgen seines Fehlens.

<u>Def.:</u> Unter einem **Erlaubnisirrtum** versteht man die irrige Annahme des Bestehens (die Existenz) eines tatsächlich nicht anerkannten oder die Überdehnung der rechtlichen Grenzen (den Umfang) eines anerkannten RFG.	Der Erlaubnisirrtum fällt als Wertungsirrtum über eine Rechtsfrage unter § 17 (Unterfall des Verbotsirrtums) Irrtum ist in aller Regel vermeidbar. ⇨ *<u>Gutachten</u>: Keine Darstellung des (unten beim ETBI ausgeführten) Meinungsstreits. Prüfungsstandort: Schuld*
<u>Def.:</u> Bei einem **Doppelirrtum** stellt sich der Täter irrig Umstände vor, die für seine Rechtfertigung relevant sind, seine Tat wegen eines zusätzlichen Wertungsirrtums	Irrtum über Rechtfertigungssachverhalt **und** Wertungsirrtum über eine Rechtsfrage *[Fall: Täter glaubt, dass er angegriffen wird. In dieser Situation verteidigt er sich in einer nicht erforderlichen (oder auch gebotenen) Weise, wobei er meint, dass seine Verteidigung von der Rechtsordnung gedeckt sei.]* Lösungsansatz: § 16 I ist die – im Vergleich zu § 17 – für den Täter deutlich günstigere Irrtumsregelung, da sie ohne Vermeidbarkeitsprüfung zum Ausschluss der Vorsatzstrafe führt.

jedoch auch dann nicht rechtfertigen würden, wenn sie tatsächlich vorliegen würden.	⇨ Anwendung der Grundsätze des Erlaubnisirrtums (Erst-Recht-Schluss im Vergleich zum Erlaubnisirrtum: Das Mehr an Irrtum kann den Täter nicht privilegieren.) ⇨ § 17 ⇨ *<u>Gutachten</u>: Keine Darstellung des (unten beim ETBI ausgeführten) Meinungsstreits, da Erst-Recht-Schluss zwingend.* *<u>Prüfungsort: Schuld, da §17 angewendet wird.</u>*
<u>Def.:</u> Beim **Erlaubnistatbestandsirrtum** nimmt der Täter irrig einen Umstand an, der, wenn er tatsächlich vorläge, die Tat rechtfertigen würde. ***<u>Beachte:</u>*** Welcher Irrtum über einen RFG vorliegt, ist für jeden in Betracht kommenden RFG separat zu prüfen! Sofern einer der Irrtümer ein ETBI ist, so hat er die für den Täter günstigste Rechtsfolge und schließt dadurch die Vorsatzstrafe aus. Klausur (Hintermann provoziert einen ETBI): Rengier/Braun, JuS 2012, 999 Klausur (Hell´s Angels-Fall): Esser/Langbauer, JA 2013, 28 Aufsatz anhand dieses Falles: Kraatz, JURA 2014, 787 ff.	Irrtum über die sachlichen Voraussetzungen eines RFG, bei deren tatsächlichem Vorliegen der Täter gerechtfertigt wäre. Der ETBI ist also ein **reiner Sachverhaltsirrtum**! Achtung: Der Irrtum muss sich z.B. bei § 32 nicht nur auf das **Vorliegen des Angriffs** an sich beziehen. In Betracht kommt auch ein Irrtum über die **Intensität des Angriffs** (BGH, 4 StR 166/19, JuS 2020, 985) oder auch über die **Gegenwärtigkeit des Angriffs** (BGH, 1 StR 449/13, **RA 2014, 45;** BGH, 1 S 1640/12 [„Schwitzkasten"]). ⇨ Extrem wichtig: Bei der Prüfung des Irrtums **hypothetische Prüfung** des RFG auf Basis der Tätervorstellung zur **Abgrenzung von ETBI und Doppelirrtum** (nach BGH auch bei irrealen Tätervorstellungen („Katzenkönig"); a.A.: bei irrealen Tätervorstellungen stets Wahn-notstand, der zu § 17 führt) ⇨ *<u>Gutachten</u>: Der betreffende Rechtfertigungsgrund ist also zwei mal (!) zu prüfen. Bei der RWK ist festzustellen, dass er tatsächlich nicht eingreift. Im Rahmen der Irrtumsproblematik ist dann eine erneute Prüfung, aber auf Basis des vom Täter vorgestellten Sachverhalts nötig. Nur wenn auf dieser Basis eine Rechtfertigung eingreifen würde, liegt ein ETBI vor.* **3 Haupt-Theorien:** <u>strenge Schuldtheorie</u> (§ 17), was i.d.R. zur Vorsatzstrafe führen würde 2 <u>eingeschränkte Schuldtheorien</u>: Der ETBI ist ein SV-Irrtum, weshalb § 16 I als sachnähere Vorschrift anzuwenden ist. Da § 16 I vom Umstand spricht, der zum Tatbestand gehört, ist die Anwendung auf den RFG eine analoge, die aber zulässig ist, weil sie zum Vorteil des Täters ist, da ansonsten der strengere § 17 eingreifen würde. Streitig ist, wie die analoge Anwendung zu begründen ist: <u>Lehre vom Ausschluss des Vorsatzunrechts:</u> Vorsatz hat 2 zu trennende Komponenten: Vorsatz zur TB-Verwirklichung und Vorsatz, Unrecht zu tun; die letztere Vorsatzkomponente fehlt beim ETBI (Folge: keine vorsätzliche rw Haupttat i.S.v. §§ 26, 27). <u>rechtsfolgenverweisende Variante:</u> bloßer Ausschluss der Schuld: sog. „Vorsatzschuldvorwurf" entfällt (Folge: vors. rw Haupttat gegeben) 2 Theorien „als Kür": Vorsatz-Th., Lehre v. d. negativen TBM, die beide § 16 I direkt anwenden Unklar nach wie vor die Position des BGH: BGH, 1 S 1640/12 und 4 StR 197/12, sprechen von „***Vorsatz***ausschluss", wohingegen BGH, 2 StR 375/11 vom „Ausschluss der Vorsatz***schuld***" spricht. **Stellungnahme** gegen strenge Schuldtheorie, die bei Vermeidbarkeit des Irrtums zur Vorsatzstrafe führt: Täter im ETBI ist „an sich rechtstreu", er ist bloß unsorgfältig bei dem Erkennen der tatsächlichen Umstände. (Er ist ein „Schussel" aber kein „Schurke", so Satzger, JK 4/11, StGB § 32/34.) Das entspricht einem bloßen Fahrlässigkeitsvorwurf.

	⇨ <u>Gutachten</u>: *In der Schuld zu prüfen. (sehr str.!) Dies ermöglicht die zusammenhängende Prüfung aller Irrtümer über RFG an einer Stelle im Gutachten. (Andere empfehlen eine Prüfung am Ende der Rechtswidrigkeit und z.T. wird ein Prüfungspunkt „Unrechtsbewusstsein" zwischen Rechtswidrigkeit und Schuld empfohlen.)* *Wer das Problem in der Schuld prüft, muss dann aber auch im Streitfall (vors. rw Haupttat bei §§ 26/27) die Lehre vom Ausschluss des Vorsatzunrechts ablehnen.* *Nach Ablehnung der Vorsatzstrafe muss zwingend eine **Strafbarkeit wegen fahrlässiger Tatbegehung** geprüft werden. Sorgfaltspflichtverstoß: Mangelnde Sorgfalt bei der Erkennung der tatsächlichen Umstände.* **Beim „unvermeidbaren" ETBI** scheidet selbst die Fahrlässigkeitstat aus (vgl. den „**Hells-Angels-Fall**" (BGH, 2 StR 375/11, ZJS 2012, 109**)**. Achtung: Beim Hells-Angels-Fall spricht viel dafür, dass der Polizeieinsatz rechtswidrig war! Die Durchsuchung gem. §§ 102 ff. StPO ist eine offen durchzuführende Maßnahme. Die gezielte Überraschung im Schlaf widerspricht dem Rechtsgedanken des § 104 StPO. Zudem hätte die Polizei die Heimlichkeit ihres Vorgehens spätestens in dem Zeitpunkt aufgeben müssen, als der Rocker das Licht im Flur eingeschaltet hatte und „Verpisst Euch!" gerufen hatte. Jedoch wäre eine Rechtfertigung des Rockers aus § 32 StGB auch bei unterstellter Rechtswidrigkeit des Angriffs auf das Eigentum und Hausrecht des Rockers nicht möglich gewesen, weil der Schuss durch die geschlossene Tür zur Abwehr *dieses* Angriffs nicht erforderlich i.S.v § 32 StGB gewesen wäre, vgl. *Engländer,* NStZ 2012, 272, 275 sowie *Madla,* StV 2012, 334, 335, bzw. zumindest, weil der Verteidigungswille fehlte. Jedoch wäre im Rahmen der Irrtumsprüfung der Schuss erforderlich gewesen, um den vorgestellten (!) Angriff abzuwehren.

Versuch

I. Vorprüfung
1. Nichtvollendung
2. Strafbarkeit des Versuchs
II. Tatentschluss
III. Unmittelbares Ansetzen
IV. Rechtswidrigkeit
V. Schuld
VI. Rücktritt
1. Kein Fehlschlag
2. Rücktrittsverhalten
3. Freiwilligkeit

Vorprüfung	Hier keine Probleme verorten – bloße Feststellung Allenfalls kurzer Hinweis auf einen Fall „rechtlicher Nichtvollendung“ [z.B.: eingetretener Erfolg ist dem Täter nicht zuzurechnen, was aber im Rahmen der Vollendungsprüfung festzustellen ist].
Tatentschluss	
Def.: Der Tatentschluss umfasst den Vorsatz und alle sonstigen subjektiven Tatbestandsmerkmale, insbesondere Absichten. Der Täter hat Tatentschluss gefasst, wenn die zum Delikt hindrängenden Motive das Übergewicht über die Hemmungsvorstellungen erlangen, wenn der Täter die Tat also lieber begehen als lassen will.	(+) auch bei einem vorbehaltenen Rücktritt (+) beim untauglichen Versuch; Arg.: § 23 III, der selbst beim groben Unverstand eine Strafbarkeit vorsieht (nach h.M. auch durch ein untaugliches Subjekt möglich; z.B. wg. Sachverhaltsirrtums hält sich Täter für Amtsträger) (+) bei einer objektiven Bedingung des Täters (z.B., wenn der Täter seinen Raub davon abhängig macht, ob sich noch Kunden im Geschäft befinden, oder z.B. davon, dass kein Kind anwesend ist, BGH, 2 StR 75/13) (-) bei bloßer Tatgeneigtheit; diese liegt auch bei einer subjektiven Bedingung des Täters vor (-), wenn der Wille zur Tatvollendung fehlt (häufig beim agent provocateur, also dem polizeilichen „Lockspitzel“) (-) bei irrealen Versuchen (Totbeten; Voodoo-Zauber) ⇨ *Gutachten: Alle Definitionen von TBM immer subjektiv prüfen!* *Bei obj. TBM: Täter müsste Tatentschluss zur Wegnahme gehabt haben.* *Bei subj. TBM: Täter müsste Zueignungsabsicht gehabt haben. (Nicht „Tatentschluss zur Zueignungsabsicht“*, da letztere ja schon ein subj. TBM darstellt.)
Unmittelbares Ansetzen	
Def.: Der Täter setzt zur Verwirklichung des Tatbestands an, wenn er auf der Basis seines Tatplans subjektiv die Schwelle zum „**jetzt geht es los** überschritten hat und Handlungen vorgenommen hat, die nach seiner Vorstellung von der Tat **ohne wesentliche Zwischen-**	**Indizien:** Das unmittelbare Ansetzen ist zu bejahen, wenn • es einen engen zeitlichen Zusammenhang zwischen der vorgenommenen Handlung des Täters und der „eigentlichen“ Tathandlung gibt und • der Täter auf die Opfer- bzw. Tatbestandssphäre eingewirkt hat. *[Fall (BGH, 3 StR 424/13): T entschloss sich, N „durch anhaltendes Würgen zu quälen und sodann zu töten“. T begann N unter Todesdrohungen zu würgen, bis N bewusstlos wurde, lockerte dann aber wieder seinen Griff. Durch den ständigen Wechsel von Bewusstsein und Bewusstlosigkeit wollte A der N besondere Leiden zufügen und „den Tötungsprozess hinauszögern“.]*

schritte in die Tatbestandsverwirklichung einmünden sollen und deshalb das **Rechtsgut** nach der Vorstellung des Täters bereits **gefährdet** ist.	Der BGH bejahte das Ansetzen. Es sei auch bei Handlungen zu bejahen, die wegen ihrer notwendigen Zusammengehörigkeit mit der Tathandlung nach dem Plan des Täters als deren Bestandteil erscheinen und im Falle ihrer Ausführung eine natürliche Einheit mit dieser bilden, sofern sie keinen tatbestandsfremden Zwecken dienen. (-) bei bloßen Vorbereitungshandlungen, z.B. Annäherung an den Tatort (hierunter fällt auch das bloße Eindringen in den Garten eines Hauses aus welchem der Täter stehlen möchte (BGH, 2 StR 43/16, JuS 2017, 175 = JA 2017, 152) (-), wenn der Täter zunächst durch eine Tür schießt, um deren Blockade zu überwinden, um danach auf der hinter der Tür befindliche Opfer schießen zu können (BGH, 1 StR 28/18, **RA 2018, 497**) (-) bei bloßer Auflauerung, aber (+), wenn Einwirkung in Opfersphäre („Lockruf"; z.B. das Klingeln an der Wohnungstür des Opfers, welches der Täter überfallen will; BGH, 2 StR 75/13; anders aber bei bloß geplantem Diebstahl BGH, 5 StR 108/18, JA 2018, 874) Vorsicht ist bei der sog. „**Teilverwirklichungsregel**" („Hat der Täter ein Merkmal des Tatbestands verwirklicht, liegt immer eine Versuchstat vor, ohne dass es auf die besondere Problematik des § 22 StGB ankommt.") angebracht. Dies mag zwar in vielen Fällen zutreffen, gilt aber nicht immer. Das zeigt schon das Beispiel des versuchten Meineids, **§ 154**, bei dem der Täter nicht schon mit der falschen Aussage (ohne die es keinen Meineid geben kann), sondern erst mit dem Sprechen der Eidesformel in das Versuchsstadium eintritt. Auch nach BGH ist diese „Regel" ein bloßes Indiz. (BGH, 1 StR 540/10) Weiteres Beispiel: Handelt es sich – wie häufig bei einem **Betrug** – um ein mehraktiges Geschehen, so ist für das unmittelbare Ansetzen erst diejenige Täuschungshandlung maßgeblich, die den Getäuschten unmittelbar zur irrtumsbedingten Vermögensverfügung bestimmen und den Vermögensschaden herbeiführen soll (BGH, 1 StR 540/10; OLG Hamm, III-3 RVs 54/11). **(P)**: **Unmittelbares Ansetzen bei Mittäterschaft** Gesamtlösung: gleicher Zeitpunkt wie bei Alleintäterschaft (M.M.: Einzellösung) **(P): Fall der bloß vermeintlichen Mittäterschaft** *[Fall: Es „setzt eine Person an", die objektiv kein Mittäter (mehr) ist, aber vom Täter irrig für einen Mittäter gehalten wird.]* Hier fehlt nach e.A. (BGHSt 39, 236) schlicht die Zurechnungsvoraussetzung des § 25 II, weil die Mittäterschaft objektiv nicht besteht. Nach a.A. (BGHSt 40, 299) genügt wg. § 22 („seine Vorstellung von der Tat") der entspr. Vorsatz des Täters. **(P): Unmittelbares Ansetzen bei mittelbarer Täterschaft** Unstr. (+), wenn das Werkzeug bereits angesetzt hat; nach einer M.M. (sog. Gesamtlösung) ist das Ansetzen des Werkzeugs aber auch die Bedingung für die Bejahung des Ansetzens. Vorher nach Einzellösung (h.M.) (+), wenn Täter das Geschehen aus der Hand gegeben hat (Salzsäurefall, BGHSt 30, 363), nach M.M. sogar (+) schon bei Beginn der Einwirkung auf Werkzeug. Achtung: Dadurch setzt der mittelbare Täter nach h.M. zu einem früheren Zeitpunkt an, als der Mittäter und der Alleintäter! Dies muss bei einer Stellungnahme deutlich gemacht und inhaltlich durch das Aus-der-Hand-geben gerechtfertigt werden.

	(P): Unmittelbares Ansetzen bei Fallenstellung (z.B. Autobombe) (In derartigen Fällen ist schon str., ob ein Fall mittelbarer Täterschaft mit dem Opfer als „Werkzeug gegen sich selbst" vorliegt – wohl eher abzulehnen.) Nach **BGH** ist maßgeblich, ob für den Täter der Eintritt des Erfolges feststeht oder er ihn für sehr wahrscheinlich hält. [(-) im Bärwurz/Giftfalle-Fall, BGHSt 43, 177, (+) bei der „Stromfalle", BGH, NStZ 2001, 475] **A.A.**: Ansetzen, wenn und weil das Geschehen aus der Hand gegeben wird. So vor allem die Autoren, die von mittelbarer Täterschaft ausgehen. **(P): Unmittelbares Ansetzen bei a.l.i.c.** Paralleler Streitstand wie bei mittelbarer Täterschaft (Theorie vom ersten Schluck; Eintritt der Schuldunfähigkeit; Ansetzen des Werkzeugs selbst) **Stellungnahme:** Kann die bloße Trunkenheit wirklich schon ein Ansetzen z.B. zum a.l.i.c.-Mordversuch begründen? Wohl (-), da sonst bloßes Gesinnungsstrafrecht. Vor allem soll der Trunkene durch die a.l.i.c. keine Vorteile erlangen, er soll aber nicht schlechter (!) stehen als wenn § 20 nicht eingreifen würde. (Hier zeigen sich besonders deutlich die Probleme des Tatbestandsmodells, welches faktisch eine Vorberei-tungshandlung als Tathandlung definiert.)

Rücktritt	Maßgebend: Opferschutzgedanke Der Anwendungsbereich des Rücktritts ist nicht auf Fälle beschränkt, in denen die Vollendung mangels tatbestandsmäßigen Erfolges ausbleibt. Die Vorschrift ist vielmehr auch dann **anwendbar, wenn zwar ein tatbestandsmäßiger Erfolg** eintritt, dieser jedoch nicht kausal auf die Angriffshandlung des Täters zurückgeführt werden kann, der konkrete Erfolg also auch dann eingetreten wäre, wenn der Täter überhaupt nicht auf das Opfer eingewirkt hätte (sog. **überholende oder abgebrochene Kausalität**) (BGH, 2 StR 588/15, JA 2016, 950). Aufsatz zum Rücktritt in der Fallbearbeitung: Hoven, JuS 2013, 305 ff.
Rücktritt des Teilnehmers bei Teilnahme am Versuch	Häufig sind Fälle, in denen die Haupttat noch im Versuchsstadium ist, und der Teilnehmer die Vollendung der Tat verhindert. *(Bspl.: Anstifter fällt dem Haupttäter in den Arm und hindert ihn so an der Tötung des Opfers.)* **(P): Rücktritt noch möglich, da Teilnahme ja vollendet ist?** (+), da der Täter noch zurücktreten könnte. Dann muss der Teilnehmer erst recht noch zurücktreten können. ⇨ *Gutachten: Vor Prüfung des Fehlschlags Frage klären, ob ein Rücktritt wegen Vollendung der Teilnahme überhaupt noch möglich ist.*

Kein Fehlschlag	„Ich will, aber kann nicht."
Def.: **Fehlgeschlagen** ist ein Versuch, wenn der Täter nach seiner Vorstellung von der Tat davon ausgeht, dass er mit den ihm zur Verfügung stehenden Mitteln den tatbestandsmäßigen Erfolg entweder gar nicht mehr oder zumindest nicht mehr ohne zeitlich relevante Zäsur herbeiführen kann.	Nach h.M. im Begriff „aufgibt" angelegte Rechtsfigur: „aufgeben" kann man nur, was man [subjektiv] noch verwirklichen kann. Maßgebend ist nach h.M. die subjektive Sicht des Täters (Erkenntnishorizont des Täters nach Abschluss der letzten Ausführungshandlung – sog. „**Rücktrittshorizont**"; BGH, 4 StR 262/15; Fall: Das angeschossene Opfer flüchtet sich ins Haus und verlässt damit das Schussfeld des Täters.) Zur Beurteilung eines möglichen Fehlschlags des Versuchs kommt es auf den Moment an, in welchem dem Täter noch alle Handlungsoptionen, nämlich die weitere Durchführung der Tat oder ihr Aufgeben, zur Verfügung standen. Es kommt nicht auf den Zeitpunkt an, in welchem der Täter diese selbst bereits aufgegeben hatte (BGH, 2 StR 91/13; Fall: Täter lässt sich von Opfer das Messer aus der Hand nehmen).

Fallgruppen des Fehlschlags:

- tatsächliche Umstände (z.B.: Täter hat keine Munition mehr)
- Irrtum (z.B. Täter glaubt irrig, keine Munition mehr zu haben)
- Täter erkennt Untauglichkeit seines Versuchs
- Sinnlosigkeit weiterer Tatausführung
- subjektive Vorstellung, dass es zur Herbeiführung des Erfolgs eines erneuten Ansetzens bedürfte, etwa mit der Folge einer zeitlichen Zäsur und einer Unterbrechung des unmittelbaren Handlungsfortgangs

Ein Fehlschlag des Versuchs liegt jedoch **nicht** bereits darin, dass der Täter die Vorstellung hat, er müsse von seinem **Tatplan abweichen**, um den Erfolg herbeizuführen (BGH, 5 StR 541/11). Das Scheitern eines Tatplanes kann indes zur Begründung dafür herangezogen werden, dass dem Täter die Undurchführbarkeit seines deliktischen Vorhabens i.S.e. fehlgeschlagenen Versuchs klar geworden ist (BGH, 3 StR 205/13, **RA 2014, 49).**

(P): (potentiell) **mehraktiger Versuch**
H.M.: Gesamtbetrachtung nach der Lehre vom **Rücktrittshorizont** (BGH, 4 StR 367/14, **RA 2015, 157, 159;** 4 StR 541/11)

M.M.: Gesamtbetrachtung nach der **Tatplantheorie** [dagegen: Einlassungsgeschick des Täters, weil z.B. kaum nachweisbar ist, wie oft der Täter ursprünglich schießen wollte]

M.M.: **Einzelaktstheorie**, wonach jede an sich zur Herbeiführung des Erfolgs geeignete Handlung, wenn sie nicht zum Erfolg führt, einen Fehlschlag begründet [dagegen: „Sekundenstrafrecht", da ein einheitlicher Lebenssachverhalt zerrissen wird und rücktritts- und dadurch auch opferfeindlich]

Selbst bei einer 5 Minuten dauernden Unterbrechung der Tat kann nach h.M. ein einheitliches Tötungsgeschehen vorliegen, wenn z.B. ein durchgängiges Tötungsmotiv vorhanden ist (BGH, 5 StR 572/08).
Achtung: Das Problem der unterschiedlichen Meinungen zum Fehlschlag stellt sich auch, wenn der Versuch nicht „mehraktig" ist. *Beispiel: T will O mit einem „Fangschuss" niederstrecken. Er schießt daneben.* In diesem Fall liegt zumindest nach der Einzelakts- und nach der Tatplantheorie ein Fehlschlag vor.

(P): Rücktritt bei tateinheitlichem Versuch an mehreren Opfern
Eröffnet der Täter z.B. das Feuer auf mehrere Personen (Tateinheit, § 52), so kann dennoch bzgl. des einen Opfers ein Fehlschlag und bzgl. eines anderen Opfers ein Rücktritt vorliegen. Es findet also trotz der Tateinheit keine einheitliche Bewertung des Rücktritts bzgl. aller Personen statt (**BGH, 23.05.2012, 5 StR 54/12,** JuS 2013, 362).

Rücktrittsverhalten

Der Prüfungspunkt nach dem Fehlschlag heißt nicht „Abgrenzung beendet, unbeendet" !!

Zuordnung, welcher Fall von § 24 vorliegt.

1. Abgrenzung § 24 I oder II StGB.
Nach Wortlaut nur maßgeblich, ob Alleintäter (dann Abs. 1) oder mehrere Tatbeteiligte (dann Abs. 2). Anforderungen bei Abs. 2 strenger (bloßes „Aufhören" genügt nicht), da bei mehreren Beteiligten die Gefahr besteht, dass trotz des Aufhörens des einen Tatbeteiligten die anderen Tatbeteiligten mit dem Rechtsgutsangriff fortfahren.

ABER: Der Täter kann auch bei mehreren Beteiligten durch bloßes Aufhören zurücktreten, wenn noch nicht alles zur TB-Verwirklichung getan ist und die Gefahr, dass ein anderer Beteiligter weiterhandelt, nicht besteht. (*Beispiele: Rücktritt „wie ein Mann" oder wenn andere Beteiligte nicht am Tatort sind.*)
Unterschiedlich ist die dogmatische Begründung: Nach BGH bleibt es

	auch in diesem Fall bei § 24 II, allerdings kann der Täter dann durch bloßes Aufhören die „Vollendung der Tat verhindern“ (BGH, 4 StR 116/17, JuS 2018, 81; 2 StR 383/14). (Nach a.A. wird in diesem Fall § 24 I angewendet, sodass im Rahmen eines unbeendeten Versuchs ein bloßes Aufhören für den Rücktritt ausreicht.) **2. Abgrenzung Satz 1 oder Satz 2** Ist die Entscheidung für Abs. 1 oder 2 gefallen, muss in beiden Fällen entschieden werden, ob eine kausale (dann S. 1) oder eine nicht-kausale (dann S. 2) Rücktrittshandlung vorliegt. Nur (und erst) innerhalb von § 24 I 1 stellt sich dann die Frage, ob der Versuch beendet oder unbeendet ist.
bei § 24 I 1: beendet oder unbeendet	Achtung! Diese Begriffe stehen nicht im Gesetz, sondern sind bloße Kurzbezeichnungen für § 24 I 1 1. und 2. Fall. Hat ein Täter sein Opfer zunächst mit Tötungsvorsatz und anschließend „lediglich“ noch mit Körperverletzungsvorsatz verletzt, bestimmt sich die Abgrenzung zwischen unbeendetem und beendetem Versuch des Tötungsdelikts nach dem Vorstellungsbild des Täters nach dem Abschluss der letzten von Tötungsvorsatz getragenen Ausführungshandlung (sog. **Rücktrittshorizont**) (BGH, 4 StR 471/16, **RA 2017, 101** = JuS 2017, 696 = JA 2017, 550).
Def.: Ein Versuch ist **unbeendet**, § 24 I 1 1. Fall, wenn der Täter nach seiner Vorstellung von der Tat noch **nicht** alles zur Herbeiführung des Erfolgs Notwendige getan hat.	Rücktritt durch bloßes Aufhören. Ein unbeendeter Versuch kann auch gegeben sein, wenn Täter nur **vorübergehend Abstand von der Tat nimmt**, er also z.B. für den nächsten Abend einen erneuten Einbruchsversuch plant. **(P)**: Aufgabe der weiteren Tatausführung bei **Erreichung eines außertatbestandlichen Handlungsziels** *[Fall: Im Rahmen eines Tötungsversuchs mit Eventualtötungsvorsatz hat der Täter sein Primärziel (z.B. Verpassen eines „Denkzettels“) erreicht.]* M.M. (-), da der Täter keine honorierenswerte Verzichtsleistung an den Tag lege, wenn er nur deshalb nicht mit der Tötung fortfahre, weil er sein primäres Ziel erreicht habe. BGH/h.M. (+), da nur vom TB zurückgetreten werden muss, d.h. der Täter muss im Beispiel „nur“ mit der Tötung aufhören. Anderenfalls ergibt sich eine Privilegierung des Täters mit z.B. Tötungs*absicht*, da diesem von der M.M. bescheinigt werden würde, dass er mit der Tötung auf ein ihm primär wichtiges Ziel verzichtet habe. Der Täter, der mit bloßem Eventualvorsatz handelt kann nicht schlechter stehen als derjenige, der mit Absicht handelt! Bestätigt durch BGH, 4 StR 67/06, JK 5/07, StGB § 24/36 (lesenswert!) („Essstäbchen-Fall“), in einer „Denkzettel-Konstellation“, durch BGH, 1 StR 423/10 (in diesem Fall ging es als „Primärziel“ um die Herbeiführung der Kampfunfähigkeit) durch BGH, 3 StR 134/14, JA 2015, 149 (Geld erlangt, aber Täter sieht von KV ab) und durch BGH, 1 StR 367/13 (Rache und Machtdemonstration gegen andere Rockerbande erreicht, Täter sehen von Tötung ab). ⇨ *Gutachten: Wohl besser beim Merkmal „Aufgeben“ im Rahmen der Rücktrittshandlung (nach a.A. bei der Freiwilligkeit).*
Def.: Ein Versuch ist **beendet**, § 24 I 1 2. Fall, wenn der Täter nach seiner Vorstellung von der Tat bereits alles zur Herbeiführung des Erfolgs Notwendige getan hat.	Das setzt voraus, dass der Täter nach der letzten Ausführungshandlung die tatsächlichen Umstände, die einen Erfolgseintritt nahe legen, erkennt oder wenn er den Erfolgseintritt in Verkennung der tatsächlichen Ungeeignetheit der Handlung bereits für möglich hält. Das gilt auch bei einem mehrstündigen und mehraktigen Tatgeschehen, sofern es sich um eine Tat im Rechtssinne handelt (BGH, 2 StR 38/14). Vom beendeten Versuch kann man nur durch aktive Gegenmaßnahmen zurücktreten. Das bloße Unterlassen weiterer Ausführungshandlungen genügt nicht.

	(P): „halbherziger“ Rücktritt Beispiel (BGH, 4 StR 594/05): *Täter T will einen Mitnahmeselbstmord begehen und fährt in der Nacht als „Geisterfahrer“ auf die Autobahn auf. Das Licht hat er ausgeschaltet und geht auf Kollisionskurs mit dem Wagen des O. Kurz vor dem Zusammenstoß gibt T seine Suizidabsicht auf und schaltet das Licht an. O, der den Wagen des T jetzt erst sieht, versucht auszuweichen, kann den Zusammenstoß aber nicht mehr verhindern. Beide überleben mit schweren Verletzungen.* **Bestleistungstheorie (M.M.):** Täter muss die bestmögliche Rettungsmaßnahme ergreifen und dadurch die Vollendung verhindern. **Chanceneröffnungstheorie (BGH, h.M.):** § 24 I 1. 2. Fall setzt nicht voraus, dass der Täter unter mehreren Möglichkeiten der Erfolgsverhinderung die sicherste oder „optimale“ gewählt hat. Erforderlich ist aber, dass der Täter mit Rücktrittswillen eine neue Kausalkette in Gang setzt, die für die Nichtvollendung der Tat ursächlich oder jedenfalls mitursächlich wird (BGH, 4 StR 514/18, **RA 2019, 325** = JA 2019, 629 = JuS 2019, 1026**;** 1 StR 201/18, **RA 2018, 553;** BGH, 2 StR 113/18, JuS 2019, 266, sehr lesenswert die Kritik von Jäger, JA 2019, 70). Arg. für h.M.: Wortlaut von § 24: Ein „**ernsthaftes Bemühen**“ wird nur für § 24 I 2, II 2 und nicht für § 24 I 1 2.Fall vorausgesetzt. **(P): Täter hat zur Frage un-/beendet keine klare Vorstellung** Sofern sich der Täter überhaupt keine Vorstellungen macht, ob der Erfolg eintreten könnte oder nicht (z.B., weil ihm der Tod des Opfers gleichgültig ist), liegt (schon aus Gründen des Opferschutzes) ein beendeter Versuch vor (BGH, 2 StR 171/17). Als innere Tatsache muss diese gedankliche Indifferenz des Täters gegenüber den von ihm bis dahin angestrebten oder doch zumindest in Kauf genommenen Konsequenzen aber positiv festgestellt werden (BGH, 4 StR 308/13). Kann diese Indifferenz nicht festgestellt werden und gibt es Hinweise sowohl für einen beendeten als auch für einen unbeendeten Versuch, ist „**in dubio pro reo**“ von einem unbeendeten Versuch auszugehen (BGH, 4 StR 170/13).
(P): korrigierter Rücktrittshorizont (Täter hat – im Grundfall – einen ersten und einen zweiten Eindruck zur Frage, ob der Versuch un-/beendet ist) Mit BGH, 3 StR 501/16, „wird diese Ausdehnung bis zu einem Punkt vorangetrieben, der die Grenzen des Erträg-lichen endgültig sprengt. Denn wenn hinter dem Rücktritt irgendein Verdienst des Täters stehen soll, gleichgültig, ob man diesen als Rückkehr in die Legalität, als kriminal-politisches Angebot an den Täter für die Rechtsguts-bewahrung oder unter Strafzweckgesichtspunkten als vollendete bzw.	*[Fall: Täter sticht dem Opfer in den Nacken und ruft: „Jetzt bist du erledigt!“ Das Opfer hingegen bleibt stehen: „Spinnst du?!“ Der Täter lässt daraufhin vom Opfer ab.]* **Maßgebend ist der „zweite (bzw. letzte) Eindruck“ des Täters**, weil der zweite Eindruck des Täters näher an der Realität sein dürfte und dadurch den wahren Verletzungen des Opfers gemäße Rettungshandlungen eher garantiert sind (BGH, 2 StR 340/19, JuS 2020, 465 [weglaufendes Opfer]; 2 StR 312/18, **RA-Telegramm 2019, 58** [Opfer schreit Täter 35 Sek. nach Stich noch an]; BGH, 4 StR 367/14, **RA 2015, 157** = JuS 2015, 367 [„Flugsuizid-Fall“]). Eine **umgekehrte Korrektur** des Rücktrittshorizontes ist möglich, wenn der Täter zunächst den Erfolgseintritt nicht für möglich hält, aber unmittelbar darauf erkennt, dass er sich geirrt hat. In diesen Fällen liegt ein beendeter Versuch vor, wenn der Irrtum bei fortbestehender Handlungsmöglichkeit direkt nach der letzten Tathandlung und in engsten räumlichen und zeitlichen Zusammenhang mit dieser erkannt wird (BGH, 4 StR 397/17, JuS 2018, 914). Möglich ist auch eine **mehrfache Korrektur des Rücktrittshorizonts**. Auch in diesem Fall gilt – aus o.g. Gründen – der letzte Eindruck des Täters (BGH, 3 StR 337/11, JuS 2012, 947). Denkt der Täter zunächst, dass der Erfolg bereits eingetreten sei und bemerkt erst dann, dass z.B. das Opfer doch noch lebt, so liegt – rein dogmatisch – kein „korrigierter“ Rücktrittshorizont vor; vielmehr entsteht erstmals ein solcher (BGH, 1 StR 20/11), was aber im Ergebnis egal ist, da ein Rücktritt nunmehr weiterhin möglich ist.

wenigstens versuchte Gefährdungsumkehr bezeichnen will, so schlägt hier für den Angekl. nichts Honorierungswürdiges zu Buche. Im Gegenteil.“ (So Jäger, NStZ 2017, 460)	Fraglich ist, wie groß die zeitliche Zäsur zwischen den verschiedenen „Teilakten“ der Tat sein darf, um nach der Gesamtbetrachtungslehre noch als einheitlicher Versuch gewertet werden zu können. Der BGH verlangt einen „engen räumlichen und zeitlichen Zusammenhang“, was ein durchaus dehnbarer Begriff ist.
(P): Rücktrittsanforderungen bei § 24 I 2 (parallel § 24 II 2)	Der Erfolg gilt auch dann als „nicht eingetreten“, wenn er unabhängig von seinem Verhalten **„nicht zurechenbar“ eingetreten** ist. Entscheidend ist dann nur, ob die Angeklagte sich hinreichend „ernsthaft bemüht“ hat (BGH, 2 StR 588/15, JA 2016, 950). § 24 I 2 StGB („**ernsthaft**“) setzt voraus, dass der Täter alles tut, was in seinen Kräften steht und nach seiner Überzeugung zur Erfolgsabwendung erforderlich ist, und dass er die aus seiner Sicht ausreichenden Verhinderungsmöglichkeiten ausschöpft, wobei sich der Täter auch eines Dritten bedienen kann. Wenn ein Menschenleben auf dem Spiel steht, sind insoweit hohe Anforderungen zu stellen (BGH, 2 StR 171/17). Soweit in der Vorstellung des Angeklagten keine besseren Rettungsmöglichkeiten existieren, kann er auch durch einen Warnruf im Sinne von § 24 I 2 vom Versuch eines Tötungsdelikts zurücktreten (BGH, 2 StR 219/11).
(P): Rücktrittsanforderungen bei § 24 II	Die Täter müssen die Vollendung der Tat verhindern. Ein bloßes „Aufhören“ gibt es grundsätzlich nicht, da die Gefahr besteht, dass mindestens ein Tatbeteiligter mit der Tatausführung fortfährt (BGH, 1 StR 86/13). Sofern diese Gefahr ausnahmsweise nicht besteht („Rücktritt wie ein Mann“ und wenn z.B. nur ein Beteiligter am Tatort ist), genügt das bloße Aufhören aber dennoch. Einige begründen dies damit, dass in diesen Fällen trotz mehrerer Tatbeteiligter dennoch § 24 I 1 Var. 1 zur Anwendung kommt, andere (BGH, 3 StR 5/16, JuS 2016, 656; 1 StR 367/13) damit, dass in diesem Fällen auch ein bloßes Aufhören die Vollendung verhindern könne.
Freiwilligkeit	„Ich kann, aber will nicht.“
Def.: **Freiwillig** ist ein Entschluss, wenn er Ausdruck freier Selbstbestimmung des Täters ist, dieser also noch Herr seiner Entschlüsse ist.	(+), wenn Täter sich vom Opfer das Messer aus der Hand nehmen lässt (BGH, 2 StR 91/13) (-), wenn **kein autonomes Motiv** vorliegt, er also aufgrund einer äußeren oder inneren Zwangslage unfähig geworden ist, die Tat zu vollbringen (BGH, 4 StR 40/14, **RA 2014, 377**) oder bloße „**Verbrechervernunft**“ zur Tataufgabe führt. Dies setzt voraus, dass der Täter dieses „Hindernis" wahrnimmt und es seine Willensentschließung zumindest mitbestimmt (BGH, 4 StR 574/14). So z.B., wenn unvorhergesehene äußere Umstände dazu geführt haben, dass bei weiterem Handeln das **Risiko**, angezeigt oder bestraft zu werden, **unvertretbar ansteigen** würde (BGH, 1 StR 646/18, **RA 2019, 381;** 4 StR 282/17, JuS 2018, 391). Die Tatsache aber, dass der Anstoß zum Umdenken von außen kommt oder die Abstandnahme von der Tat erst nach dem Einwirken eines Dritten erfolgt, stellt für sich genommen die Autonomie der Entscheidung des Täters ebenso wenig in Frage wie der Umstand, dass ein Täter zunächst von dem Tatopfer weggezogen werden muss. Maßgebend ist auch in diesen Fällen, ob der Täter trotz des Eingreifens oder der Anwesenheit Dritter noch „aus freien Stücken“ Eingreifens oder der Anwesenheit Dritter noch „aus freien Stücken“ handelt und „Herr seiner Entschlüsse“ geblieben ist (BGH, 1 StR 83/18, **RA-Telegramm 2018, 57**). (-), wenn der Täter im Rahmen der Tatausführung in **Panik** gerät, keinen klaren Gedanken mehr fassen kann und aus diesem Grund nicht mehr Herr seiner Entschlüsse ist (BGH, 3 StR 89/15, JA 2016, 232).

	Das Rücktritts-Motiv muss aber nicht „ethisch hochwertig" sein. So kann z.B. auch ein freiwilliger Rücktritt vorliegen, wenn der Täter mit der Tötung des Nebenbuhlers aufhört, weil er die Tötung seiner Frau als „vorrangig" erachtet (vgl. Jäger zu BGH, 2 StR 459/16, JA 2017, 473, 474). **(P): Rettungswille nötig?** BGH, 4 StR 514/18, **RA 2019, 325** = JA 2019, 629, hat entschieden, dass ein Rücktritt auch dann vorliegen kann, wenn dem Täter der Rettungswille fehlt. Hieran wird kritisiert, dass § 24 fordert, dass der Wille zur Umkehr frei gebildet sein müsse. Damit werde aber deutlich, dass ein solcher Umkehr- bzw. Rettungswille vom Gesetzgeber vorausgesetzt werde (Jäger, JA 2019, 629, 630 f.).

<table>
<tr><th colspan="2">Konkurrenzen</th></tr>
<tr><td>Grundregeln der Konkurrenzlehre</td><td>Stets beachten, dass das Konkurrenzergebnis (Tenor) das Tatgeschehen wiederspiegelt. Folge: Es darf (1.) keine Rechtsgutsverletzung „unter den Tisch fallen“ und (2.) es darf auch keine „doppelt gemoppelt“ werden.

Die Zahl der rechtlich selbstständigen Handlungen gem. § 53 I StGB bestimmt sich für jeden Beteiligten separat nach der Anzahl seiner Handlungen (BGH, 2 StR 555/12).

Wer durch eine Handlung höchstpersönliche Rechtsgüter von mehreren Personen angreift, begeht dadurch die gleiche Tat mehrmals in Tateinheit, § 52 (BGH, 3 StR 316/11).
Greift aber der Täter einzelne Menschen nacheinander an, um jeden von ihnen in seiner Individualität zu beeinträchtigen, so liegt selbst bei einheitlichem Tatentschluss und engem räumlichen und zeitlichen Zusammenhang regelmäßig Tatmehrheit, § 53, vor (BGH, 3 StR 48/19, RA-Telegramm 2019, 67).

Argumentieren Sie in einer Klausur also stets „rechtsgutsorientiert“ und versuchen Sie, die o.g. beiden Grundsätze zu beachten. Wenn Sie hierzu eine „vernünftige“ Argumentation abliefern, wird Ihre Lösung meist positiv gewertet. Die meisten Prüfer sind schon froh, wenn überhaupt verwertbare Ausführungen zu den Konkurrenzen gemacht werden.

In Fällen einer ununterbrochenen Polizeiflucht ist regelmäßig von Tateinheit bezüglich aller durch die Fahrt verwirklichten Delikte auszugehen, weil in dem einheitlichen Entschluss zu einer Flucht vor der Polizei eine besondere Sachlage zu sehen ist, die in diesen Fällen die Zusammenfassung aller Verletzungen der Strafgesetze zu einer Tat begründet (BGH, 4 StR 221/16).

Sind an einer Deliktserie mehrere Personen als Mittäter, mittelbare Täter, Anstifter oder Gehilfen beteiligt, ist die Frage, ob die einzelnen Taten tateinheitlich oder tatmehrheitlich zusammentreffen, bei jedem Beteiligten gesondert zu prüfen und zu entscheiden. Leistet ein Mittäter für alle oder einige Einzeltaten einen individuellen, nur je diese fördernden Tatbeitrag, so sind ihm diese Taten – soweit keine natürliche Handlungseinheit vorliegt – als tatmehrheitlich begangen zuzurechnen. Fehlt es an einer solchen individuellen Tatförderung, erbringt der Täter aber im Vorfeld oder während des Laufs der Deliktserie Tatbeiträge, durch die alle oder mehrere Einzeltaten seiner Tatgenossen gleichzeitig gefördert werden, sind ihm die gleichzeitig geförderten einzelnen Straftaten als tateinheitlich begangen zuzurechnen, da sie in seiner Person durch den einheitlichen Tatbeitrag zu einer Handlung im Sinne des § 52 I StGB verknüpft werden. Ohne Bedeutung ist dabei, ob die Mittäter die einzelnen Delikte tatmehrheitlich begangen haben.</td></tr>
<tr><td>(P): Bewertungseinheit bei notwendiger Mehrheit an Handlungen</td><td>⇨ <u>Gutachten</u>: Sie dürfen den Sachverhalt im Rahmen Ihrer Prüfung nicht in lebensfremder Weise „zerstückeln“. Wenn der Täter z.B. bei Erpressung oder Betrug mehrere „Gespräche“ mit dem Opfer führen muss, um es erfolgreich zu täuschen oder zu bedrohen, endet die rechtliche Bewertungseinheit in diesen Fällen erst dann, wenn der Täter sein Ziel vollständig erreicht hat oder nach den insoweit entsprechend heranzuziehenden Wertungen des Rücktrittsrechts von einem fehlgeschlagenen Versuch auszugehen ist. (BGH, 4 StR 480/11)</td></tr>
</table>

(P): Verklammerung durch ein Dauerdelikt	Grundsätzlich kann ein Delikt, das sich über einen gewissen Zeitraum hinzieht, andere Straftaten, die bei isolierter Betrachtung in Tatmehrheit zueinander stehen, zur Tateinheit verbinden, wenn es seinerseits mit jeder dieser Straftaten tateinheitlich zusammentrifft. Diese Wirkung tritt nach BGH nur dann nicht ein, wenn eine minderschwere Dauerstraftat jeweils mit schwereren Gesetzesverstößen zusammentrifft. Wiegt dagegen nur eines der betroffenen Delikte schwerer als dasjenige, das die Verbindung begründet, so bleibt es bei der Klammerwirkung mit der Folge, dass alle während der Begehung des Dauerdelikts zusätzlich verwirklichten Gesetzesverstöße zu einer Tat im Sinne des § 52 zusammengefasst werden. (BGH, 2 StR 70/12) *Beispiel: Danach steht z.B. einer Verklammerung der Nötigung und der gefährlichen Körperverletzung durch die Freiheitsberaubung zur Tateinheit nicht entgegen, dass das Dauerdelikt der Freiheitsberaubung in seinem strafrechtlichen Unwert, wie er in der Strafdrohung Ausdruck findet, deutlich hinter dem Körperverletzungsdelikt zurückbleibt.* *Beispiel: Auch soll eine Urkundenfälschung in Form des Gebrauchmachens von einer unechten Urkunde (hier: Nutzung eines Kfz mit falschem Kennzeichen) hiermit jeweils tateinheitlich zusammenfallende Gesetzesverstöße (hier: schwere räuberische Erpressung sowie vorsätzliche Gefährdung des Straßenverkehrs) zu einer Tat im materiell-rechtlichen Sinne verklammern können* (BGH, 4 StR 528/13; hierzu und zur gesamten Rechtsfigur – zutreffend – kritisch: Becker, NStZ 2014, 272 f.). ***Vor allem für das 2. Examen:*** Das Dauerdelikt des unerlaubten Besitzes einer Schusswaffe, **§ 52 I Nr. 2b WaffG**, erfährt eine materiell-rechtliche Zäsur, wenn der Waffenbesitzer später einen neuen Entschluss zur Begehung eines Verbrechens mit dieser Waffe fasst. Das Dauerdelikt vor und nach dieser Tat ist jeweils selbständig zu beurteilen. Das Verbrechen selbst steht in Tateinheit mit dem Dauerdelikt des Vergehens nach dem Waffengesetz.
(P): Mitbestrafte Vor- und Nachtat	Voraussetzung für die Straflosigkeit der Nachtat ist, dass die Geschädigten der beiden Straftaten identisch sind, die Nachtat kein neues Rechtsgut verletzt und der Schaden qualitativ nicht über das durch die Haupttat verursachte Maß hinaus erweitert wird (BGH, 3 StR 178/13).

Täterschaft und Teilnahme

(P): Abgrenzung Täterschaft und Teilnahme

Def. h.L.: Täter ist, wer **Tatherrschaft** hat. Tatherrschaft hat, wer als Zentralgestalt des Geschehens den tatbestandsmäßigen Geschehensablauf steuernd in den Händen hält und nach seinem Gutdünken hemmen oder ablaufen lassen kann. Nahezu zwingendes Indiz bei Vermögensdelikten: Beuteteilung spricht i.d.R. für (Mit-) Täterschaft.		***Def. (modifizierte animus-Theorie) BGH:*** Täter ist, wer Täterwillen hat. Täterwillen hat, wer die Tat als eigene will. Der Täterwille ist anhand von (zumindest) vier Indizien wertend zu ermitteln. Es sind dies die Tatherrschaft, der Wille zur Tatherrschaft, der Grad des eigenen Tatinteresses und der Umfang der eigenen Tatbeteiligung. Auch nach BGH kommt dem mangelnden eigenen Tatinteresse bei Begehungsdelikten „nur eine marginale indizielle Bedeutung zu“, wenn wesentliche Tatbeiträge erbracht worden sind (BGH, 4 StR 425/07).

BGH, 3 StR 419/10, ergänzt: Dabei deutet eine ganz untergeordnete Tätigkeit schon objektiv darauf hin, dass der Beteiligte nur Gehilfe ist. Die Annahme von Mittäterschaft erfordert allerdings nicht in jedem Fall eine Mitwirkung am Kerngeschehen; sie kann vielmehr auch durch eine nicht ganz untergeordnete Beteiligung an Vorbereitungshandlungen begründet werden, sofern der Tatbeitrag sich nicht als bloße Förderung fremden Tuns, sondern als Teil der Tätigkeit aller darstellt. *(Anm.: In Sache ebenso die Lehre von der funktionalen Tatherrschaft.)*

Indiz bei Vermögensdelikten: Annähernd gleichberechtigter Beuteanteil spricht für Mittäterschaft.

Sonderproblem: Abgrenzung von § 216 und „Beihilfe zum Selbstmord“	Die Abgrenzung kann hier jedenfalls nicht nach der modifizierten Animus-Theorie des BGH erfolgen, da der Täter des § 216 grundsätzlich kein eigenes Interesse an der Tat hat. Deshalb stellt der BGH die Frage nach der Beherrschung des Geschehens (des unmittelbar lebensbeendenden Akts). Dabei liegt eine straflose „Beihilfe zum Selbstmord“ solange vor, wie der Suizident jederzeit die Möglichkeit hat, den Tod aus eigener Kraft abzuwenden (so auch BGH, 2 StR 219/11, für den Fall eines einseitig fehlgeschlagenen Doppelsuizids). Fraglich ist vor allem der Fall, in welchem der Suizident handlungsunfähig geworden ist. Nach e.A. (OLG Hamburg, 1 Ws 13/16, **RA-Telegramm 2017, 14,** und zumindest früher der BGH) soll in diesem Fall die Tatherrschaft auf den eben noch straflosen Gehilfen übergehen, da der Suizid nun nicht mehr freiverantwortlich sei. In Betracht kommt dann §§ 216, 13. In der Lehre und neuerdings auch BGH, 5 StR 132/18, **RA 2019, 549**; 5 StR 393/18, JuS 2019, 82, wird dem ganz überwiegend nur für den Fall des „verdeckten Hilferufs“ gefolgt, nicht hingegen im Fall des sog. „Bilanzsuizids“ (Miebach, NStZ 2016, 536 f.). ⇨ *<u>Gutachten</u>: In der Klausur ist das Geschehen häufig in drei Teilakte aufzuspalten. Z.B.: (1.) Freund stellt dem Suizidenten das Gift zur Verfügung. (2.) Der Suizident trinkt das Gift. (3.) Der Suizident verliert das Bewusstsein. Hier gilt: Bei (1.) § 216 prüfen und klären, dass es sich um keine Fremdtötung handelt. Dann §§ 216, 25 I 2. Var. prüfen. (-) bei Freiverantwortlichkeit des Suizidenten (Exkulpations- und Einwilligungslösung). §§ 216, 27 (-) mangels Haupttat. Bei (2.) scheiden §§ 216, 13 so lange aus, wie der Suizident noch die Möglichkeit hat, selbst eine sein Leben rettende Handlung vorzunehmen. Bei (3.): §§ 216, 13 nach e.A. (+), wenn und weil der Suizident sich nun selbst nicht mehr helfen kann. Nach h.L. und inzw. BGH §§ 216, 13 nur (+), wenn kein „Bilanzsuizid“, sondern „verdeckter Hilfeschrei“.*

Mittäterschaft, § 25 II	
Mittäterschaft i.S.v. § 25 II StGB verlangt ein arbeitsteiliges Zusammenwirken aufgrund eines gemeinsamen Tatentschlusses.	**Zurechenbar sind nur Handlungen.** Konsequenz: Zurechenbar sind nur objektive Tatbestandsmerkmale, die tatbezogen sind. Nicht zurechenbar sind objektive täterbezogene Merkmale (z.B. Amtsträger), der Vorsatz und besondere Absichten. ⇨ *<u>Gutachten</u>: Alle Vss. des § 25 II gemeinsam im objektiven TB prüfen.*
(P): Exzess	Exzesshandlungen eines Mittäters werden den anderen Mittätern nicht zugerechnet, da es insoweit keinen gemeinsamen Tatentschluss gibt. (Zum Sonderfall des „**vorhersehbaren Mittäterexzesses**" unten bei den Erfolgsqualifikationen.) Die Zurechnung erfordert jedoch keine ins Einzelne gehende Vorstellung von den Handlungen der anderen Tatbeteiligten. Regelmäßig werden die Handlungen eines anderen Tatbeteiligten, mit denen nach den Umständen des Falles gerechnet werden musste, vom Willen des Mittäters umfasst sein, auch wenn er sie sich **nicht besonders vorgestellt hat** (BGH, 3 StR 210/10; BGH 4 StR 52/11). Liegt keine Exzesshandlung eines Mittäters vor, wird die Tathandlung eines Täters den anderen Mittätern zugerechnet, sofern sie nicht außerhalb der Vorstellung aller lag (BGH, 5 StR 575/12). Ebenso wird zugerechnet, wenn die verabredete Tatausführung durch eine in ihrer Schwere und Gefährlichkeit gleichwertige ersetzt wird. Gleiches gilt bei Gleichgültigkeit gegenüber der Handlungsweise des Mittäters (BGH, 2 StR 177/16). Macht sich der Komplize hingegen die zunächst einen Exzess darstellende Handlung eines Komplizen zu eigen, liegt kein Exzess (mehr) vor. So z.B., wenn beim Raub ein Komplize als Exzess eine Pistole verwendet, der andere Komplize die Waffe sieht und danach die Wegnahme vornimmt (kein Exzess mehr). Beachten Sie: Entschließt sich ein am Raub beteiligter Mittäter während Begehung der Tat, das weggenommene Geld abredewidrig für sich allein zu behalten, so begründet diese Abkehr vom gemeinsamen Tatplan keinen Mittäterexzess, sofern das objektive Tatgeschehen im gemeinsamen Tatplan liegt und der zweite Tatbeteiligte weiterhin die erforderliche Zueignungsabsicht aufweist. Folge: Die Handlungen des sich „Abkehrenden" werden den (bisherigen?!) Komplizen weiter zugerechnet (!). (BGH, 5 StR 88/12)
(P): fehlende Mitwirkung im Ausführungsstadium Kann jemand Mittäter sein, der im Stadium der unmittelbaren Tatausführung nicht am Tatort anwesend ist?	**(P): Bandenchef-Problematik** **Lehre von der funktionalen Tatherrschaft**: Mittäterschaft (+); das Minus bei Tatausführung wird kompensiert durch das Plus in der (planenden) Vorbereitung (BGH, 3 StR 189/19, **RA 2019, 657** [Planender fuhr die Ausführenden noch zum Tatort und hielt sich zum Abtransport bereit]; BGH, 3 StR 441/20, **RA 2021, 549** [Zschäpe/NSU]). M.M.: **Strenge Tatherrschaftslehre**: Tatherrschaft nur, wenn z.B. durch Handy oder Funkgerät Kontakt zu den Ausführenden am Tatort besteht. Der **BGH** folgt im Rahmen der modifizierten Animus-Theorie der Lehre von der funktionalen Tatherrschaft. Vgl. insoweit BGH, 3 StR 119/12, wonach es für Mittäterschaft schon ausreichen soll, Dieben regelmäßige „Aufträge" zu erteilen und diesen zum Abtransport der Beute ein Fahrzeug und zur Aufbewahrung der Beute eine Scheune zur Verfügung zu stellen. Allerdings genügt es nicht für § 25 II, wenn die Komplizin K bei einem Überfall nur im in der Nähe geparkten (und von ihr angemieteten) Pkw wartet und nicht festgestellt werden kann, dass

diese den Fluchtwagen auch gesteuert hat (BGH, 3 StR 129/16, **RA 2016, 549;** ähnlich BGH, 3 StR 439/15, JuS 2016, 658).
Die Frage nach der Mittäterschaft kann **je nach Delikt unterschiedlich** beurteilt werden: Nimmt ein Täter zwar billigend in Kauf, dass das Opfer eines geplanten Raubes von den Mittätern dieser Tat bei dem Geschehen auch körperlich verletzt wird, galt sein Täterinteresse jedoch in erster Linie der Wegnahme von Geld und sonstiger Wertgegenstände, von denen er wirtschaftlich zu profitieren hoffte, nicht jedoch den Körperverletzungen und hielt er sich bewusst ohne Körperverletzungswillen von diesem Geschehen fern, liegt eine Mittäterschaft an einer Tat gem § 224 I Nr. 4 StGB in der Regel nicht vor (BGH, 3 StR 165/16, **RA-Telegramm 2017, 7**).

Achtung: **Niemals darf die (Mit-)Täterschaft mit dem Hinweis auf die Bandenmitgliedschaft bejaht werden** (BGH, 3 StR 538/15, **RA 2016, 325;** BGH, 3 StR 119/12; BGH 3 StR 403/12 für § 263 III 2 Nr. 1). Das Bandenmitglied kann bei der konkreten Tat nämlich auch Teilnehmer sein. (Umgekehrt darf auch die Bandenzugehörigkeit nicht mit dem bloßen Hinweis auf die Mittäterschaft bejaht werden, da auch Teilnehmer zur Bande gehören können.)

(P): Alternative Tatbegehung:
[Fall: A und B wollten O erschießen. Da sie nicht wissen, welchen Heimweg O benutzen wird, teilen sie sich auf die beiden möglichen Routen auf und lauern ihm jeweils auf. Es soll derjenige O töten, auf dessen Route sich O begibt.]

In derartigen Fällen ist streitig, ob eine Mittäterschaft vorliegt. Dagegen spricht, dass nur derjenige die Tat beherrscht, auf dessen Route das Opfer erscheint. Dafür spricht, dass nur durch die Aufteilung auf beide Routen, die „Gesamtsituation“ durch beide Täter beherrscht werden kann.

(P): Lossagung
Hierbei geht es um die Frage, wie es zu behandeln ist, wenn jemand im Vorbereitungsstadium der Tat ausscheidet, aber bestimmte von ihm erbrachte Tatbeiträge in die Tatausführung fortwirken. Hierbei ist der Fall häufig so gestaltet, dass ihm von seinen Komplizen vorgespielt wird, dass auch diese die Tat nicht mehr begehen wollen, sich aber insgeheim vorbehalten, die Tat dennoch zu begehen, was dann auch passiert. In der Lehre gehen hier viele von einem **Mittäterexzess** aus und wollen allenfalls eine Fahrlässigkeitstat annehmen. Der BGH greift eher auf die Wertungen der Rücktrittsregeln zurück, die einen **Opferschutz** verlangen. Dies kann trotz der Lossagung zur Bestrafung aus dem Vorsatzdelikt wegen Mittäterschaft führen, wenn und weil der vom Lossagenden erbrachte Tatbeitrag fortwirkt.
Eine Strafbarkeit wegen Mitwirkung an der ausgeführten Tat bei demjenigen, der im Vorbereitungsstadium unbeschadet fortwirkender Tatbeiträge ausscheidet (hier: ausgeschlossen wird), ist nur unter einer doppelten Voraussetzung ausgeschlossen:
Die schließliche Deliktsverwirklichung muss erstens eine andere Tat sein als das im Vorbereitungsstadium abgebrochene Geschehen, und der Ausscheidende muss zweitens von der späteren Durchführung des Delikts nichts gewusst haben (BGH, 1 StR 174/08).

Wichtig ist in derartigen Fällen, überhaupt an die Möglichkeit einer Mittäterschaft zu denken und sich nicht auf Prüfungen von § 27 oder Fahrlässigkeitstaten zu beschränken.

⇨ *Gutachten: Im Rahmen der Vss. des § 25 II beim Merkmal „aufgrund gemeinsamen Tatentschlusses“ die Frage klären, ob es diesen (noch) gibt, was nicht der Fall ist, wenn ein Mittäterexzess vorliegt.*

(P): sukzessive Mittäterschaft **Vss. nach BGH:** • Kenntnis und Billigung des bisherigen Geschehens • Willensübereinkunft zwischen Beteiligten • Fördernder Tatbeitrag • Dann: Bewertung des Tatbeitrags als Mittäterschaft? (Indiz bei Vermögensdelikten: Beuteteilung)	Eine sukzessive Mittäterschaft liegt (auch bei einem möglichen Beitritt im **Versuchsstadium**) nur vor, wenn jemand in Kenntnis und Billigung des von einem anderen begonnenen Handelns in das Geschehen als Mittäter eingreift und er sich mit dem anderen vor Beendigung der Tat zu gemeinschaftlicher weiterer Ausführung verbindet. Darüber hinaus ist nötig, dass der Hinzutretende in der Vorstellung handelt, die Herbeiführung des tatbestandsmäßigen Erfolges durch sein eigenes Handeln weiter zu fördern (BGH, 3 StR 455/16, **RA-Telegramm 2017, 42**). Ist das Geschehen schon vollständig abgeschlossen (**beendet**), scheidet eine sukzessive Mittäterschaft (ebenso wie sukzessive Beihilfe) aus (BGH, 4 StR 314/20, **RA 2021, 269** [für §§ 249/255]; 3 StR 344/17, **RA-Telegramm 2018, 50**, [für § 263]). **(P):** Können einem Mittäter **Tatbeiträge** zugerechnet werden, die **bereits** vor seinem Hinzutreten **abgeschlossen** waren? **BGH:** Ja, wenn die links genannten Vss. vorliegen. Für die Annahme von Mittäterschaft reicht es aber nicht, dass der Beteiligte die durch andere verwirklichten Tatumstände kennt, sie billigt und durch eigenes Einschreiten verhindern könnte (BGH, 3 StR 446/11; vgl. auch BGH, 4 StR 72/15, **RA 2016, 213, 218**). Nötig ist ein nachträgliches – zumindest stillschweigendes – Einverständnis (BGH, 5 StR 360/11). So auch, wenn bei §§ 316a, 25 II ein Komplize mit seinem geringfügig zeitlich vorgezogenen Angriff auf die Taxifahrerin nur unwesentlich von der gemeinsamen Tatplanung abweicht und die Angeklagten im Folgenden den Überfall wie verabredet arbeitsteilig durchführen (BGH, 4 StR 563/15, **RA 2016, 385** = ZJS 2017, 115 = JA 2016, 707 = JuS 2016, 850). Allerdings muss insoweit tatbestandsspezifisch differenziert werden: Ist der Einsatz eines gefährlichen Werkzeugs bei einer KV schon **abgeschlossen**, als andere Mittäter hinzutreten, scheidet eine Zurechnung aus, wohingegen eine Zurechnung im Rahmen des Raubes – der sich noch in der Versuchsphase befindet – möglich ist (BGH, 2 StR 594/18, **RA-Telegramm 2019, 87;** 2 StR 123/15, JA 2016, 470). **a.A.:** (-), da unbeachtlicher dolus subsequens (nachträglicher Vorsatz) (Satzger, JK 11/12, § 15 StGB/10)
(**Problem:** Kann im Stadium **zwischen Vollendung und Beendigung** noch in eine laufende Straftat als Mittäter „nachträglich“ [sukzessiv] eingetreten werden?)	**(P):** Streitig ist vor allem die **Phase zwischen Vollendung und Beendigung:** *[Fall: A hat den Diebstahl bereits vollendet. B, der zufällig vorbeikommt, hilft beim Abtransport der Beute.]* **h.L.:** (-), da keine Arbeitsteilung i.S.v. § 25 II, keine Tatherrschaft und unzulässige Anerkennung des dolus subsequens, da kein Vorsatz „bei Begehung der Tat“ gem. § 16 I. **BGH:** Mittäterschaft ist auch möglich zwischen Vollendung und Beendigung, da sonst die Vorverlagerung der Vollendungsstrafbarkeit sich zugunsten des später sich Beteiligenden auswirken würde; die Tat ist bis zur Beendigung beteiligungsfähig. Dafür spricht auch – gerade bei Vermögensdelikten – die besondere Wichtigkeit der Beutesicherungsphase. Weiterhin ist entscheidend, *dass* ein wichtiger Tatbeitrag erbracht wird und nicht *wann* dessen Erbringung verabredet wird. Ein sehr starkes Indiz ist bei Vermögensdelikten das Kriterium der Beuteteilung. ⇨ *<u>Gutachten</u>: Haupttäter alleine prüfen. Dann für den nach der Vollendung Hinzukommenden eine Zurechnung (z.B. der Wegnahme) gem. § 25 II prüfen. An dieser Stelle dann Problem darlegen.*

	Kann der Hinzutretende jedoch die weitere Tatausführung nicht mehr fördern, weil für die Herbeiführung des tatbestandsmäßigen Erfolges schon alles getan ist und weil das Tun des Eintretenden auf den weiteren Ablauf des tatbestandsmäßigen Geschehens ohne jeden Einfluss bleibt, kommt eine Zurechnung nach den Grundsätzen der (sukzessiven) Mittäterschaft trotz Kenntnis, Billigung und Ausnutzung der durch einen anderen geschaffenen Lage nicht in Betracht (BGH, 4 StR 583/19, **RA 2020, 269**). *[Fall (oben BGH, 4 StR 583/19): M nimmt Tötungshandlung Schlag vor. Danach ruft er W zu: „Mach auch was!" W nimmt Tötungshandlung Stich vor. Es kann nicht geklärt werden, woran O gestorben ist.]* Dieser Fall ist ein heißer **Examenstipp**, weil er die objektive Zurechnung bei fortwirkender Kausalität mit dem Zweifelssatz und der sukzessiven Mittäterschaft kombiniert. Strafbarkeit W: § 212 I (-), da in dubio pro reo keine Kausalität des Stichs. §§ 212 I, 25 II (-), da keine Zurechnung des Schlags, da keine sukzessive Mittäterschaft, da im Zweifel kein fördernder Tatbeitrag. Bleiben §§ 212 I, 22, 23 I und §§ 223 I, 224. Strafbarkeit M: § 212 I (+), da **fortwirkende Kausalität** und obj. Zurechnung da W erst auf Aufforderung zugestochen hat. **(P): Sukzessive Mittäterschaft an einer Qualifikation** Die Zurechnung einer vom ursprünglichen Tatplan nicht umfassten Erfüllung eines Qualifikationsmerkmals kann auch dann noch erfolgen, wenn der qualifizierende Umstand nach der Tatvollendung noch vorliegt (z.B. Fesselung des Opfers) und von dem Hinzutretenden in dessen Kenntnis und unter Ausnutzung des Erschwerungsgrundes noch auf die Sicherung des Taterfolges gerichtete Handlungen vorgenommen werden (BGH, 4 StR 14/20, **RA 2020, 605**).
(P): Auswirkung des error i. p. auf Mittäter	Fraglich ist, ob z.B. die Tötung der falschen Person durch den die Tat ausführenden Komplizen für die anderen Komplizen einen Mittäterexzess darstellt. h.M.: Vorsatz (+), also kein Exzess, weil sich der Schütze subjektiv an den Tatplan hielt (BGH, 3 StR 651/17, **RA-Telegramm 2019, 31** = JuS 2019, 495 = JA 2019, 467 [wenn und weil das Verwechslungsrisiko im Tatplan angelegt ist]). M.M.: Vorsatz (-), also Exzess, wenn und weil sich die Tat schon objektiv nicht mehr im Rahmen des Tatplans hält. **(P): Verfolger-Fall** *[Fall: Wegen e.i.p. wird auf den Komplizen geschossen.]* Fraglich, ob der angeschossene Komplize wegen versuchten Mordes „an sich selbst" in Mittäterschaft bestraft werden kann. h.M.: (+) Kein Mittäterexzess, da Schütze dachte, auf Verfolger zu schießen und er sich somit subjektiv an den gemeinsamen Tatplan hielt. Insofern liegt für den Verfolger ein untauglicher Versuch vor, da er für sich selbst kein taugliches Tatobjekt ist. ⇨ *<u>Gutachten</u>: Haupttäter alleine prüfen und bei ihm darlegen, dass der error in persona unbeachtlich ist, da er keinen Fall des § 16 I darstellt. Dann für die anderen Komplizen eine Zurechnung (z.B. des abgegebenen Schusses) gem. § 25 II prüfen. An dieser Stelle ist zu klären, ob es einen „gemeinsamen Tatentschluss" zur Tötung der „falschen" Person gab, oder ob ein Exzess des die Tat Ausführenden gegeben ist.*

Mittelbare Täterschaft, § 25 I 2. Var.

<u>Schema:</u> **1. Erfolg** **2. „durch einen anderen“** **3. Verursachungs-beitrag, der Tatherrschaft verleiht**	**Zurechenbar sind nur Handlungen.** Konsequenz: Zurechenbar sind nur objektive Tatbestandsmerkmale, die tatbezogen sind. Nicht zurechenbar sind objektive täterbezogene Merkmale (z.B. Amtsträger), der Vorsatz und besondere Absichten.
Verursachungsbeitrag, der Tatherrschaft verleiht **Achtung:** Nach h.M. (BGH) ist **„mittelbare Täterschaft durch Unterlassen“** möglich. (Bspl.: Koma-Fall: Weisung des Heimleiters an Pflegepersonal ist [Schwerpunkt der Vorwerfbarkeit] die Unterlassung der ordnungsgemäßen Behandlung des Patienten [„Unterlassen durch Tun“].) **Schema:** „Hauptschema“ ist § 25 I 2. Alt. und beim Verursachungsbeitrag ist zu prüfen, dass er in der Weisung liegt.	• **Wissensherrschaft** (Irrtumsherrschaft) - Irrtum über die Tragweite („Irrtum über den konkreten Handlungssinn“): z.B. „Sirius-Fall“ und Stromschlag-Fall (LG München II, 1 Ks 21 Js 5718/18, **RA-Telegramm 2020, 120** = JuS 2020, 987) • **Willensherrschaft** (Nötigungsherrschaft) • **Organisierter** Machtapparat (Staatsführung der DDR beherrscht die aufgrund des Schießbefehls abgegebenen Schüsse auf den Republikflüchtling; Übertragung wohl mögl. auf strikte Befehlsstrukturen z.B. bei Mafia) • **Weisungsherrschaft** (z.B. Arzt ggü. Krankenschwester, Arbeitgeber ggü. Arbeitnehmer [nach M.M. bloß Anstiftung]) Das Deliktsminus des Werkzeugs kann auf allen Stufen des Prüfungsschemas liegen. „**Werkzeug gegen sich selbst**“ z.B. wenn das Opfer zum Suizid genötigt wird, wenn es in den Suizid „getrieben“ wird oder zu einer vom Opfer als gefährlich erkannten Handlung überredet wird (so im „Sirius-Fall“ und im Stromschlag-Fall). Ob bei den sog. „Fallensteller-Fällen“ eine Tatbegehung in unmittelbarer oder mittelbarer Täterschaft vorliegt, ist streitig. ABER: Deliktsminus nicht zwingend nötig: „**Täter hinter dem Täter**“ – Fallgruppen: • innerhalb organisierter Machtapparate [Staatsführung der DDR; u.U. auch in Mafia-Strukturen], • Weisungsherrschaft [Arzt / Krankenschwester; Arbeitgeber / Arbeitnehmer (str.)] • Wissensherrschaft, z.B. über vermeidbaren Verbotsirrtum [„Katzenkönig“]) M.M.: strenge Lehre vom Selbstverantwortungsprinzip, die für den „Hintermann“ nur §§ 26, 27 als möglich ansieht und den „Täter hinter dem Täter“ grds. ablehnt. Gegen die M.M. spricht, dass der „eigentlich“ Verantwortliche nur wegen Teilnahme bestraft werden kann („Die Kleinen hängt man, ...“)
Vorsatz zum Erfolg	**(P): Auswirkung des error i. p. auf Hintermann** e.A.: immer aberratio ictus (menschliches = mechanisches Werkzeug) a.A.: nur aberratio ictus, wenn Hintermann selbst individualisiert hat a.A.: grundsätzlich unbeachtlich, wenn sich das Geschehen noch in den Grenzen der allgemeinen Lebenserfahrung hält Wird der error in persona des Haupttäters gezielt hervorgerufen und erhofft, sog. „gelenkter error in persona“, ist der e.i.p. für den Hintermann natürlich unbeachtlich und begründet erst die mittelbare Täterschaft.

Anstiftung und Beihilfe, §§ 26, 27

Schema Anstiftung:	Schema Beihilfe:
I. Tatbestand **1. Objektiv** **a) vorsätzliche rechtswidrige Haupttat** **b) Bestimmen (= Hervorrufen des Tatentschlusses)** **2. Subjektiv (Vorsatz bzgl.:)** **a) vorsätzliche rechtswidrige Haupttat** **b) Bestimmen** **II. RWK** **III.Schuld**	**I. Tatbestand** **1. Objektiv** **a) vorsätzliche rechtswidrige Haupttat** **b) Hilfe leisten (P): Rspr.: Fördern; wohl h.L.: „Kausalität" i.S.v. sich auswirken)** **2. Subjektiv (Vorsatz bzgl.:)** **a) vorsätzliche rechtswidrige Haupttat** **b) Hilfe leisten** **II. RWK** **III. Schuld**

Vorsätzliche rechtswidrige Haupttat	(+) beim **Versuch als Haupttat** (Achtung: Rücktritt des Teilnehmers noch möglich, da Haupttäter auch noch zurücktreten könnte) (+) bei **Vorsatz-Fahrlässigkeits-Kombinationen** wegen § 11 II (also z.B. §§ 227, 26/27 möglich). Beachte aber § 18: Der Teilnehmer muss bzgl. der fahrlässig herbeigeführten Folge ebenfalls mindestens fahrlässig handeln. **str**. beim **ETBI**; nur (+) nach der rechtsfolgenverweisenden Variante, die die ***Schuld***komponente des „Vorsatzschuldvorwurfes" entfallen lässt (wohl h.M.)
Def.: Ein **Bestimmen** i.S.d. § 26 StGB liegt vor, wenn der Teilnehmer den Tatentschluss des Täters hervorruft.	• Haupttat muss in ihren wesentlichen Merkmalen oder Grundzügen konkretisiert sein („Mach´ eine Bank!" genügt nicht als Anstiftung zu 249/255) • Anstiftungshandung muss notwendige Bedingung für den Tatentschluss des Täters sein • Nötig ist Einwirkung auf den Willen des Täters durch offenen geistigen Kontakt, jedoch keine Kollusion (str.) (-) beim „omnimodo facturus", der zur Tat bereits entschlossen ist (+) hingegen beim bloß „tatgeneigten"
Def.: Ein **Hilfeleisten** kann in jedem Tatbeitrag gesehen werden, der die Haupttat ermöglicht oder erleichtert oder die vom Haupttäter begangene Rechtsgutsverletzung verstärkt. Nach BGH muss die Beihilfehandlung die Haupttat zu irgendeinem Zeitpunkt zwischen Versuchsbeginn und Beendigung	• Die Beihilfe muss nach BGH (h.M.) nicht „kausal" sein und zwar weder im Sinne einer „Verstärkerkausalität" noch im Sinne eines „Sich-Auswirkens" (BGH, 1 StR 94/16). • Unstreitig möglich sind die Formen der **Rathilfe** und **Tathilfe.** • Str. hingegen, ob **Bestärkung im Tatentschluss** genügt (BGH: ja). Die bloße **Anwesenheit am Tatort** in Kenntnis einer Straftat reicht dazu allerdings selbst bei deren Billigung nicht aus (BGH, 3 StR 195/18, JuS 2019, 721). Die Hilfeleistung kann zwar auch in der Billigung der Tat bestehen, wenn sie gegenüber dem Täter zum Ausdruck gebracht und dieser dadurch in seinem Tatentschluss bestärkt wird sowie der Gehilfe sich dessen bewusst ist. Das setzt aber voraus, dass der die Tat unmittelbar Ausführende den Gehilfen und dessen Billigung eines Tötungsdelikts wahrgenommen hat und dadurch in seinem Tatentschluss bestärkt oder ihm zumindest ein erhöhtes Sicherheitsgefühl vermittelt wurde. (BGH, 1 StR 344/15, JuS 2016, 944).

in irgendeiner Weise erleichtern oder **fördern** (BGH, 1 StR 108/18).	• Bloße **Vermittlung eines „Gefühls der Sicherheit":** Allein das Wissen um die Begehung der Haupttat genügt nicht. Auch Handlungen, die erkennbar nicht erforderlich oder nutzlos für das Gelingen der Tat sind, reichen nicht aus, um daraus eine Beihilfe zu entnehmen. Ist der Schwerpunkt eines Verhaltens in einem Unterlassen zu sehen, das mangels Garantenstellung nicht strafbar ist, darf dieses Ergebnis nicht dadurch umgangen werden, dass das Verhalten in eine nicht näher konkretisierbare und feststellbare psychische Beihilfe durch aktives Tun umgedeutet wird (BGH, 2 StR 419/15, JuS 2016 470). Beachte: Sofern in o.g. Fällen aktives Tun ausscheidet und eine Garantenstellung (z.B. aus Ingerenz besteht), kommt eine **Beihilfe durch Unterlassen in** Betracht (BGH, 3 StR 195/18, JuS 2019, 721). • Beihilfe kann schon vor der Entschließung des Haupttäters zur Tat geleistet werden (BGH, 3 StR 310/11). • **(P): neutrale Beihilfe (berufstypisches Verhalten)** Nach richtiger Ansicht geht es um die Frage, wann ein Verhalten eben gerade nicht mehr berufstypisch ist und somit der Bereich strafbaren Verhaltens erreicht ist. Bei der Fülle der hierzu vertretenen Ansätze geht es vor allem darum, mit einer guten Begründung zu einem vertretbaren Ergebnis zu kommen, welches kein Alltagsverhalten kriminalisiert. Gleiches **(P)** bei **Alltagsverhalten**: Wer seinem Verlobten, einem Dealer, sein Handy und sein Auto zur Nutzung überlässt, hat nur dann Gehilfenvorsatz, wenn er weiß, wie der von ihm geleistete Beitrag vom Haupttäter verwendet wird. Hält er es dagegen lediglich für möglich, dass sein Tun zur Begehung einer Straftat genutzt wird, so reicht dies nicht aus, es sei denn, das von ihm erkannte Risiko strafbaren Verhaltens des von ihm Unterstützten war derart hoch, dass er sich mit seiner Hilfeleistung „die Förderung eines erkennbar tatgeneigten Täters angelegen sein" ließ (BGH, 2 StR 96/15).
(P): Auf-, Ab- und Umstiftung	• **Aufstiftung** *[Fall: Täter ist zum Grunddelikt entschlossen und wird zur Qualifikation „aufgestiftet.]* BGH: 26, da Aufstifter für das von ihm erhöhte Risiko voll einstehen müsse h.L.: 27, (keine Anstiftung zur Qualifikation, ohne Anstiftung zum Grunddelikt) • **Abstiftung** *[Fall: Täter ist zur Qualifikation entschlossen und wird zum Grunddelikt „abgestiftet".]* 26 (-), da bereits entschlossen (omnimodo facturus) und 27 (-), da keine Zurechnung wegen Risikoverringerung • **Umstiftung hinsichtlich des Opfers** *[Fall: Täter will X töten und wird zur Tötung des Y „umgestiftet".]* Anstiftung bei höchstpersönlichen Rechtsgütern (Leben, Leib, Freiheit, Ehre), sonst Beihilfe • **Umstiftung hinsichtlich des Tatmittels** Beihilfe (z.B.: „Nimm keine Pistole, sondern einen Revolver.") • **Umstiftung hinsichtlich des Tatbestands** *[Fall: Täter will X verprügeln und wird „umgestiftet", X zu bestehlen.]* Anstiftung, da völlig neuer Tatbestand, der anderes Rechtsgut schützt.

<table>
<tr><td>(P): Kettenteilnahme</td><td>Bei Teilnehmerketten bestimmt das schwächste Glied das Ergebnis.

Wichtig: Die Strafbarkeit ist immer auf die des schlussendlichen Haupttäters zu beziehen!

Somit ist nur die „Kettenanstiftung“ eine Anstiftung zur Haupttat (BGH, 3 StR 259/21).

In allen anderen Fällen – „Beihilfe zur Anstiftung“, „Anstiftung zur Beihilfe“ (OLG Bamberg, 2 Ss 73/05) und „Beihilfe zur Beihilfe“ (BGH, 2 StR 419/15, JuS 2016, 470) liegt stets nur eine Beihilfe zur Haupttat vor, die nur mit „§ 27“ zu zitieren ist. Keinesfalls gibt es also in der Zitierung „§§ 26, 27“ oder §§ 27, 26“</td></tr>
<tr><td>Vorsatz zur Haupttat

Sog. „doppelter Anstifter- bzw. Gehilfenvorsatz“. Dies bedeutet nur, dass sich der Vorsatz des Teilnehmers (natürlich) auf beide Komponenten des objektiven TB beziehen muss.</td><td>Die unterschiedlichen Teilnahmestrukturen, die verschiedene Nähe zur Tat und die differenzierten Strafdrohungen gebieten es, an den Gehilfenvorsatz andere Maßstäbe anzulegen als an den Vorsatz des Anstifters. Während der Anstifter eine bestimmte Tat, insbesondere einen bestimmten Taterfolg vor Augen hat, erbringt der Gehilfe einen von der Haupttat losgelösten Beitrag (BGH, 3 StR 430/16, RA 2017, 267).

Gehilfenvorsatz: In subjektiver Hinsicht genügt für eine Strafbarkeit als Gehilfe bedingter Vorsatz, d.h. der Gehilfe muss seinen eigenen Tatbeitrag sowie die wesentlichen Merkmale der Haupttat, insbesondere deren Unrechts- und Angriffsrichtung, zumindest für möglich halten und billigen. Einzelheiten der Haupttat braucht der Gehilfe hingegen nicht zu kennen und auch keine bestimmte Vorstellung von ihr zu haben (BGH, 2 StR 17/20). Das gilt insbesondere, wenn sein Tatbeitrag nur zu deliktischen Zwecken verwendet werden kann (BGH, 1 StR 403/13).
Anstiftervorsatz: Der Vorsatz des Anstifters muss sich auf eine bestimmte Straftat und deren Vollendung beziehen. Die gleiche Rechtsfolge für die Anstiftung wie für die Täterschaft rechtfertigt sich nur dann, wenn die Tatbegehung auf den Anstifter als Veranlasser der Tat zurückzuführen ist. Hieraus folgt auch, dass die für den Anstiftervorsatz maßgebenden Grundsätze nicht gleichermaßen für den Gehilfenvorsatz gelten, für den Anstifter bestehen höhere Anforderungen. Eine Lenkung im Sinne einer Veranlassung ist nur möglich, wenn der Anstifter eine genauere Vorstellung von der Haupttat besitzt. Dies erfordert, dass dem Täter die konkrete Angriffsrichtung vorgegeben wird. Die präzise Kenntnis aller Tatumstände (Zeit, Ort, Objekt, Art der Ausführung) ist zwar nicht erforderlich. Andererseits ist die Aufforderung, allgemein Straftaten oder Straftaten einer lediglich dem gesetzlichen Tatbestand nach beschriebener Art zu begehen, nicht nach § 26 strafbar.

Kein Anstiftervorsatz, wenn die Haupttat nur versucht werden soll. Die Mitwirkung an einem untauglichen Versuch, der für den Haupttäter strafbar ist, bleibt für den Teilnehmer straflos, wenn er dessen Untauglichkeit kennt (BGH, 3 StR 68/13). Nach wohl h.M. aber auch dann (-), wenn Anstifter zwar die formelle Beendigung der Haupttat aber keine „irreparable Rechtsgutsverletzung“ will („agent provocateur“). Beispiel: Zwar soll der Einbruchsdiebstahl durch den Haupttäter vollendet werden, jedoch soll er sofort nach verlassen des Hauses verhaftet werden.

(P): sukzessive Beihilfe (zw. Vollendung und Beendigung) / Abgrenzung zu § 257
Sofern (bei entspr. Hinweisen im SV) eine sukzessive Mittäterschaft geprüft aber abgelehnt wurde, kommt eine sukzessive Beihilfe in Betracht. Da die obj. Merkmale bei § 27 und bei § 257 identisch sind („rw Haupttat“ und „Hilfe leistet“), in § 257 aber eine besondere Absicht verlangt wird („Absicht, die Vorteile der Tat zu sichern“), erfolgt die Abgrenzung im subj. TB:</td></tr>
</table>

	• 27 (+), wenn Hilfe zur Beendigung der Haupttat geleistet werden soll • 257 (+), wenn Wille zur Sicherung des „Status quo“ ⇨ *<u>Gutachten</u>: Abgrenzung erst im subj. TB des § 27 beim Vorsatz zum Hilfeleisten.* Nach der Beendigung der Haupttat scheidet eine sukzessive Beihilfe grundsätzlich aus (BGH, 2 StR 395/16, **RA-Telegramm 2017, 49**). **(P): Auswirkungen des error i. p. auf Teilnehmer („Rose-Rosahl“)** **e.A.: aberratio ictus** – nach Konkretisierungs-Theorie deshalb (nur) Strafbarkeit wegen Versuch und Fahrlässigkeit möglich (ABER unklar, was der „Versuch“ ist; wohl **§ 30 I** (versuchte Anstiftung zur Tötung am eigentlich gewollten Objekt), nach absoluter M.M.: Anstiftung zum Versuch am eigentlich gewollten Objekt [insoweit fehlt aber Haupttat: Verbot der Doppelverwertung; vgl. die Darstellung zum error in persona]) **wohl h.M. (BGH): i.d.R unbeachtlich**, wenn sich das Geschehene in den Grenzen des nach allgemeiner Lebenserfahrung voraussehbaren hält [bzw. (so z.T. in der Lehre) ein Individualisierungsrisiko geschaffen wurde, das sich in der Personenverwechslung realisiert hat] (Ausnahme: völlig unvorhersehbare Personenverwechslung, dann § 30 I)
(P): § 28 Lockerung der Akzessorietät	Sofern besondere persönliche Merkmale (z.B. die Stellung als Amtsträger oder als Garant) betroffen sind, kommen die Akzessorietätslockerungen des § 28 in Betracht. Fehlt dem Teilnehmer ein besonderes persönliches Merkmal, welches die **Strafbarkeit** des Täters **begründet**, so muss seine Strafe gem. **§ 28 I** gemildert werden (**Strafrahmenverschiebung**). So z.B. wenn ein Nicht-Garant einen Garanten zu einer Unterlassung anstiftet. Liegen **strafschärfende** (oder mildernde) besondere persönliche Merkmale nur bei einem der Beteiligten vor, so gelten diese nur für den, bei dem sie vorliegen. • Privatmann stiftet StA zu § 258a an. Folge: §§ 258, 26 • StA stiftet Privatmann zu § 258 an. Folge: §§ 258a, 26 (Durchbrechung der Akzessorietät!)
(P): § 28 bei § 211 Nur die Mordmerkmale der 1. und 3. Gruppe sind besondere persönliche Merkmale. Die Mordmerkmale der 2. Gruppe dürfen nicht mit § 28 in Verbindung gebracht werden.	• **BGH**: **211 ist ein eigenständiges Delikt** Arg.: § 211 steht in der Gesetzessystematik vor § 212 ⇨ Mordmerkmale wirken **strafbegründend ⇨ 28 I** (Strafrahmenverschiebung) [abweichendes obiter dictum des 5. Senats, 5 StR 341/05] • **h.L.: 211 ist eine unselbstständige Qualifikation** Arg.: jeder Mord setzt das Vorliegen eines Totschlags voraus ⇨ Mordmerkmale wirken **strafschärfend ⇨ 28 II** (Tatbestandsverschiebung) Beispiel: „**gekreuzte Mordmerkmale**“ *(Täter und Teilnehmer verwirklichen unterschiedliche besondere persönliche Mordmerkmale, wobei der Teilnehmer dasjenige des Haupttäters kennt.)* ***Lösung:*** • **Nach h.L. zwei TB-Verschiebungen** (ausgehend vom Mordmerkmal des Täters „runter“ zu 212 und wieder „hoch“ in 211 zum Mordmerkmal des Teilnehmers); dies führt zur sog. „**Akzessorietätslockerung**“, da der Teilnehmer wegen eines anderen Mordmerkmals verurteilt wird als der Haupttäter.

	• **Nach BGH eigentlich 28 I**, weil der Teilnehmer das Mordmerkmal des Täters nicht teilt; der Fall, dass der Teilnehmer ein bes. pers. Merkmal aufweist, welches der Täter nicht teilt, ist in § 28 I nicht geregelt; dennoch (oder gerade deshalb) **verwehrt der BGH dem Teilnehmer die Milderung nach § 28 I aus Gründen der Billigkeit** („gekreuzte Mordmerkmale"). • **Streitentscheidung** nötig (str.), da Teilnehmer nach BGH und h.L. wg. unterschiedl. Mordmerkmale strafbar (mögliches Argument gegen die Notwendigkeit einer Streitentscheidung: Beide Ansichten führen zum gleichen Tenor: „Mord"). Arg. im 1. Examen für Lit.: § 28 II ist die flexiblere Regelung, weil die Verschiebung des Tatbestands in „beide Richtungen" erfolgen kann. Dadurch wird dem Grundsatz des § 29, dass jeder nach seiner Schuld bestraft wird, besser und flexibler Rechnung getragen. **Schema**: 1. Examen: Im Tatbestand nach obj. und subj. TB der Teilnahme unter der Überschrift „Tatbestandsverschiebung" 2. Examen: Nach der Schuld bei der Strafzumessung.

§ 30 (u.a. versuchte Anstiftung/Verbrechensverabredung)

Anforderungen an eine Verbrechensverabredung ***Def.:*** Nötig ist die Willenseinigung von mindestens zwei tatsächlich zur Tatbegehung Entschlossenen, an der Verwirklichung eines hinreichend konkretisierten Verbrechens mittäterschaftlich mitzuwirken oder einen anderen zu seiner Ausführung anstiften zu wollen (BGH, 3 StR 321/16).	Strafgrund ist die Willensbildung der Beteiligten durch die entsprechende Verabredung. Dadurch wird eine „quasi-vertragliche" Beziehung geschaffen, die zu einem „Motivationsdruck" führt, die Tat auch durchzuführen, da es „kein zurück" gebe. Dieser strafbegründende wechselseitige Motivationsdruck liegt jedoch nur vor, wenn der jeweils andere die Vornahme der versprochenen verbrecherischen Handlung auch wirklich einfordern kann. Bei einer „Verabredung" in einem Internet-Chat unter Pseudonymen ist dies (in der Regel) nicht der Fall (BGH, 5 StR 581/10). Das Versprechen einer Beihilfe zu der geplanten Tat genügt nicht. Dies gilt auch dann, wenn es sich bei der in Aussicht genommenen Tat um ein Bandendelikt handelt (BGH, 3 StR 321/16, **RA-Telegramm 2017, 22**). Auch der selbst fest Entschlossene ist nicht der Verbrechensverabredung schuldig, wenn der oder die anderen den inneren Vorbehalt haben, sich tatsächlich nicht als Mittäter an der vereinbarten Tat beteiligen zu wollen (BGH, 3 StR 260/16 = JuS 2017, 891).
Versuchte Anstiftung **Def.: Unmittelbares Ansetzen:** (+), wenn sich die Bestimmungshandlung auf eine ausreichend bestimmte Tat konkretisiert und der Angestiftete die Tat begehen könnte, wenn dieser es wollte.	**Schema versuchte Anstiftung**: wie Versuch Vorprüfung (keine vollendete Anstiftung und Verbrechenscharakter) I. Tatentschluss zur Anstiftung II. unmittelbares Ansetzen zur Anstiftung III. RWK IV. Schuld V. Rücktritt, § 31 Auch bei der versuchten Anstiftung kann die Frage nach den Mordmerkmalen und damit § 28 auftauchen. In der Sache gelten die gleichen Grundsätze wie bei der Prüfung der vollendeten Anstiftung. Im <u>Gutachten</u> sollte dieses Problem im Rahmen des Tatentschlusses angesprochen werden (§ 28 II als „Tatentschlussverschiebung").

Hintergrund: Die vorausgesetzte Rechtsgutsgefährdung, entsteht, wenn der Initiator das von ihm angestoßene kriminelle Unrecht derart aus der Hand gibt, dass es sich ohne sein weiteres Zutun gegebenenfalls bis zur Vollendung der Straftat fortentwickeln kann (BGH, 1 StR 76/19, **RA 2019, 435** = JuS 2019, 1028).	Neben dem Sichbereiterklären ist für eine Verurteilung wegen versuchter Anstiftung zur mittäterschaftlichen Begehung der nämlichen Tat kein Raum. Insoweit ist für die Taten im Vorbereitungsstadium auf die für das Ausführungsstadium geltenden Grundsätze zurückzugreifen, die für das Verhältnis der Anstiftung zur Mittäterschaft maßgebend sind (BGH, 3 StR 260/16 = JuS 2017, 891).

Fahrlässigkeit

I. Tatbestandsmäßigkeit	II. Rechtswidrigkeit
1. Erfolg **2. Handlung** **3. Kausalität** **4. Objektive Fahrlässigkeit** **a) Objektive Sorgfaltspflichtverletzung** **b) Objektive Vorhersehbarkeit** **5. Objektive Zurechnung**	**III. Schuld** **1. Schuldfähigkeit** **2. Subjektive Fahrlässigkeit** **a) Subjektive Sorgfaltspflichtverletzung** **b) Subjektive Vorhersehbarkeit** **3. Potenzielles Unrechtsbewusstsein** **4. Entschuldigungsgründe (u.a.: Unzumutbarkeit normgemäßen Verhaltens)**

Def.: Der **Sorgfaltsmaßstab** bestimmt sich bei Betrachtung der Gefahrenlage ex ante im Vergleich des Täters mit einem besonnenen und gewissenhaften Durchschnittsbürger aus dem Verkehrskreis des Täters (Stichwort: standardisierte Sonderfähigkeit) unter Berücksichtigung seines Sonderwissens.	Zunächst maßgeblich: Gesetze, Verordnungen (StVO) und DIN-Normen. Fehlt eine Normierung: Entwicklung eines eigenen Sorgfaltsmaßstabs („**Maßfigur**"). Achtung: Keinen „Übermenschen" konstruieren! **Sonderfähigkeiten** erhöhen den Sorgfaltsmaßstab. *[Fall: Der besonders schnelle Rettungsschwimmer darf zum Ertrinkenden nicht im „Normaltempo" seiner Kollegen schwimmen.]* **Minderfähigkeiten** hingegen stellen einen objektiven, aber in der Regel auf Schuldebene keinen subjektiven Sorgfaltspflichtverstoß dar. In Betracht kommt aber eine Fahrlässigkeitstat wegen eines eventuellen Übernahmeverschuldens. *[Fall: Der an der Schulter verletzte Rettungsschwimmer darf den Dienst gar nicht antreten.]*
Def.: **Objektiv vorhersehbar** ist, was ein umsichtig handelnder Mensch aus dem Verkehrskreis des Täters unter den jeweils gegebenen Umständen aufgrund der allgemeinen Lebenserfahrung in Rechnung stellen würde.	(-) bei atypischen Kausalverläufen *[Fall: Fahrlässige Verletzung des O, der dann im Krankenwagen den Tod findet, weil der Fahrer während der Fahrt eine SMS tippt.]* Lösung: Strafbar nur wegen § 229 und nicht wegen § 222. Ein **Mitverschulden des Unfallgegners** ist dann geeignet, die Vorhersehbarkeit eines Unfalls bei §§ 222, 229 auszuschließen, wenn es in einem gänzlich vernunftwidrigen oder außerhalb der Lebenserfahrung liegenden Verhalten besteht. So bei vorsätzlicher Begehung eines **qualifizierten Rotlichtverstoßes** (länger als 1 Sekunde rot) (OLG Hamm, 5 RVs 102/15, **RA 2015, 669** = JuS 2016, 80; als Klausur bei Wolf/Langlitz, ZJS 2018, 611); nicht hingegen, wenn ein Volltrunkener auf der Fahrbahn liegt (OLG Hamm, 4 RVs 65/19).
Objektive Zurechnung	**a) Pflichtwidrigkeitszusammenhang** Zusammenhang zwischen dem Sorgfaltpflichtverstoß und dem Erfolg. Dieser fehlt, wenn der Erfolg auch bei **rechtmäßigem Alternativverhalten** eingetreten wäre; insoweit gilt der Grundsatz in dubio pro reo. M.M.: **Risikoerhöhungslehre** (es genügt, wenn das Risiko des Schadenseintritts bei sorgfaltsgerechtem Verhalten geringer gewesen wäre); abzulehnen, da Verletzung des Grundsatzes in dubio pro reo und Umdeutung von Erfolgs- in Gefährdungsdelikte. **(P): Die rechtmäßige Alternative zur Trunkenheitsfahrt** Bei der Prüfung der Frage, ob ein **Verkehrsunfall** für einen **alkoholbedingt** fahruntüchtigen Kraftfahrer auf ein pflichtwidriges Verhalten zurückzuführen und vermeidbar war, ist nicht darauf abzustellen, ob der Fahrer in nüchternem Zustand den Unfall und die dabei

eingetretenen Folgen bei Einhaltung derselben Geschwindigkeit hätte vermeiden können; vielmehr **ist zu prüfen**, **bei welcher geringeren Geschwindigkeit** er – abgesehen davon, dass er als Fahruntüchtiger überhaupt nicht am Verkehr teilnehmen durfte – noch seiner durch den Alkoholeinfluss herabgesetzten Wahrnehmungs- und Reaktionsfähigkeit bei Eintritt der kritischen Verkehrslage hätte Rechnung tragen können, und ob es auch bei dieser Geschwindigkeit zu dem Unfall und den dabei eingetretenen Folgen gekommen wäre (BGH, 4 StR 369/12, **RA 2013, 209** = JuS 2013, 466).

Diese Rspr. ablehnend die h.L., da es keine „der Trunkenheit angemessene" Geschwindigkeit geben würde (z.B. Hecker, JuS 2013, 466). BGH-Rspr. stehe in eindeutigem Widerspruch zu dem nach § 316, § 24a StVG bestehenden Verbot für den angetrunkenen Autofahrer, überhaupt ein Kfz auf öffentlichen Straßen zu führen. Wenn feststehe, dass ein bestimmtes Verhalten generell untersagt ist, so verbiete sich aus Gründen der Rechtslogik die Frage, wie dieses Verhalten ausgestaltet sein müsste, um erlaubt zu sein. Andernfalls dürfte man einen fahrunsicheren Fahrzeugführer für einen Zusammenstoß nicht verantwortlich machen, den er bei solchermaßen herabgesetzter Geschwindigkeit aufgrund seiner verlangsamten Reaktion verursacht hat. Nach anderer Ansicht ist zwar der Pflichtwidrigkeitszusammenhang zu bejahen, aber der Schutzzweck der Norm zu verneinen (El-Ghazi, ZJS 2014, 23, 27 ff.).
Achtung: Dieses Problem kann **nicht** auf **§ 315c** übertragen werden. Das Merkmal „und dadurch" führt hier zwingend dazu, dass geprüft werden muss, ob die Gefahr auch ohne die alkoholbedingte Fahruntüchtigkeit eingetreten wäre (El-Ghazi, ZJS 2014, 23, 23). § 315c (-)

b) Schutzzweck der Norm
Klärung der Frage, ob es gerade der Sinn und Zweck der Sorgfaltsnorm ist, vor derartigen Verletzungen des Rechtsguts zu schützen.
Drei-Radfahrer-Fall (RGSt 63, 392): Schutzzweck der Beleuchtungspflicht im Straßenverkehr ist nicht, andere (!) Verkehrsteilnehmer zu beleuchten; beim **Tempolimit** (ebenso roter Ampel) geht es nicht darum, früher oder später am Unfallort zu sein. Allerdings ist der Schutzzweck eines Tempolimits betroffen, wenn der Unfall dadurch vermieden worden wäre, dass sich das Opfer bei Einhaltung des Tempolimits aus dem Gefahrenbereich hätte wegbewegen können (OLG Hamm, 5 RVs 102/15, **RA 2015, 669** = JuS 2016, 80).

c) Eigenverantwortliche Selbstgefährdung
[nach BGH Unterfall des Schutzzwecks]
Nötig ist, dass der sich selbst Gefährdende sich in voller Kenntnis der Gefahren und Risiken entschließt, diese Risiken eingehen zu wollen. Erfasst ein Dritter, der die Selbstgefährdung veranlasst oder fördert, diese Gefahren besser (vor allem, weil der sich Gefährdende sich in einem Irrtum befindet), so kann die Selbstgefährdung abzulehnen sein.
Z.B. i.d.R. Selbstgefährdung bei **„goldenem Schuss"** des Junkies; auch Selbstgefährdung, wenn Arzt zwar in unzulässiger Weise **Substitutionsmedikamente** an Drogenabhängige verschreibt („Take-Home-Verfahren") ein Patient aber durch missbräuchliche Verwendung des Substitutionsmittels zu Tode kommt, der die Risiken einer Überdosierung kannte (BGH, 1 StR 494/13); **aber Zurechnung** an Dealer, wenn sich der Junkie z.B. in dem Irrtum befindet, Kokain zu konsumieren, obwohl er in Wahrheit (aufgrund einer **Verwechslung** des Dealers) Heroin konsumiert (BGH, 1 StR 518/08). Parallel hierzu auch keine Selbstgefährdung, wenn der Konsument von Drogen sich über die Konzentration irrt (BGH, 1 StR 328/15, JuS 2016, 276 = JA 2016, 392 [Gammabutyrolacton, GBL-1]).

	Wichtige Abgrenzung: **Selbstgefährdung** (Fall der Zurechnung) und **einvernehmliche Fremdgefährdung** (Fall der Einwilligung). Hierzu oben bei der rechtfertigenden Einwilligung! **d) Dazwischentreten Dritter** Ein die Zurechnung ausschließendes Dazwischentreten eines Dritten liegt nicht vor, wenn das Verhalten des Dritten vorhersehbar ist und in der Ursprungsgefahr angelegt ist.
Rechtswidrigkeit	Kein subjektives Rechtfertigungselement (z.B. Verteidigungswille) nötig, da es beim Fahrlässigkeitsdelikt kein zu kompensierendes Handlungsunrecht gibt – aber str., ob zumindest eine „Verteidigungstendenz“ nötig ist. Auch dies wird von der h.M. nicht verlangt. Auch **die rein zufällige obj. Rechtfertigung lässt das Erfolgsunrecht entfallen**. Da das rein fahrlässige Handlungsunrecht alleine keinen Tatbestand begründet („Es gibt keinen fahrlässigen Versuch.“), bleibt der Täter in diesem Fall straflos.
(P): Abgrenzung Eventualvorsatz / bewusste Flk. H.M.: **Billigungs-Theorie** (Dabei ist das Wort „billigen“ gemeint im Sinne von „sich abfinden“ mit dem Erfolgseintritt.) Sehr lehrreich (auch für Referendare unter dem Blickwinkel des Revisionsrechts: Kudlich, JuS 2013, 152 zu BGH, 3 StR 140/12 und 158/12).	Nach h.M. (Billigungs-Theorie) verlangt auch der Eventualvorsatz eine Wissens- und eine Wollenskomponente. **Wissenskomponente**: Täter erkennt die Möglichkeit des Erfolgseintritts. **Wollenskomponente**: Täter „billigt“ den Erfolg, wobei ein „sich abfinden“ genügt. Nach der M.M. (in der Klausur genügt die **Möglichkeitstheorie**) liegt Eventualvorsatz schon dann vor, wenn der Täter die Möglichkeit des Erfolgseintritts erkennt und dennoch handelt. *BGH, 4 StR 403/20,* ***RA 2021, 213*** *= JA 2021, 521 (am Beispiel Tötungsvorsatz bei einem „Kamikaze-Unfall“):* ***Eventualtötungsvorsatz ist gegeben,*** *„wenn der Täter den Tod als* ***mögliche****, nicht ganz fernliegende* ***Folge*** *seines Handelns* ***erkennt*** *(Wissenselement) und dies billigt oder sich um des erstrebten Zieles willen zumindest mit dem Eintritt des Todes* ***abfindet****, mag ihm der Erfolgseintritt auch gleichgültig oder an sich* ***unerwünscht*** *sein (Willenselement).* ***Bewusste Fahrlässigkeit*** *liegt dagegen vor, wenn der Täter mit der als möglich erkannten Tatbestandsverwirklichung nicht einverstanden ist und* ***ernsthaft und nicht nur vage darauf vertraut****, der tatbestandliche Erfolg werde nicht eintreten.“* Folglich nimmt der BGH Eventualtötungsvorsatz an, wenn es bei einem **Steinwurf von einer Autobahnbrücke** „einem Heer von Schutzengeln zu verdanken (ist), die über der Autobahn geschwebt sein müssen“, dass keine Personen zu Schaden gekommen sind (BGH, 4 StR 450/09, **„Gottvertrauensformel“).** Erfahrungsgemäß weichen Polizeibeamte Kraftfahrern aus, die eine **Polizeisperre durchbrechen** wollen, obgleich es ihnen gerade auf deren Anhaltung ankommt. Tötungsvorsatz des Fahrers scheidet daher regelmäßig aus (BGH, 4 StR 364/13). **Bei äußerst gefährlichen Gewalthandlungen** ist der Schluss auf einen zumindest bedingten Tötungsvorsatz nahe liegend. Er ist nach ständiger Rechtsprechung allerdings nur dann rechtsfehlerfrei, wenn der Tatrichter alle nach Sachlage in Betracht kommenden Tatumstände in seine Erwägungen einbezogen hat, die dieses Ergebnis in Frage stellen können. (BGH, 3 StR 315/17, JA 2018, 789; 5 StR 685/18, **RA 2019, 384** [Brandsatz auf Asylbewerberheim]).

	(P): Raser-Fälle: Ein Verkehrsteilnehmer, der bei einem illegalen Rennen mit einem Pkw innerorts mit deutlich überhöhter Geschwindigkeit einen anderen Menschen tötet, **kann** (!) wegen Mordes (Heimtücke, gemeingefährliches Mittel, niedrige Beweggründe) zu bestrafen sein (LG Berlin, 251 Js 52/16, **RA 2017, 437** = JuS 2017, 700; a.A. Jäger, JA 2017, 787; a.A. im konkreten Fall BGH, 4 StR 399/17 (Revision zu LG Berlin), **RA 2018, 273** = JuS 2018, 492 = JA 2018, 468; BGH, 4 StR 345/18 (Verfolgungsjagd), **RA 2019, 213**; BGH, 4 StR 403/20, **RA 2021, 213** = JA 2021, 521 („Kamikaze-Unfall“). ⇨ Für das Examen bedeutet dies, dass Sie sorgfältig den Sachverhalt auswerten müssen. **Merke: Die Arbeit am Sachverhalt ist wichtiger als die abstrakte Darstellung von zig Mindermeinungen!** (So auch Kudlich, JuS 2013, 152, 153) Bei Tötungsdelikten geht der BGH davon aus, dass vor der Tötung eines Menschen eine besonders hohe „**Hemmschwelle**“ bestehe, die der Täter überwunden haben müsse (BGH, 3 StR 237/12). Dies bedeutet aber nicht, dass der Tötungsvorsatz anderen inhaltlichen Vorgaben folgt als der Vorsatz bei anderen Delikten. Das Gericht hat lediglich (schon wegen des hohen Strafrahmens) die entsprechenden Voraussetzungen besonders sorgfältig zu prüfen. In der Praxis ist die „Hemmschwellentheorie“ damit eigentlich nur ein Verweis auf § 261 StPO (BGH, 4 StR 558/11, JuS 2012, 757). ***<u>Vor allem für das 2. Examen:</u>*** Die Wissens- und die Wollenskomponente müssen durch tatsächliche Feststellungen belegt werden. Ihre Bejahung oder Verneinung kann nur auf der Grundlage einer Gesamtbetrachtung aller objektiven und subjektiven Umstände erfolgen. Dabei ist die auf der Grundlage der dem Täter bekannten Umstände zu bestimmende objektive Gefährlichkeit der Tathandlung ein wesentlicher Indikator für beide Vorsatzkomponenten. Hat der Täter eine offensichtlich besonders gefährliche Gewalthandlung begangen, kann im Einzelfall allein daraus der Schluss auf ein Wissen um die vorhandene Lebensgefahr und deren Inkaufnahme gezogen werden. (BGH, 4 StR 364/13).

Erfolgsqualifikationen (Vorsatz-Fahrlässigkeits-Kombination)

Bei Vorsatz-Fahrlässigkeits-Kombinationen ist stets an zwei AT-Vorschriften zu denken:
§ 11 II, der anordnet, dass die Vorsatz-Fahrlässigkeits-Kombination als Vorsatzdelikt gilt. Deshalb liegt eine „vorsätzliche" Haupttat i.S.d. §§ 26, 27 vor.
§ 18, der klarstellt, dass der bloße Eintritt der schweren Folge zur Begründung der Strafbarkeit nicht genügt, sondern dass der Beteiligte insofern „mindestens fahrlässig" gehandelt haben muss.

<u>*Def.:*</u> Der **Unmittelbarkeitszusammenhang** setzt (über die **objektive Zurechenbarkeit** hinausgehend) zweierlei voraus: Zunächst muss eine dem Grunddelikt eigentümliche spezifische Gefahr geschaffen worden sein. Dann muss sich gerade diese Gefahr in der schweren Folge niedergeschlagen bzw. realisiert haben.

Mithin ist zu prüfen:

1. Knüpft die schwere Folge an die Tathandlung und / oder den Taterfolg des Grunddeliktes an?

2. Ist die schwere Folge die geradezu typische Tatfolge im konkreten Fall?

⇨ *<u>Gutachten</u>: Das ungeschriebene Merkmal des Unmittelbarkeitszusammenhangs muss hergeleitet werden. Alle Erfolgsqualifikationen weisen den sog. „Strafrahmensprung" auf. Damit ist eine signifikante Erhöhung des Strafrahmens im Vergleich zu den Grunddelikten gemeint. Nach einer M.M. liegt hierin eine Verletzung des Schuldprinzips. Nach ganz h.M. ist im Wege verfassungskonformer (restriktiver Auslegung) das zusätzliche Merkmal des Unmittelbarkeitszusammenhangs zu prüfen. Verortung im <u>Gutachten</u>: Nach der objektiven Zurechnung.*

§ 227 StGB setzt voraus, dass der **Körperverletzungserfolg** gerade **beim später zu Tode gekommenen Opfer** eintreten muss. Dass es überhaupt zu einem Körperverletzungserfolg bei irgendeinem von mehreren Opfern gekommen ist genügt nicht (BGH, 1 StR 191/19, **RA 2020, 101** = JA 2020, 153).

(P): Anknüpfung an Tathandlung oder Taterfolg des Grunddelikts oder beides?

- **§ 251** knüpft an die Tat**handlung** (Gewalt oder Drohung) des Grunddelikts an.
  Folge: Kein § 251 wenn der Tod des Opfers durch die Wegnahme bewirkt wird. Arg.: Es gibt keinen „Diebstahl mit Todesfolge".

- **§ 306c** knüpft an beides an: Tat**handlung** (Brandlegung, z.B. Molotow-Cocktail-Wurf) und Tat**erfolg** (z.B. Opfer kommt im Brand selbst ums Leben)

- **§§ 226/227** sehr str.: Nach e.A. nur Anknüpfung an den Tat**erfolg** (Letalitätstheorie), wegen des Wortlauts „die Körperverletzung" der „verletzten Person" nach BGH Anknüpfung an Taterfolg **und** Tat**handlung** möglich (spezifisch gefährliche Tat**handlungen** sind z.B. Pistolenschlag-Fall, Treppensturz-Fall, Fälle der Hervorrufung einer „kopflosen Flucht" des Opfers [hierzu BGH, 1 StR 191/19, **RA 2020, 101** = JA 2020, 153] und Fälle des Mittäterexzesses). Neben rechtspolitischen Überlegungen spricht für den BGH, dass § 227 verweist auf die „§§ 223 bis 226a" und damit auch auf die Absätze 2, die einen Versuch unter Strafe stellen. Beim Versuch (sog. erfolgsqualifizierter Versuch) ist der Taterfolg aber gerade nicht eingetreten.

(P): Vorhersehbare (!) Exzesshandlungen eines Mittäters
Zum Tod des Opfers einer gemeinschaftlich begangenen Körperverletzung führende **Exzesshandlungen eines Mittäters** der Körperverletzung erfüllen den für eine Zurechnung gemäß § 227 gegenüber den zuvor Beteiligten erforderlichen spezifischen Unrechtszusammenhang. Es handelt sich insoweit **nicht** um die Eröffnung einer neuen Kausalkette aufgrund vorsätzlichen **Dazwischentretens einer dritten Person**. Dies gilt jedenfalls dann, wenn die Exzesshandlung in einem mit Tötungsvorsatz ausgeführten Tritt gegen den Kopf besteht und die Angeklagten zuvor verabredet hatten, das Tatopfer in vorab vereinbarter Reihenfolge durch Tritte massiv zu misshandeln und zu verletzen (BGH, 2 StR 242/12, JA 2013, 312). Die enthemmte Eskalationsatmosphäre (spezifische Gefährlichkeit der Tat**handlung**) befördert insoweit den Tötungsvorsatz des Exzesstäters

(zweifelhafte Subsumtion bei BGH, 4 StR 141/21, **RA 2021, 605** = JA 2021, 871; § 227 stets (-) nach Letalitätstheorie). Ihre Verantwortlichkeit für die Todesfolge ergibt sich daher bereits aus der gemeinsamen Tatplanung; hinsichtlich des Exzesses von H traf sie Fahrlässigkeit (§ 18).

Die parallele Rechtsfolge kann bei der **Teilnahme** eintreten, **wenn der Haupttäter einen „vorhersehbaren Exzess"** begeht. Auch dann kommt für den Haupttäter eine Strafbarkeit gem. §§ 212, 211 und für den Teilnehmer eine solche z.B. gem. §§ 223 I, 224, 26 und (!) §§ 227, 26 in Betracht (BGH, 1 StR 349/15, **RA 2016, 104** = JuS 2016, 364).

Schließlich kann der Fall auch so gelagert sein, dass der **Anstifter** zu einer Körperverletzung das niedergeschlagene Opfer **als Exzess tötet**. (BGH, 3 StR 450/20, **RA-Telegramm 2022, 17** = JuS 2022, 176).

Eine bloße Bestrafung gem. § 222 kommt jedoch in Betracht, wenn der Exzess im Rahmen eines Überfalls erfolgt, bei dem das Opfer nur mit einem Revolver bedroht und dann gefesselt werden sollte, also gerade keine Situation enthemmter Gewalt geplant war (BGH, 5 StR 623/19, **RA 2020, 272** = JA 2020, 390 = JuS 2020, 570).
Selbst § 222 dürfte ausscheiden, wenn ein **Dazwischentreten eines Dritten** vorliegt, also der das Opfer zunächst Verletzende und der das Opfer später Tötende schon ursprünglich **keine Mittäter** sind (BGH, 1 StR 109/20, JA 2020, 785).

(P): Operationsverweigerung des Opfers
Fraglich ist, ob der Unmittelbarkeitszusammenhang (oder schon die allgemeine objektive Zurechnung wegen Selbstgefährdung) entfällt, wenn das Opfer zumutbare Operationen unterlässt welche die schwere Folge verhindert hätten. BGH, 5 StR 483/16, **RA-Telegramm 2017, 51** = JuS 2017, 893 = JA 2017, 470, lehnt dies ab, da sonst eine Pflicht des Opfers konstruiert werde, sich beschwerlichen Heilmaßnahmen zu unterziehen; a.A. Eisele, JuS 2017, 893, 894.

(P): Schwere Folge muss die geradezu typische Tatfolge sein
Für die Zurechnung genügt, dass die Folge nicht atypisch ist. Im Wege der oben begründeten restriktiven Auslegung verlangt der Unmittelbarkeitszusammenhang insoweit, dass die schwere Folge geradezu typisch ist.
[Fall: Täter gibt dem Opfer eine kräftige Ohrfeige. Hierdurch platzt eine Ader im Kopf, was zum Tod des Opfers führt.]
Hier dürfte nur wegen §§ 223, 222, aber nicht wegen § 227 zu verurteilen sein.

Bei einer Körperverletzung **durch Unterlassen mit Todesfolge** ist der erforderliche spezifische Gefahrzusammenhang regelmäßig – soweit nicht allgemeine Gründe für einen Ausschluss der Zurechenbarkeit der schweren Folge eingreifen – gegeben, wenn der Garant in einer ihm vorwerfbaren Weise den lebensgefährlichen Zustand herbeigeführt hat, aufgrund dessen der Tod der zu schützenden Person eintritt (BGH, 1 StR 354/16, **RA 2017, 104** = JA 2017, 229 = JuS 2017, 561). Bei dieser Formulierung des BGH ist Vorsicht geboten, da bloße Kausalität und Fahrlässigkeit alleine nur §§ 222, 13 begründen können. Auch bei §§ 227, 13 muss jedoch der spezifische Gefahrzusammenhang gegeben sein, was sich aber vorliegend gut begründen lässt (Berster, NJW 2017, 420, 421).

[Fall: Täter lässt Konsum der Droge GBL zu, wobei sich das stark alkoholisierte Opfer nicht bewusst ist, dass die Droge unverdünnt ist. Danach kümmert sich der Täter ohne Tötungsvorsatz nicht (ausreichend) um das Opfer.
Lösung: Strikt unterscheiden zwischen dem Hinstellen der Flasche (hier im original SV noch kein KV-Vorsatz) und der später unterlassenen Hilfe.]

<table>
<tr>
<td>Versuch der Erfolgsqualifikation
Hier hat der Täter Tatentschluss hinsichtlich der schweren Folge. Diese tritt allerdings – entgegen der Tätervorstellung – nicht ein. Im Hinblick auf das Grunddelikt handelt der Täter ebenfalls vorsätzlich, wobei das Grunddelikt vollendet oder auch nur versucht sein kann.</td>
<td>Schema: sowohl Grunddelikt als auch Erfolgsqualifikation bloß versucht:

I. Vorprüfung
II. Tatbestand
1. Tatentschluss
a) Hinsichtlich des Grunddelikts
b) Hinsichtlich der Erfolgsqualifikation
2. Unmittelbares Ansetzen
a) Zum Grunddelikt
b) Zur Erfolgsqualifikation
III. Rechtswidrigkeit
IV. Schuld
V. Rücktritt

Das Ansetzen zum Grunddelikt und dasjenige zur Erfolgsqualifikation können in einem Akt zusammenfallen (BGH, 3 StR 415/20, RA 2021, 666 = JA 2022, 165 = JuS 2022, 80).</td>
<td>Schema: Grunddelikt vollendet, Erfolgsqualifikation bloß versucht:

I. Tatbestand des vollendeten Grunddelikts
II. Versuch der Erfolgsqualifikation
1. Vorprüfung
2. Tatentschluss hinsichtlich der Erfolgsqualifikation
3. Unmittelbares Ansetzen zur Erfolgsqualifikation
III. Rechtswidrigkeit
IV. Schuld</td>
</tr>
<tr>
<td>Teilrücktritt vom Versuch der Erfolgsqualifikation</td>
<td colspan="2">Ein Rücktritt ist in den Fällen des Versuchs der Erfolgsqualifikation auch dadurch möglich, dass der Täter das Eintreten der schweren Folge verhindert ([im konkreten Fall „halbherziger"] „Teilrücktritt" von der (Erfolgs-) Qualifikation, BGH, 1 StR 34/19, RA 2019, 661 = JA 2020, 64 = JuS 2020, 275 [Täter lässt zwar nicht von seinem Erpressungsversuch ab, warnt aber die Supermarktbetreiber vor vergifteter Babynahrung im Regal]).</td>
</tr>
<tr>
<td colspan="3">Konkurrenzen: Außer bei § 227 tritt die vorsätzlich verwirklichte Erfolgsqualifikation (sofern die besondere Folge die Todesfolge ist) aus Klarstellungsgründen in Tateinheit, § 52, zu den Tötungsdelikten, §§ 212, 211.</td>
</tr>
<tr>
<td>Beim erfolgsqualifizierten Versuch hat der Täter nur die Verwirklichung des Grunddelikts in seinen Tatentschluss aufgenommen. Obwohl dieses im Versuchsstadium stecken bleibt, tritt dennoch die schwere Folge des Erfolgsqualifikationstatbestandes ein.</td>
<td>Schema:
I. Vorprüfung
II. Tatbestand des Versuchs des Grunddelikts
1. Tatentschluss zum Grunddelikt
2. Unmittelbares Ansetzen zum Grunddelikt
III. Voraussetzungen der Erfolgsqualifikation
1. Eintritt der schweren Folge
2. Kausalität
3. Fahrlässigkeit / Leichtfertigkeit
4. Objektive Zurechnung
5. Unmittelbarkeitszusammenhang
IV. Rechtswidrigkeit
V. Schuld
VI. Rücktritt</td>
<td>Dieser Fall ist nur denkbar, wenn die besondere Gefährlichkeit aus der (beim Versuch vorgenommenen) Tathandlung des Grunddelikts resultiert und nicht aus dem Taterfolg, der beim Versuch ja gerade ausgeblieben ist (str. bei §§ 226, 227). [Fall: Opfer flieht vor Täter, der Opfer mit Baseball-Schläger verprügeln will, läuft auf die Straße und wird totgefahren.] Ähnlich BGH, 1 StR 191/19, RA 2020, 101 = JA 2020, 153.]

(P): Rücktritt:
[Fall: Räuber hat durch eine brutale Gewalthandlung das Opfer getötet. Hierüber erschrocken sieht der Täter von der möglichen Wegnahme ab.]
Nach h.M. möglich, da sich Begriff der „Tat" in § 24 auf den Versuch des Grunddelikts bezieht. Nach M.M. kann die „Tat" nach Eintritt der schweren Folge nicht mehr aufgegeben werden.</td>
</tr>
</table>

Unterlassungsdelikte

I. Tatbestand
- **1. Objektiver Tatbestand**
  - **a) Erfolg**
  - **b) Nichtvornahme der gebotenen Handlung**
  - **c) Physisch-reale Möglichkeit der Vornahme der gebotenen Handlung**
  - **d) Hypothetische Kausalität**
  - **e) Objektive Zurechnung**
  - **f) Garantenstellung, § 13 I StGB**
  - **g) Entsprechungsklausel, § 13 I StGB**
- **2. Subjektiver Tatbestand**

II. Rechtswidrigkeit

III. Schuld

Nichtvornahme der gebotenen Handlung: Hier hat die **Abgrenzung zum Tun** zu erfolgen.

Gutachten: Wenn im Ergebnis ein Tun vorliegt, ist das Begehungsdelikt zu prüfen und die Abgrenzung zum Unterlassen dort beim Prüfungspunkt der Handlung vorzunehmen.

Wenn im Ergebnis ein Unterlassen gegeben ist, besser auch die Abgrenzung im Rahmen des härter bestraften Begehungsdelikts (vgl. § 13 II) vornehmen.

Nur wenn eindeutig nur ein Unterlassen in Betracht kommt, sollte direkt das U-Delikt geprüft werden.

(P): Abgrenzungskriterium Tun und Unterlassen

H.M.: Schwerpunkt der Vorwerfbarkeit (Wertungsfrage)
a.A.: Tun, wenn Energie oder Kraft aufgewendet werden. (Häufig wird diese Theorie mit der Behauptung verbunden, dass das U-Delikt hinter dem Begehungsdelikt zurücktreten würde, bzw. das Begehungsdelikt einen Anwendungsvorrang habe.)
Das Problem stellt sich besonders bei der Fahrlässigkeit. (Zur Vertiefung OLG Hamburg, 1 Rev 13/15, JuS 2015, 945)

(P): Mehrdeutige Verhaltensweisen
Gerade bei Fahrlässigkeitsdelikten bereitet die Abgrenzung Tun und Unterlassen besondere Probleme, da der Sorgfaltspflichtverstoß stets auch das Unterlassen des sorgfaltsgerechten Verhaltens beinhaltet.
Bspl.: Ziegenhaar-Fall: Unternehmer unterlässt die Desinfektion von Ziegenhaaren und gibt diese als Rohstoff für Pinsel-Borsten in die Produktion. Dadurch infizieren sich mehrere Mitarbeiter mit Milzbrand und einige sterben sogar.
Die Energie-Formel führt zu keinem klaren Ergebnis. Der Schwerpunkt der Vorwerfbarkeit liegt im Tun, da die unterlassene Desinfektion so lange unproblematisch ist, wie die Haare nicht in die Produktion gegeben werden.

(P): Abbruch von Rettungsbemühungen
- Tun, wenn Entziehung konkreter Rettungschance. (Diese ist nur gegeben, wenn das Opfer nunmehr auf weitere Rettungshandlungen nicht mehr angewiesen ist, sondern in die Lage versetzt wurde, sich selbst helfen zu können.)
- Tun, wenn Eingriff in fremde Rettungsbemühungen.
- Abbruch ärztlicher Rettungsbemühungen (führt häufig zum nächsten Problem):

(P): „Unterlassen durch Tun“
[Fall: Arzt gibt Krankenschwester bei Sterbehilfe (Fall des Behandlungsabbruchs) eine Weisung und diese schaltet deshalb ein lebenserhaltendes Gerät ab.]
Lösung nach BGH: Für Arzt und Schwester Unterlassen der ordnungsgemäßen Behandlung des Patienten. (Bei Arzt Fall der mittelbaren Täterschaft [Weisungsherrschaft] durch Unterlassen. Schema: Wie mittelbare Täterschaft und beim Verursachungsbeitrag ist dann auf die Weisung als „Unterlassen durch Tun“, die Weisungsherrschaft und die Garantenstellung [für das Leben des Patienten] einzugehen.)

Def.: **Hypothetisch kausal** ist ein Unterlassen, wenn die gebotene Handlung nicht hinzugedacht werden kann, ohne dass der Erfolg mit an Sicherheit grenzender Wahrscheinlichkeit entfiele.	**(P): abstrakte oder konkrete Prüfung** Nach h.M. auf den **abstrakten Erfolg** zu beziehen, da es nicht darum gehe, die eine Erfolgsursache durch die andere zu ersetzen (nach a.A. [konkreter Erfolg] entfällt aus diesem Grund die obj. Zurechnung) – Streit im Ergebnis also „um des Kaisers Bart". Weitere M.M.: Risikoverminderungstheorie: Für die Kausalität genüge es, wenn im Fall der Vornahme der Handlung das Risiko des Erfolgseintritts geringer gewesen wäre als im Fall der Unterlassung der gebotenen Handlung. Dagegen: (1.) Erfolgsdelikte werden in Gefährdungsdelikte umgedeutet. (2.) Verletzung des Grundsatzes in dubio pro reo.
Garantenstellung Beschützer- und Überwachergaranten (z.B. bei Pflichtenkollision ist Beschützergarant die „stärkere" Garantenstellung).	Die gem. § 13 I StGB erforderliche Abwendungspflicht besteht, falls der Unterlassende eine Garanten**stellung** gegenüber dem Opfer inne hat und daraus gleichzeitig die Garanten**pflicht** resultiert, im konkreten Fall einzuschreiten. Die Garantenstellung ist nach h.M. ein **besonderes persönliches Merkmal**, welches i.S.v. § 28 I eine strafbegründende Wirkung hat (BGH, 4 StR 416/20, **RA 2021, 437** = JA 2021, 606). Folglich ist die Strafbarkeit des die Garantenstellung nicht aufweisenden Teilnehmers gem. § 28 I zu mildern. (*<u>Gutachten:</u> Nach der Schuld im Punkt Strafzumessung.*)
Den **Beschützergaranten** trifft eine Obhutspflicht für ein bestimmtes Rechtsgut, das er gegen Angriffe aus allen Richtungen und vor Selbstgefährdungen zu schützen hat.	Eine Beschützergarantenstellung kann sich ergeben aus: • **Enger persönlicher Verbundenheit** (mit dem Einsetzen der Geburtswehen beginnt Garantenstellung der Mutter für Neugeborenes [BGH, 4 StR 227/09]); hierbei ist vor allem darauf abzustellen, ob nach BGB **Unterhaltspflichten** bestehen, weshalb es im „Regelfall" nur eine Garantenstellung „in gerader Linie" gibt, **nicht** aber für Tanten, Onkel, **Geschwister** (BGH, 2 StR 109/20, JuS 2021, 986) und noch entferntere Verwandte; die in **§ 1618a BGB** normierte Pflicht zu familiärem Beistand begründet im **Eltern-Kind-Verhältnis** bei **faktischem Zusammenleben** in aller Regel eine Garantenstellung i.S.v. § 13 I StGB (BGH, 3 StR 248/16, **RA-Telegramm 2017, 13**), jedoch kommt es stets auf die Umstände des Einzelfalles an (BGH, 4 StR 169/17, **RA-Telegramm 2018, 11** = JuS 2018, 179 = JA 2018, 72); die **nichteheliche Lebensgemeinschaft** begründet die Garantenstellung bei einem tatsächlich besonders engem Zusammenleben, ob eine **Zwangsheirat** in der Lage ist, eine Garantenstellung zu begründen, ist fraglich (Jäger, JA 2016, 950, 952). • **Lebens- oder Gefahrengemeinschaften** (hierzu gehören keine sog. „Zufallsgemeinschaften", die sich z.B. aus dem bloß gemeinsamen Konsumieren von Drogen ergeben, BGH, 2 StR 563/18, **RA 2020, 157**). • Einer **besonderen Tätereigenschaft**, (z.B. Amtsträger, Organ einer jur. Person, oder aus der **Stellung als Betriebsinhaber bzw. Vorgesetzter)**: Aus der Stellung als Betriebsinhaber bzw. Vorgesetzter kann sich eine Garantenpflicht zur Verhinderung von Straftaten nachgeordneter Mitarbeiter ergeben. Diese beschränkt sich indes auf die Verhinderung betriebsbezogener Straftaten und umfasst nicht solche Taten, die der Mitarbeiter lediglich bei Gelegenheit seiner Tätigkeit im Betrieb begeht. „Mobbing" ist nicht betriebsbezogen, da eine entspr. Gefahr in jedem Betrieb mit mehr als einem Mitarbeiter besteht (BGH, 4 StR 71/11). **Zeugen:** Die unberechtigte Verweigerung des Zeugnisses kann zur Strafbarkeit wegen Strafvereitelung durch Unterlassen (§ 13 StGB) führen, weil der Zeuge in dieser Eigenschaft Garant für die staatliche Strafrechtspflege ist, was aus seiner besonderen strafprozessualen Pflichtenstellung folgt (OLG Hamm, 4 RVs 127/17, **RA 2018, 217** = JuS 2018, 296; str.).

	• **Tatsächlicher Übernahme**. (Letzteres ist in Fällen einer **freiwilligen Übernahme** einer Schutzpflicht restriktiv zu handhaben. Wer einer allgemeinen Hilfspflicht nachkommt, darf hierfür nicht bestraft werden. Anders nur, wenn die Situation wesentlich verändert wird [BGH, 2 StR 563/18, **RA 2020, 157**]; so z.B. wenn (1) andere Hilfsbereite weggeschickt werden und (2) wenn der Hilfsbedürftige räumlich von anderer Hilfe ausgeschlossen wird. Allein die **Eigenschaft als Wohnungsinhaber** begründet nicht die Pflicht, jede in den Räumen befindliche Person gegen Straftaten anderer Personen zu schützen. Der **Inhaber einer Wohnung** ist für die in seinen Räumen begangenen Rechtsgutsverletzungen strafrechtlich nur dann haftbar, wenn besondere Umstände hinzutreten, aus denen sich eine Rechtspflicht zum Handeln ergibt, z.B. die eine Begehung von Straftaten in besonderer Weise erleichternde Beschaffenheit oder Lage der Wohnung. Weiterhin wird vertreten, dass derjenige, der sich auf Einladung des Wohnungsinhabers in eine fremde Wohnung begebe, sich darauf verlassen dürfe, dass ihm dieser – in seinem „Herrschaftsbereich" – bei schwerwiegenden Gefahren zur Seite stehe.)
Den **Überwachergaranten** treffen Sicherungspflichten zur Überwachung einer Gefahrenquelle zugunsten aller möglichen Betroffenen.	Eine Überwachergarantenstellung kann sich ergeben aus • vorausgegangenem gefährlichen Tun (Ingerenz) • tatsächlicher und rechtlicher Herrschaft über eine Sache • der Verantwortung für das rechtswidrige Verhalten Dritter • der Übernahme von Sicherungspflichten. Eine Garantenstellung kann sich auch aus der **Beherrschung von Räumen** ergeben. Dies setzt z.B. voraus, dass sich aus der Beschaffenheit und der Lage der Räume eine besondere Gefahr für das Rechtsgut ergibt (BGH, 2 StR 348/11). Die bloße Tatsache, dass die Wohnung an sich nach außen hin einen Sicht- und Schallschutz bietet, genügt insoweit nicht. Anders, wenn z.B. ein Keller zum schalldichten Verlies ausgebaut ist. Auch bejaht werden kann eine Garantenstellung, wenn ein Gastgeber einen Gast nicht vor den Attacken eines anderen Gastes schützt. Eher abzulehnen daher im folgenden Fall: **(P): Ingerenz nach gerechtfertigtem Vorverhalten** Im Grundsatz scheidet nach einem gerechtfertigten Vorverhalten eine spätere Garantenstellung für den ursprünglichen Angreifer aus. Dies gilt vor allem nach einer Rechtfertigung gem. § 32, da dem Opfer des Angriffs keine stärkere Hilfspflicht auferlegt werden kann als einem unbeteiligten Dritten, der nur aus § 323c verpflichtet ist. Sofern allerdings ein Unbeteiligter im Rahmen eines Notstandsrechts in Mitleidenschaft gezogen wird, dürfte diesem gegenüber die Ingerenz zu bejahen sein. **(P): Ingerenz nach Selbstgefährdung des später Hilfsbedürftigen** Eine Erfolgsabwendungspflicht des Garanten besteht auch bei einer eigenverantwortlichen Selbstgefährdung des Opfers in dem Zeitpunkt, in dem aus dem allgemeinen Risiko eine besondere Gefahrenlage erwächst (BGH, 4 StR 289/16, **RA 2017, 157**). *[Fall: Mann kümmert sich nicht um seine stark abgemagerte Frau.]* Wer einen anderen gar zu einer Selbstgefährdung überredet, kann dennoch Ingerenz-Garant sein, wenn die Selbstgefährdung zu einer Hilfsbedürftigkeit führt. Wegen der Selbstgefährdung kann der Erfolg dem Überredenden zwar nicht objektiv zugerechnet werden, jedoch knüpft die Ingerenz an ein gefährdendes Vorverhalten an, welches wegen der Überredung zur Selbstgefährdung (Sorgfaltspflichtverstoß) gegeben ist.

	(P): Gefahrenquellenherrschaft wegen unvorsichtiger Eigentums-Verwahrung Wer z.B. eine Flasche „Cleanmagic" offen herumstehen lässt, so dass sich daraus Gefahren ergeben können (z.B. Einnahme durch Dritten, der die Gefahr nicht richtig einschätzen kann), wird zum Überwacher-Garanten (BGH, 2 StR 295/11, JA 2012, 470 = JuS 2012, 755). Eine bewusste Selbstgefährdung lässt nämlich grundsätzlich die Erfolgs-abwendungspflicht des eintrittspflichtigen Garanten nicht entfallen, wenn sich das allein auf Selbstgefährdung angelegte Geschehen erwartungswidrig in Richtung auf den Verlust des Rechtsguts entwickelt (BGH, 1 StR 328/15, JuS 2016, 276 = JA 2016, 392 [Gammabutyrolacton, GBL-1 (§§ 212 I, 13)]; Achtung: Beim ähnlichen Fall BGH, 1 StR 354/16, **RA 2017, 104** = JA 2017, 229 = JuS 2017, 561 [GBL-2 (§§ 227, 13)] lag beim Opfer keine Selbst-gefährdung vor). Keine Garantenstellung jedoch, wenn ein stark Alkoholisierter eigenmächtig einem Dritten dessen starken „Joint" abnimmt (BGH, 2 StR 563/18, **RA 2020, 157**). <u>Kritik:</u> Es wäre widersprüchlich, wenn an die straflose Beteiligung an einer Selbstgefährdung eine Garantenstellung aus Ingerenz oder Sachherrschaft über den gefährlichen Gegenstand geknüpft würde (Eisele, JuS 2016, 276, 277; Jäger, JA 2016, 392, 394). **(P): Ingerenz trotz Mittäterexzess** Aus vorangegangenen Gewalthandlungen gegen das Opfer kann sich eine Garantenstellung aus **Ingerenz** ergeben, spätere Gewalthandlungen eines früheren Mittäters zu verhindern (BGH, 5 StR 572/08). Allerdings muss durch die Ersthandlung die nahe Gefahr der späteren Zweithandlung geschaffen worden sein (BGH, 3 StR 446/12). Dies liegt nicht vor, wenn sich der Erfolg aus einem Exzess einer anderen Person ergibt, der nicht auf dem Vorverhalten beruht (BGH, 2 StR 4/13). Sofern hiernach eine Ingerenz vorliegt, kommt eine **Beihilfe durch Unterlassen** zur Exzesstat in Betracht. Die gleichen Regeln gelten, wenn ein **bisheriger Gehilfe** aus eigenem Entschluss die durch die Vortat geschaffene Hilflosigkeit des Opfers zur Begehung einer Straftat ausnutzt (BGH, 3 StR 195/18, JuS 2019, 721). **(P): Wartungspflichten** Die im Rahmen eines Arbeitsverhältnisses erfolgte Übernahme von Wartungspflichten begründet eine Schutzfunktion gegenüber allen Verkehrsteilnehmern, die in den durch eine unzureichende Wartung eröffneten Gefahrenbereich der der Aufsicht des Pflichtigen unterliegenden Fahrzeuge geraten (BGH, 4 StR 669/07 [Bestätigung zum „*Wuppertaler Schwebebahn-Fall*" (BGHSt 47, 224 = NJW 2002, 1887)].
Garantenpflicht zur Suizid-Verhinderung	Fraglich ist, ob ein Garant die Pflicht hat, einen eigenverantwortlichen Suizid zu verhindern. Der BGH bejahte diese Frage früher i.d.R. ab dem Zeitpunkt, ab dem der Garant (z.B. wegen der Bewusstlosigkeit des Suizidenten) die Tatherrschaft innehatte (BGHSt 32, 367, 373 f.). Inzwischen folgt der BGH, 5 StR 132/18, **RA 2019, 549;** 5 StR 393/18, JuS 2019, 82, der Gegenauffassung. Diese lehnt dies mit Hinweis auf den freien Willensentschluss des Suizidenten ab, wobei meist die Einschränkung des „verdeckten Hilferufes" gemacht wird (OLG München, NJW 1987, 2940 [Fall Hackethal]; Miebach, NStZ 2016, 536).
Gleichwertigkeitsklausel / Entsprechungs-klausel: Darlegung, warum die Untätigkeit den gleichen Unwert- und sozialen Sinngehalt haben	Bei reinen **Erfolgsdelikten** genügt der Satz: „Bei Erfolgsdelikten entspricht die Tatbegehung durch ein Unterlassen derjenigen durch ein aktives Tun." Bei **verhaltensgebundenen Delikten**, die die Art und Weise der Erfolgsherbeiführung näher beschreiben, muss ausführlich auf die Entsprechungsklausel eingegangen werden.

soll wie die Ausführung der gesetzlichen Tathandlung. Das Unterlassen muss also wie das Tun die besonderen Handlungsmodalitäten verwirklichen und eine dem Tun vergleichbare Prägung besitzen.	An der Entsprechung soll es nach BGH z.B. fehlen bei § 211 bei der Tötung „mit" gemeingefährlichen Mitteln, da der Unterlassungstäter diese nicht selbst einsetzt, sondern nur deren Wirkung nicht verhindert. Hierbei spielt es keine Rolle, ob die Gefahr zufällig entstanden, von einer Dritten Person verursacht oder vom Täter selbst ohne Tötungsvorsatz herbeigeführt worden ist (BGH, 3 StR 204/09; a.A. Fischer, § 211 Rn 61). Hierbei handelt es sich um ein (P) aus dem BT, was deshalb dort in Problemfällen angesprochen wird.
(P): Unterlassender Garant neben Aktivtäter **(Abgrenzung Täterschaft und Teilnahme beim U-Delikt)**	*[Fall: Vater verprügelt das Kind. Die Mutter schreitet aus Angst vor dem Vater nicht ein.]* Derartige Fälle werfen die Frage auf, ob der unterlassende Garant Nebentäter durch Unterlassen und bloßer Gehilfe durch Unterlassen ist. e.A.: Unterscheidung nach U-Kriterien: (Beschützer-) Garanten sind stets Täter (Lehre von den Pflichtdelikten) h.M.: Unterscheidung nach Kriterien von Täterschaft und Teilnahme: e.A.: maßgeblich Tatherrschaft, die Garant nur hat, wenn der Handelnde die Tatherrschaft verliert Rspr.: animus-Theorie (wertende Gesamtbetrachtung: Tatinteresse und Tatherrschaft) (BGH, 3 StR 130/18, **RA 2018, 444**) Gegen die Lehre von den Pflichtdelikten: Die §§ 8 und 9 II setzen den Fall der Teilnahme durch Unterlassen voraus, wohingegen diese Ansicht bei (Beschützer-) Garantenstellung stets eine Täterschaft bejaht, also die Teilnahme faktisch wegdefiniert. ⇨ *Gutachten: Obj. TB U-Delikt (Nebentäterschaft durch Unterlassen) ganz durchprüfen. Dann Frage nach Abgrenzung TuT aufwerfen. Anders formuliert: Genügen die bisher bejahten Vss. des U-Delikts für Täterschaft oder muss zusätzlich noch die Tatherrschaft bzw. der Täterwille vorliegen?*
Def. zum Vorsatz: Der Täter muss den Willen zur Untätigkeit gehabt und in Kenntnis aller objektiven Merkmale, einschließlich der die Garantenstellung begründenden Umstände, gehandelt (oder besser: gerade nicht gehandelt) haben. Dabei muss ihm bewusst gewesen sein, dass die Abwendung des drohenden Erfolges möglich gewesen wäre.	(-), wenn z.B. der Vater am Badesee sein ertrinkendes Kind auf die Entfernung gar nicht erkennt. In Betracht kommt dann aber §§ 222, 13. Untauglicher Versuch am untauglichen Objekt, wenn jemand ein ertrinkendes fremdes Kind irrig für sein eigenes hält. Nur § 323c, wenn der Täter auf Grundlage einer falschen Wertung eine objektiv nicht bestehende Garantenstellung irrig annimmt (bzgl. § 13 Wahndelikt). **(P): Vorsatz nach bereits vorheriger Tat** ***Fall 1:*** *Täter schießt mit Tötungsvorsatz. Opfer könnte gerettet werden. Täter lässt Opfer aber verbluten.* Lösung: Kein weiteres U-Delikt, da der nicht erfolgte Rücktritt dem Täter nicht als erneute Tat angelastet werden darf. ***Fall 2:*** *Nach ohne Tötungsvorsatz vorgenommener Handlung droht Opfer zu sterben. Täter lässt Opfer sterben.* Lösung: Totschlag / Mord durch Unterlassen in Tatmehrheit, § 53, mit z.B. 222 oder 227. Der „Plot" in diesen Fällen ist, dass der Täter in solchen Fällen bzgl. des gleichen Opfers zwei (!) Tötungsdelikte verwirklicht: Fahrlässiges Tun beim ersten Akt und vorsätzliche Unterlassung beim zweiten Akt.
Rechtswidrigkeit	Besonderheit: rechtfertigende **Pflichtenkollision** (Grundlagen-Aufsatz: Rönnau, JuS 2013, 113) Streitig bei Kollision von Beschützer- und Überwachergarantenstellung. Nach wohl h.M. ist die Stellung des Beschützergaranten die „stärkere",

	weshalb die Rechtfertigung ausscheidet, wenn der Täter demjenigen hilft, für den er nur Überwachergarant ist. Greift auch bei Kollision von zwei allgemeinen Hilfspflichten im Rahmen des § 323c.
Schuld	Besonderheit: Unzumutbarkeit normgemäßen Verhaltens
Unterlassung und Versuch	
Def. unmittelbares Ansetzen: Wenn sich die Gefahr für das Rechtsgut aus der Sicht des Täters so verdichtet hat, dass es bei weiterer Untätigkeit ohne wesentliche Zwischenschritte zu einer konkreten Gefährdung des Rechtsgutes kommen wird.	M.M.: Verstreichen der ersten / letzten Rettungschance. Gegen Verstreichen der ersten Rettungschance: Versuchsbeginn wird zu weit nach vorne verlagert. Faktischer Verzicht auf das Kriterium der konkreten Gefährdung. Gegen Verstreichen der letzten Rettungschance: hiernach gibt es nur noch untaugliche und fehlgeschlagene Versuche
Rücktritt beim Unterlassungsdelikt	Nach BGH keine Unterscheidung zwischen un-/beendetem Versuch, da der U-Täter für den Rücktritt stets aktiv-rettend eingreifen müsse und nicht bloß untätig bleiben (einfach „aufhören") könne. Hintergrund: Auch U-Täter trägt nach BGH stets das Erfolgseintrittsrisiko (BGH, 2 StR 588/15, JA 2016, 950). Anders kann dies aber sein, wenn eine nicht zurechenbare Todesursache (z.B. Herzinfarkt des Opfers) hinzutritt (vgl. Kudlich, NStZ 2016, 656, 666). A.A. nimmt beendeten Unterlassungsversuch erst dann an, wenn es nicht mehr ausreiche, dass der U-Täter die ursprünglich gebotene Rettungshandlung nachhole, sondern vielmehr jetzt weitere Rettungshandlungen vornehmen müsse, die bei zeitnaher Rettung nicht notwendig gewesen wären. Hintergrund: Der U-Täter trage nur beim beendeten Unterlassungsversuch das Risiko des Erfolgseintritts. (Dieser Ansicht im Zweifel nicht folgen, da Täter immer das Risiko des Erfolgseintritts tragen muss. So hat z.B. der Täter keinen Anspruch darauf, dass das Opfer so viel Hunger und Durst aushält, wie sich der Täter vorgestellt hat.)

(P): Prüfungsaufbau fahrlässiges unechtes U-Delikt
(vgl. LG Saarbrücken, NStZ-RR 2006, 75)

I. Tatbestand
1. **Erfolgseintritt**
2. **Nichtvornahme objektiv gebotener Handlung zur Erfolgsabwendung**
3. **Möglichkeit der Erfolgsabwendung (physisch-reale Handlungsmöglichkeit des Täters)**
4. **hypothetische Kausalität**
5. **Garantenstellung**
6. **obj. Sorgfaltspflichtverletzung bei obj. Vorhersehbarkeit (auch bzgl. Garantenstellung)**
7. **Pflichtwidrigkeits- u. Schutzzweckzusammenhang**
8. **Gleichwertigkeitsklausel / Entsprechungsklausel**

II. RWK wie oben
III. Schuld: wie oben

Kampfhundehalter American Staffordshire-Terrier-Mischling	Der Halter eines Kampfhundes i.S.d. § 1 II PolVogH BW, bei dem die rassespezifisch begründete Vermutung besonderer Gefährlichkeit nicht durch eine Verhaltensprüfung widerlegt ist, muss damit rechnen, dass der Hund jederzeit auch ohne vorherige Warnzeichen Menschen anfällt. (OLG Karlsruhe, 2 (7) Ss 318/14, **RA 2014, 489**)

Strafrecht – BT

Diebstahl, § 242

I. Tatbestand
- **1. Fremde bewegliche Sache**
- **2. Wegnahme**
  - **a) Bestehen fremden Gewahrsams**
  - **b) Begründung neuen Gewahrsams**
  - **c) Gewahrsamsbruch**
- **3. Vorsatz bzgl. 1. und 2.**
- **4. Absicht rechtswidriger Zueignung**
  - **a) Zueignungsabsicht**
    - **aa) Aneignungsabsicht**
    - **bb) Enteignungswille**
  - **b) Rechtswidrigkeit der beabsichtigten Zueignung**
  - **c) Vorsatz bzgl. b)**

II. Rechtswidrigkeit und Schuld

III. Besonders schwerer Fall, § 243

Tatobjekt: fremde bewegliche Sache

Def.: **Sache** im Sinne von § 242 I ist gem. § 90 BGB jeder körperliche Gegenstand.	Der Aggregatzustand der Sache (fest, flüssig, gasförmig) spielt hierbei keine Rolle. Auch der Wert der Sache ist irrelevant. (+) auch bei Tieren, vgl. § 90a BGB
Def.: **Beweglich** ist eine Sache, wenn sie tatsächlich fortgeschafft werden kann.	Ausreichend, wenn Beweglichkeit erst durch den Wegnahmeakt entsteht.
Def.: **Fremd** ist eine Sache, wenn sie zumindest auch im Eigentum einer anderen Person steht.	Eine Sache ist lediglich in folgenden Fällen nicht fremd: Die Sache ist eigentumsunfähig, d.h. die Sache kann gar nicht im Eigentum einer Person stehen, die Sache steht im Alleineigentum des Täters oder die Sache ist herrenlos, d.h. niemand hat Eigentum an der Sache. **(P): Dereliktion, § 959 BGB** Die Dereliktion ist eine einseitige nicht empfangsbedürftige Willenserklärung, weshalb es für die Auslegung auf den tatsächlichen Willen des Eigentümers ankommt. Verfolgt der Eigentümer etwa bestimmte Verwendungszwecke mit einer Sache, liegt keine Dereliktion vor (MK-Oechsler, § 959, Rn. 4); z.B. keine Dereliktionsabsicht bei an der Straße abgestelltem Sammelgut, das für eine Sammelorganisation bestimmt war (vgl. OLG Saarbrücken, NJW-RR 1987, 500). Ebenso schließt Vernichtungsabsicht bei der Hingabe in den Müll die Dereliktionsabsicht aus (vgl. Staudinger-Gursky, § 959, Rn. 3; zum sog. „**Containern**“ Eser/Scharnberg, JuS 2012, 809, 812 und – § 242 bejahend – BayObLG, 206 StRR 1013/19, **RA 2020, 45** = JuS 2020, 85 = JA 2020, 393). OLG Hamm, III RVs 103/10, JuS 2011, 755: Das Ablegen einer **Girocard** in einen sich in den Geschäftsräumen einer Bank befindenden Abfallbehälter zum Zwecke der späteren Leerung und Müllentsorgung stellt keine Dereliktion im Sinne des § 959 BGB dar. Vielmehr wird die Eigentumsaufgabe erst mit der Annahme durch den zuständigen Abfallentsorger zur Vernichtung erfolgen.

(P): Tanken an SB-Tankstellen
Das eingefüllte Benzin ist fremd, da Aufstellen der Zapfsäule entweder bedingtes Übereignungsangebot, oder nur invitatio, dann Fall des § 929 S.2 BGB. Achtung: Nicht sofort auf den gesetzlichen Eigentumserwerb (Miteigentum durch Vermischung) abstellen. Zuerst ist zu klären, in wessen Eigentum das in den Tank einfließende Benzin steht.

(P): Zahngold nach Verbrennung der Leiche im Krematorium
Im Grundsatz wird das Zahngold herrenlos. Die Erben werden nicht gem. § 1922 BGB Eigentümer, da die Leiche kein Vermögensbestandteil ist. Allerdings kann im Einzelfall an herrenlosen künstlichen Körperteilen im Wege der Aneignung nach § 958 I BGB durch Eigeninbesitznahme Eigentum erworben werden, sofern dies nicht durch § 958 II BGB ausgeschlossen ist (OLG Hamburg, 2 Ws 123/11).
Sofern der Täter irrig von der Fremdheit der Sache ausgeht, ist streitig ob ein versuchter Diebstahl in Betracht kommt. Nach richtiger Ansicht ist dies nur der Fall, wenn er sich einen anderen *Sachverhalt* vorstellt, bei dem das Zahngold eine fremde Sache gewesen wäre. Bei bloß falscher rechtlicher Bewertung der Eigentumslage dürfte ein Wahndelikt vorliegen.
In Betracht kommen weiter die §§ 133 I, III und 168 I. Streitig ist, ob das **Zahngold „Asche“** i.S.v. § 168 ist (BGH, 5 StR 71/15, **RA 2015, 506** = JA 2015, 872, bejaht dies, denn zu dieser gehörten sämtliche nach der Einäscherung verbleibenden Rückstände, d.h. auch die vormals mit einem Körper fest verbundenen fremden Bestandteile, die nicht verbrennbar sind; a.A. OLG Nürnberg, NJW 2010, 2071, 2073 f. mit Verweis auf die Wortlautgrenze der Auslegung).

(P): Drogen
Bei Betäubungsmitteln wird z.T. die Fremdheit mit dem Hinweis darauf verneint, dass gemäß § 134 BGB i.V.m. dem BtMG zivilrechtlich kein wirksamer abgeleiteter Eigentumserwerb möglich sei. Nach BGH können hingegen auch illegal erworbene Sachen Gegenstand von Eigentumsdelikten sein, weil jedenfalls der Hersteller des Betäubungsmittels gemäß § 956 BGB originäres Eigentum erwerbe und deshalb die Sache „fremd“ sei (BGH, 2 StR 342/16, **RA 2017, 549**).

(P): Liebesschlösser
Sog. Liebesschlösser stellen grundsätzlich taugliche Objekte eines Diebstahls dar. In der Regel behält derjenige das Eigentum an den Schlössern, der sie an die Brücke angebracht hat, wobei der Eigentümer der Brücke den Gewahrsam ausübt (AG Köln, 526 Ds 395/12, JuS 2013, 271; Klausur bei Reinhardt, JA 2016, 189).

Tathandlung: Wegnahme

Def.: **Wegnahme** ist der Bruch fremden und die Begründung neuen, nicht notwendig tätereigenen, Gewahrsams.

Gewahrsam ist die tatsächliche Sachherrschaft eines Menschen über eine Sache, getragen von einem natürlichen Herrschaftswillen, wobei deren Vorliegen nach der

Strafrechtlicher Gewahrsam und zivilrechtlicher Besitz sind nicht identisch (z.B. erbt der Erbe nur den Besitz, aber nicht den Gewahrsam des Toten).

(P): Bloßes Ergreifen kleiner Gegenstände
Bei unauffälligen, leicht beweglichen Sachen, wie etwa bei Geldscheinen sowie Geld- und Schmuckstücken, oder auch Handys lässt die Verkehrsauffassung für die vollendete Wegnahme schon ein Ergreifen und Festhalten der Sache genügen. (BGH, 3 StR 556/09; ebenso in einem Raub-Fall für das Ergreifen von Geld in einem Tresor BGH, 2 StR 115/12)

(P): Gewahrsamsenklave im SB-Laden
Im **Selbstbedienungsladen** liegt eine vollendete Wegnahme durch einen Täter, der die Kassenzone mit der Ware noch nicht passiert hat, insbesondere vor, wenn der Täter Sachen geringen Umfangs einsteckt oder sie sonst verbirgt (BGH, 3 StR 342/19, **RA 2020, 163** [Musikbox in

Verkehrsanschauung zu beurteilen ist. **Tatsächliche Sachherrschaft** besteht, wenn der unmittelbaren Verwirklichung des Einwirkungswillens auf die Sache keine Hindernisse entgegenstehen. **Herrschaftswille** ist der Wille, mit der Sache nach eigenem Belieben verfahren zu können. Der Täter hat **neuen Gewahrsam begründet**, wenn er oder ein Dritter die Sachherrschaft derart erlangt hat, dass er sie ohne Behinderung durch den früheren Gewahrsamsinhaber ausüben und dieser seinerseits ohne Beseitigung der Sachherrschaft des Täters nicht mehr über die Sache verfügen kann. **Fremder Gewahrsam wird gebrochen**, wenn die Gewahrsamsverschiebung (die Aufhebung des fremden und Begründung neuen Gewahrsams) ohne oder gegen den Willen des bisherigen Gewahrsamsinhabers erfolgt.	Jackentasche]; 5 StR 593/18, **RA 2019, 269** = JuS 2019, 723 = JA 2019, 470 [Flaschen in Rucksack] 3 StR 373/14, **RA 2014, 661** [Notebook wird in mitgeführte Jutetasche gesteckt]. Allein das Hineinlegen von Waren in einem SB-Markt in eine mitgeführte Sporttasche begründet jedoch noch **keinen** neuen (eigenen) Gewahrsam an den Gegenständen, wenn diese **sichtbar in der offenen Tasche** transportiert worden sind (BGH, 5 StR 512/16). Nach h.M. gilt die Enklaventheorie auch in **Privatwohnungen** (BGH, 3 StR 373/14, **RA 2014, 661**). **Verstecken** in der Sphäre des Eigentümers ist hingegen keine Wegnahme. **(P): Beobachtung der Tat** Egal, da die Enklave dennoch begründet wird; deshalb ist § 242 kein heimliches Delikt. **(P): Gewahrsam von Schlafenden, Bewusstlosen und Toten** (-) nur bei Toten, da diese keinen tatsächlichen Herrschaftswillen mehr haben (BGH, 2 StR 111/12) (vgl. § 243 I Nr. 6, der impliziert, dass bei Hilflosen ein Gewahrsamsbruch vorliegt) **(P): verlorene und vergessene Sachen** Sache wird nur gewahrsamslos, wenn sie außerhalb einer Gewahrsamssphäre verloren wird (BGH, 5 StR 10/20, **RA 2020, 381** = JuS 2020, 1083 = JA 2020, 865). Der Beherrscher der Sphäre selbst begeht bei einer vergessenen Sache einen Diebstahl und bei einer verlorenen Sache eine Unterschlagung, da er im letzten Fall seinen eigenen (Hilfs-) Gewahrsam nicht brechen kann. Wer bei seiner Flucht bewusst eine Sache zurücklässt, um diese später wieder an sich zu nehmen, verliert seinen Gewahrsam (BGH, 5 StR 10/20, **RA 2020, 381** = JuS 2020, 1083 = JA 2020, 865). Der Täter begeht dann nur § 246. **(P): Mitgewahrsam** Der gleichrangige Mitgewahrsam kann wechselseitig gebrochen werden. Ansonsten kann nur der untergeordnete Mitgewahrsamsinhaber denjenigen des übergeordneten brechen (OLG Braunschweig, 1 Ss 65/15, **RA 2016, 605**, für einen Raub-Fall). Kassierer hat Alleingewahrsam am Kasseninhalt, wenn er eigenverantwortlich die Kasse verwaltet. Wirkt der Angestellte an einem fingierten Überfall auf sich selbst mit, scheiden daher Raub und Diebstahl aus (BGH, 4 StR 458/17, **RA 2018, 221** = JA 2018, 390). In diesem Fall kann Kassierer „nur“ § 246 I oder II verwirklichen. Ansonsten gleichrangiger Mitgewahrsam bei allen Bedienungen „hinter dem Tresen“. (Ebenso Garderobe.) Ebenso hat derjenige Alleingewahrsam am Inhalt eines Tresors, dem er einzige Schlüssel übergeben wurde (OLG Zweibrücken, 1 OLG 2 Ss 1/18, **RA 2018, 500**). **(P): „O.K.“ des Berechtigten** ➔ tatbestandsausschließendes Einverständnis, da kein „Bruch“ des Gewahrsams vorliegt (wirksam, auch wenn durch Täuschung erschlichen) Ist der übergeordnete Mitgewahrsamsinhaber mit der Gewahrsamsbegründung durch Dritte einverstanden, fehlt es an einer Wegnahme, auch wenn dadurch zugleich der untergeordnete Mitgewahrsam einer anderen Person gebrochen wird (OLG Celle, 1 Ws 355/11).

- **Unter-(P): „Diebesfalle“**
  Wegnahme (-), da Einverständnis; fehlende Kenntnis des Täters insoweit egal ➔ versuchter § 242, da Tatentschluss zur Wegnahme § 246 (+), aber str., ob Subsidiaritätsklausel greift (nach BGH (+) wg. Wortlaut, nach a.A. (-) wg. Klarstellungsfunktion: Tat ist kein „reiner Versuch“, da Täter die Sache zunächst mitgenommen, also sich zugeeignet hat.) (BGH, 5 StR 322/20, nur versuchter Diebstahl)
  Sehr examensrelevant (und streitig!) zur Abgrenzung von Vollendung und Versuch bei einem vergleichbaren Fall: OLG Hamm, 1 RVs 25/14, JuS 2015, 276 = JA 2015, 390 (Speditions-Fall).

- **Unter-(P): Vorgetäuschte Beschlagnahme**
  Wegnahme (+), da kein Einverständnis (Täuschung wäre insoweit egal), da kein freier Willensentschluss bei (vorgestellter) vollstreckender Staatsmacht. (vgl. Feldjäger-Fall, BGH, 4 StR 40/11)

(P): Tanken an SB-Tankstellen (Aufsatz: Rebler, JA 2013, 179)
Das Einfüllen des Benzins in den Tank des Tankenden stellt keine Wegnahme dar. Es gibt ein generell erteiltes tatbestandsausschließendes Einverständnis des Tankstellenbetreibers. Dieses gilt unabhängig davon, ob der Tankvorgang bemerkt wird oder nicht und auch unabhängig davon, ob der Tankende zahlungswillig ist oder nicht (BGH, 4 StR 532/15, JuS 2016, 566; 4 StR 632/11, JuS 2012, 1138). Das Einverständnis ist wirksam, auch wenn es durch Täuschung über die Zahlungswilligkeit erschlichen wird. Folglich liegt bei anfänglicher Zahlungsunwilligkeit ein Betrug vor. Sofern der Tankwart den Tankvorgang nicht bemerkt, liegt hingegen bloß ein versuchter Betrug vor (BGH, 4 StR 532/15, JuS 2016, 566), wobei streitig ist, ob § 246 in Tateinheit tritt oder wegen der Subsidiaritäts-klausel zurücktritt, was der BGH bejaht (BGH, 4 StR 632/11) (gleicher Streit wie oben bei Diebesfalle). Fasst der Kunde seinen Entschluss, nicht zu zahlen, erst nach dem Tankvorgang, liegt bloß § 246 vor.

(P): Trickdiebstahl und Sachbetrug

Grundregel: Betrug liegt vor, wenn der Getäuschte auf Grund freier, nur durch Irrtum beeinflusster Entschließung Gewahrsam übertragen will und überträgt; Diebstahl ist gegeben, wenn die Täuschung lediglich dazu dienen soll, einen gegen den Willen des Berechtigten gerichteten eigenmächtigen Gewahrsamsbruch des Täters zu ermöglichen oder wenigstens zu erleichtern.

Wer sein Handy auf Bitte einem Dritten zur Nutzung überlässt und es dann – gemäß vorgefasster Absicht – nicht zurückerhält, wird i.d.R. bestohlen (BGH, 2 StR 154/16, **RA-Telegramm 2016, 7** = JA 2016, 953**;** 1 StR 402/16, **RA 2017, 49** = JuS 2017, 696**)**. Gleiches gilt, wenn das Opfer die Sache dem Täter zu einer angeblichen „Qualitätskontrolle“ übergibt (BGH, 2 StR 342/16, **RA 2017, 549**).

Supermarkt-Fälle:
[Wichtiger Fall: Täter verbirgt Gegenstände vor den Augen der Kassiererin z.B. im Einkaufswagen oder in einer undurchsichtigen Verpackung (Winkelschleifer- und Pampers-Fall).]
Lösung: Verbergung an sich noch kein § 242, da keine Enklave, und auch kein § 246 (zwar begrifflich Manifestation des Zueignungswillens, aber restriktive Auslegung; vgl. unten bei § 246)

	Kassiererin hat nach h.M. nur **konkretes Verfügungsbewusstsein** über die ihr vorgezeigten Gegenstände, nach M.M. abstraktes Verfügungsbewusstsein über gesamten Inhalt z.B. der Verpackung. Argumente für h.M.: Bewusstsein zur Verfügung nur für die auf dem Kassenbon aufgeführten Gegenstände; ansonsten auch schwere Verletzung des Arbeitsvertrags. ➔ 242 (str.) [beachte Konsequenzen für eventuelle Folgestraftat § 252: es gibt keinen „räuberischen Betrug"] Achtung: Wenn <u>Verpackung durchsichtig</u>, dann § 263 durch Täuschung über den regulären Inhalt der Verpackung. Kassiererin verfügt, da sie die Sachen sieht. Guter **Aufsatz zu „Supermarkt-Fällen"**: Oğlakcıoğlu, JA 2012, 902 und 2013, 107 **(P): Trickdiebstahl und Computerbetrug** *[Fall: Täter scannt an **SB-Kasse** den Strichcode eines billigeren Gegenstandes ein.]* *Lösung:* § 242: (P) Wegnahme? (+) nach OLG Hamm, 5 RVs 56/13, **RA 2013, 805, 806.** Das Einverständnis des Geschäftsinhabers werde nur unter der Bedingung erteilt, dass die Selbstbedienungskasse äußerlich ordnungsgemäß bedient wird. Hierzu gehört das korrekte Einscannen und Bezahlen der tatsächlich zur Selbstbedienungskasse mitgebrachten Ware. Nach OLG Hamm a.a.O. liegt kein Fall des § 263a vor (Näheres dort). *[Fall 2: Täter zahlt an **SB-Kasse** mit Lastschrift, wissend dass das Konto nicht gedeckt ist.]* *Lösung:* **§ 242:** Wegnahme (-), da SB-Kasse technisch ordnungsgemäß bedient wurde. **§ 263** (-), da im konkreten Fall (!) keine Täuschung eines Menschen ersichtlich. Anders, wenn der Inhaber Personal bereitstellt, dass den Bezahlvorgang kontrollieren soll. Nach OLG Rostock, 20 RR 90/18, **RA 2019, 608**, liegt kein Fall des **§ 263a** vor (Näheres dort). **(P): Schutzzweck der Norm bei „Wechsel-Fällen"** Wenn Kassiererin ihren eigenen Geldschein in Münzen aus der Kasse wechselt (z.B. für den Fahrschein-Automaten) liegt vom Schutzzweck her keine Wegnahme vor. Anders wohl, wenn registrierte Geldscheine werden Kassierer einer Spielbank gegen andere Geldscheine aus dem Safe der Spielbank ausgetauscht werden. **(P): Ansetzen zum Versuch bei „Klingel-Fällen"** *[Fall: T klingelt an Tür und bittet unter einem Vorwand um Einlass.]* Ansetzen bejaht von BGH, 2 StR 71/15; verneint von BGH, 5 StR 108/18, JA 2018, 874, wenn Täter planen unter einem Vorwand in die Wohnung gelassen zu werden, um das abgelenkte Opfer dann erst zu bestehlen.
Absicht rechtswidriger Zueignung	
<u>Def.:</u> Die **Zueignungsabsicht** beinhaltet zwei Komponenten. Die Absicht zur zumindest vorübergehenden Aneignung und den (Eventual-) Vorsatz zur dauerhaften Enteignung. Diese müssen kumulativ vorliegen, damit eine Zueignungsabsicht bejaht werden kann.	**(P): Objekt der Zueignung** **Vereinigungstheorie**: Nach dieser kann Gegenstand der beabsichtigten Zueignung sowohl die Sache selbst als auch der in ihr verkörperte Sachwert sein. **(P): Sparbuch-Fall** *[Fall: Täter hebt vom Sparbuch des Opfers Geld ab und legt dieses – wie anfänglich geplant – wieder zurück.]* *Substanztheorie* (-), da Sparbuch zurückgegeben werden soll *Sachwerttheorie:* (+), sog. „lucrum ex re" = Vorteil aus der Sache selbst Ebenso: Telefonkarte, Geldkarte, „Mensa-Magnetkarte" und Handy-Prepaid-Karte (im letzten Fall aber nur 246 bei bloß heimlicher Handy-Benutzung, wenn keine Wegnahme der Karte)

	ANDERS aber **Girocard**-Fall (bloßer „Schlüssel“ zu den Girofunktionen) und anders auch bei Handy-Vertragskarte (oder Festnetz-Anschluss), da „Schlüssel“ zum Mobilfunk- (oder Fest-) Netz. Anders formuliert: In der **Girocard** ist kein Wert verkörpert. *[Guter Aufsatz: Schnabel, NStZ 2005, 18]*
Aneignungsabsicht ist die Absicht, die Sache selbst oder den in ihr verkörperten Sachwert wenigstens vorübergehend dem eigenen Vermögen oder dem Vermögen eines Dritten einzuverleiben.	**(P): bloße Zerstörung, Vernichtung, bloßes Wegwerfen** Zueignung i.d.R. (-), da keine Aneignung (BGH, 4 StR 502/10). Anders aber z.B. beim Verzehr fremder Speisen, da der Täter hier den wirtschaftlichen Wert der Sache selbst erlangt. Ebenso: Verbrauchen fremden Benzins oder Heizöls oder Konsum geraubten Heroins (BGH, 4 StR 538/14, **RA 2015, 336** = JA 2015, 471). **(P): Bloße Sachentziehung** Der Wille, den Eigentümer durch Sachentziehung zu ärgern, die Sache zu zerstören oder wegzuwerfen genügt nicht (BGH, 4 StR 348/17). Wenn der Täter dem Opfer die Sache nur wegnehmen will, fehlt die Aneignungsabsicht (BGH, 4 StR 541/11); ebenso BGH, 1 StR 86/13, JuS 2013, 1141 [kein Raub wenn einem Rocker die „Kutte“ abgenommen wird, um diese wegzuwerfen]; BGH, 3 StR 536/18, **RA 2020, 213** = JuS 2020, 467 [kein Raub, bei Wegnahme eines Handys, um Kontaktdaten auszulesen]). Gleiches gilt, wenn es dem Täter ausschließlich darum geht, verhaftet, verurteilt und erneut inhaftiert zu werden, um eine geliebte Person im Gefängnis wiederzusehen (BGH, 1 StR 37/19, **RA 2019, 498**).
Enteignungswille ist der Wille, den Berechtigten auf Dauer aus seiner Eigentümerposition zu verdrängen, d.h. ihm die Sache selbst oder den in ihr verkörperten Sachwert auf Dauer zu entziehen.	**(P): bloße Gebrauchsanmaßung** Zueignung i.d.R. (-), da keine dauerhafte Enteignung (beachte bei Kfz etc. § 248b) (+), wenn obj. Beobachter Ersatzbeschaffung für unvermeidbar halten muss (z.B. Tageszeitung) *[Gute Grundlagen-Klausur hierzu: Bergmann/ Rensch, JURA 2012, 553]* **(P): Täter will bloß Dateien von der Festplatte** Sofern sich der Täter bloß Dateien von einer Festplatte herunterladen möchte (z.B. Entwendung eines Handys um Bilddateien als „Beweismaterial“ zu erlangen), fehlt es sowohl an der Zueignungs- als auch an der Bereicherungsabsicht (im Rahmen des § 253). Dieser bloße **Gebrauch** führt nämlich zu keinem Verbrauch (BGH, 3 StR 392/11, JuS 2013, 468). Gleiches gilt, wenn der Täter ein fremdes Handy nur deshalb wegnimmt, um die bestimmten Fotos zu löschen (BGH, 5 StR 577/18, **RA-Telegramm 2019, 42** = JuS 2019, 402). **(P): Preisgabe** Problem des Vorsatzes zur dauerhaften Enteignung. Wenn Täter die Sache dem beliebigen Zugriff Dritter preisgeben will, genügt dies i.d.R. für die Enteignungskomponente der Zueignungsabsicht. **(P): Anfänglich geplante Rückgabe an den Eigentümer** **§ 242 (oder § 246)**, wenn bei geplanter Rückgabe Leugnung des fremden Eigentums erfolgen soll („se ut dominum gerere“, dann i.d.R. Zueignung nach Sachwerttheorie). Im 2. Akt kommt dann häufig **zusätzlich** noch **§ 263** in Betracht (Täuschung über die Eigentümer-Stellung). Da es dem Täter in diesen Fällen meist auf das aus dem Betrug herrührende Geld ankommt, treten §§ 242 bzw. 246 wohl als mitbestrafte Vortat zurück. *[Fall: Ansichnahme einer Sache, um sie dem Eigentümer – als angeblich dem Täter gehörend – zu verkaufen.]*

	Nur § 263 im Täuschungszeitpunkt, wenn bei geplanter Rückgabe Anerkennung des fremden Eigentums erfolgen soll („lucrum ex negotio cum re"); in diesem Fall fehlt bei der Ansichnahme die Zueignungsabsicht (§ 242) bzw. die Zueignung (§ 246). Der Finderlohn ist in der Sache nicht verkörpert. *[Fall: Ansichnahme einer Sache, um dann als angeblich „ehrlicher Finder" den wie erhofft ausgelobten Finderlohn einzufordern.]* Jedoch kann es sich auch um eine Form der bloßen Gebrauchsanmaßung handeln, bei der auch § 263 mangels Bereicherungsabsicht ausscheidet. *[Fall: Soldat nimmt sich einfach andere Stiefel aus der Wäschekammer, weil ihn die ihm überlassenen drücken (BayObLG, 207 StRR 230/20, **RA 2021, 161**).]* **§ 253**, wenn statt des Finderlohns ein „Lösegeld" für die Rückgabe der Sache verlangt wird (BGH, 3 StR 440/18, **RA-Telegramm 2019, 77**). Ebenso: Wer die Herausgabe einer Sache als **Pfand** zur Sicherung einer nicht existenten Forderung erzwingt, verschafft sich durch den Besitz unmittelbar einen dem Besitzverlust stoffgleichen vermögenswerten Vorteil. Anders liegen demgegenüber die Fälle, in denen ein Anspruch tatsächlich besteht oder der Täter von seinem Bestehen ausgeht (BGH, 3 StR 148/18). **Bei Pfandflaschen gilt: Keine Zueignung nach Sachwerttheorie**, wenn der Täter beabsichtigt, das entwendete Pfandgut gegen Entgelt in das Pfandsystem zurückzuführen. Das Pfandgeld ist kein verkörperter Wert, sondern bloßer Anreiz zur Rückgabe der Flaschen. **Substanztheorie:** Bei **Einheitsflaschen,** deren Eigentum im Vertriebsweg übertragen wird, liegt Zueignungsabsicht i.d.R. vor, wenn und weil er sich bei der Rückgabe wie der Eigentümer geriert. Bei **Individualfalschen (Herstellerflaschen)**, die im Vertriebsweg im Eigentum des Herstellers verbleiben, gilt: Geht der Täter – Regelfall (!) – vom Eigentumserwerb im Vertriebsweg aus, handelt er nach BGH mit Zueignungsabsicht. (Nach BGH ist alleine die Absicht maßgeblich; möglich wäre hier auch die Annahme eines straflosen Wahndelikts gewesen.) Erkennt der Täter hingegen die zivilrechtliche Rechtslage, fehlt der Wille, sich wie ein Eigentümer zu gerieren (BGH, 4 StR 591/17, **RA 2018, 669** = JA 2019, 152 = JuS 2019, 178). § 289 (-), da nicht „zu Gunsten des Eigentümers" gehandelt wurde. §§ 263, 263a (-), wenn die Flaschen z.B. einem Nachbarn weggenommen wurden, da dann der Getränkemarkt keinen Schaden hat. **(P): Behältnis** Die Zueignungsabsicht bezieht sich in der Regel nicht auf das Behältnis, wenn es dem Täter alleine auf den Inhalt ankommt. Dies ist nur anders, wenn der Täter das Behältnis zum Transport benötigt (BGH, 3 StR 182/17, **RA-Telegramm 2017, 100**). Ist das Behältnis leer, oder befindet sich in diesem eine für den Täter uninteressante Sache, kommt ein – fehlgeschlagener – Versuch in Betracht (BGH, 2 StR 479/17, **RA-Telegramm 2018, 58**).
Def.: **Rechtswidrig** ist die vom Täter beabsichtigte Zueignung dann, wenn der Täter keinen fälligen und durchsetzbaren Anspruch auf Übereignung der weggenommenen Sache (und kein Aneignungsrecht an dieser) hat.	Die allgemeinen Rechtfertigungsgründe sollten stets erst auf der Ebene der (allgemeinen) Rechtswidrigkeit angesprochen werden. (Anderenfalls erfolgt eine faktische Annäherung an die – vom ETBI bekannte – M.M. der „Lehre von den negativen TB-Merkmalen".) Sofern der Geldgläubiger dem Geldschuldner den geschuldeten Betrag aus dem Geldbeutel nimmt, verletzt er (nach BGH) dessen Auswahlrecht (Geldschulden sind Gattungsschulden). Nach BGH fehlt zumindest dem Rechtslaien aber gem. § 16 I der diesbzgl. Vorsatz (a.A.: Fall des § 17). *[Anm.: § 17 ist dogmatisch korrekt, da es sich um einen Wertungsirrtum des Täters handelt. BGH wollte – auch dem juristisch vorgebildeten Täter – wohl eine „goldene Brücke" zum vorsatzausschließenden § 16 bauen.]*

Regelbeispiel, § 243	
1. Obj. Voraussetzungen **2. Vorsatzähnliches Bewusstsein (oder „Quasi-Vorsatz")** **3. u.U. besondere Absichten (z.B. bei Nr. 1: „zur Ausführung der Tat")** **4. Indizwirkung** **a) zwingender Ausschluss bei Abs. 2 (nicht bzgl. Nr. 7!)** **b) fakultativer Ausschluss (besondere Hinweise nötig)**	
Nr. 1 (Einbruch und Einsteigen etc.) ***Def.:*** **Andere** nicht zur ordnungsgemäßen Öffnung bestimmte **Werkzeuge** sind solche, mit denen der Schließmechanismus ordnungswidrig in Bewegung gesetzt wird.	Wer eine Räumlichkeit durch eine zum ordnungsgemäßen Zugang bestimmte Tür betritt, steigt nicht im Sinne von § 243 I 2 Nr. 1, § 244 I Nr. 3 StGB ein, unabhängig davon, auf welche Weise er die Tür geöffnet hat (BGH, 3 StR 404/15, **RA 2016, 437**). Bei Verwendung eines **Störsenders** liegt nur dann ein „anderes Werkzeug" vor, wenn die Verriegelung des Kfz mit Hilfe des Störsenders geöffnet wird, nicht hingegen, wenn dadurch die Verriegelung des Kfz verhindert wird; in Betracht kommt aber ein unbenannter Fall des § 243 (BGH, 3 StR 349/17, JA 2018, 229). § 243 I 2 Nr. 1 und § 303 stehen in Tateinheit (BGH, 1 StR 332/13). Gleiches muss für § 123 gelten.
Nr. 2 (Verschluss-sachendiebstahl)	(+), wenn z.B. ein Tresor mit dem passenden Schlüssel geöffnet wird, der jedenfalls nicht im Schloss steckte und jedenfalls nicht direkt neben dem Behältnis lag (KG, 1 Ss 465/11, JuS 2012, 468). (+), wenn der unberechtigte Täter einen gutgläubigen Dritten durch Täuschung dazu bewegt, den zur ordnungsgemäßen Öffnung bestimmten Zugangscode für den Schließmechanismus zu verwenden (KG, 1 Ss 465/11, JuS 2012, 468). **Sicherheitsetiketten** an Waren in Kaufhäusern, die Alarm erst auslösen, wenn der Täter das Kaufhaus verlässt, sind keine Schutzvorrichtungen. Sie verhindern nicht den Gewahrsamsbruch, sondern dienen der Wiederbeschaffung des bereits an den Täter verlorenen Gewahrsams (BGH, 1 StR 79/18, **RA-Telegramm 2018, 77** = JuS 2018, 1013 = JA 2019, 228). Der Diebstahl aus dem Kofferraum eines Kfz fällt unter Nr. 2 und nicht unter Nr. 1.
Nr. 3 (Gewerbsmäßig-keit)	Gewerbsmäßigkeit setzt stets eigennütziges Handeln voraus und damit einen vom Täter erstrebten Zufluss von Vermögensvorteilen an sich selbst; es genügt daher nicht, wenn eine Einnahmequelle allein für Dritte geschaffen werden soll (BGH, 4 StR 584/13) Besonderes persönliches Merkmal gem. § 28 II (BGH, 4 StR 584/13). Tritt hinter den Qualifikationstatbestand des § 244 I Nr. 3 (Bande) zurück (BGH, 3 StR 494/16).
(P): „Versuch des Regelbeispiels"	Nach e.A. möglich, da tatbestandsähnlich (innerhalb der BGH-Senate herrschend, BGH, 1 StR 332/10; ebenso OLG Hamm, 1 RVs 91/16, **RA-Telegramm 2017, 43**). Allerdings scheint neuerdings der BGH differenzieren zu wollen: Nicht möglich, wenn § 242 vollendet, aber möglich, wenn § 242 bloß versucht. Diese Differenzierung kann nicht überzeugen, da nicht erklärbar ist, wie das beim versuchten § 242 verwirklichte „versuchte Regelbeispiel" durch die Vollendung der Wegnahme wieder soll entfallen können. Nach a.A. verbotene **Analogie**, da § 22 einen Tatbestand voraussetze (ganz h.L.).

 Autor: Dr. Dirk Schweinberger

	⇨ *<u>Gutachten</u>: Vollendung des § 243 prüfen und ablehnen. Dann „nach einer Leerzeile" die Frage aufwerfen, wie es sich auswirkt, dass der Täter eine andere Vorstellung hatte. Gibt es einen „Versuch des § 243"? Dann Streit darstellen und im 1. Examen diesen „Versuch" ablehnen.* Hiervon ist der unstreitig mögliche Fall zu unterscheiden, dass das Grunddelikt versucht, aber das Regelbeispiel vollendet wurde. In diesem Fall kommt nur eine Bestrafung z.B. wegen eines versuchten Diebstahls in einem (vollendeten!) besonders schweren Fall (§§ 242 I, 22, 23 I, 243 I 1 Nr. 1) in Betracht (BGH, 3 StR 33/11).
(P): Vorsatzwechsel	Nach BGH bezieht sich bei Nr. 1 das Merkmal „zur Ausführung der Tat" nicht auf ein konkretes, vom Täter ursprünglich in Aussicht genommenes Tatobjekt, sondern auf den allgemeinen Willen zu stehlen (genereller „Stehlwille"). Weitere Folge: Nach BGH liegt nur ein Diebstahl an der letztlich weggenommenen Sache vor und nicht noch ein zusätzlicher Versuch an der ursprünglich gewollten Sache. Gleiches gilt für den Fall des Wohnungseinbruchsdiebstahls. Ebenso liegt natürlich auch schon auf der Ebene des Grunddelikts nur ein (als Einheit zu wertender) Diebstahl vor. ⇨ *<u>Gutachten</u>: Zuerst die Tat bzgl. der tatsächlich weggenommenen Sache prüfen.* • *Sofern § 243 I 2 Nr. 1 oder § 244 I Nr. 3 in Betracht kommen, ist beim Merkmal „zur Ausführung der Tat" die Frage aufzuwerfen, ob „Tat" allgemein als „um zu stehlen" zu verstehen ist, oder sich speziell auf das jeweilige Objekt bezieht.* • *Ansonsten ist als nächstes ein Versuch am ursprünglich gewollten Objekt zu prüfen und der entsprechende Tatentschluss (zwei Taten oder einheitlicher „Stehlwille"?) zu problematisieren.*
(P): Abs. 2 (nur bzgl. Ziff. 1 bis 6): „sich beziehen auf"	Die Tat „bezieht" sich nur dann auf eine geringwertige Sache, wenn diese sowohl objektiv als auch nach der Sicht des Täters geringwertig ist (OLG Hamm, 4 RVs 15/16, JuS 2016, 564). Liegt nur eine der genannten Geringwertigkeits-Komponenten vor, kommt ein fakultativer Ausschluss des Regelbeispiels in Betracht. Geringwertigkeit wird zwischen 30 und 50 € angenommen (für 50 € und mit Hinweis auf die Geltung des Zweifelssatzes: OLG Frankfurt, 1 Ss 80/16). Keine Geringwertigkeit ist anzunehmen, wenn der materielle Wert einer Sache nicht bestimmbar ist. Deshalb ist eine **Girocard** keine geringwertige Sache (Jahn, JuS 2011, 755, 757).

Qualifikation: Diebstahl mit Waffen, § 244 I Nr. 1a (§ 250 I Nr. 1a)	
<u>Def.:</u> **Waffe** i.S.v. § 244 I Nr. 1a) ist jeder bewegliche Gegenstand, der dazu bestimmt ist, als Angriffs- oder Verteidigungswerkzeug gegen Menschen eingesetzt zu werden und so erhebliche Verletzungen zuzufügen (sog. „Waffe im technischen Sinne").	Ein Gegenstand, der nach dem WaffG eine Waffe darstellt, wird in aller Regel auch als Waffe i.S.d. StGB anzusehen sein. **(P): Schreckschusspistole** (nach BGH, wenn beim Abfeuern der Explosionsdruck nach vorn aus dem Lauf austritt und sie deshalb nach ihrer Beschaffenheit geeignet ist, erhebliche Verletzungen hervorzurufen, BGH, 5 StR 50/17). **(P): Berufswaffenträger** Nach h.M. keine teleologische Reduktion und subj. Vorsatz, da „sachgedankliches Mitbewusstsein" bzgl. der mitgeführten Waffe.

Qualifikation: Diebstahl mit gefährlichem Werkzeug, § 244 I Nr. 1a (§ 250 I Nr. 1a)	
Def.: Ein **gefährliches Werkzeug** i.S.v. § 224 I Nr. 2 ist jeder bewegliche Gegenstand, der aufgrund seiner objektiven Beschaffenheit und der konkreten Verwendung im Einzelfall geeignet ist, erhebliche Verletzungen zuzufügen. Diese Def. lässt sich aber nicht auf § 244 I Nr. 1a) und § 250 I Nr. 1a) übertragen, da bei diesen Tatbeständen eine konkrete Verwendung des Werkzeugs gerade nicht erforderlich ist.	So z.B. „abgerichtete“ Hunde, Betäubungsmittel, Gifte, Säuren, **Pfefferspray** (BGH, 1 StR 112/17, **RA 2018, 45**). **(P): Fehler des Gesetzgebers**, der nicht bedacht hat, dass es beim „Beisichführen“ keine „konkrete Art der Verwendung“ gibt. Ist also die Qualifikation verwirklicht, wenn der Täter bei der Tat einen Kuli einstecken hat, mit dem man einem Opfer ja an sich auch ins Auge stechen könnte? Nach e.A. ist bei § 244 I Nr. 1a subj. ein – im Detail unterschiedliche definierter – „Verwendungsvorbehalt“ erforderlich. Somit muss dem Täter nachgewiesen werden, dass er mit z.B. dem Kuli zur Not zustechen wollte. (ähnlich früher BGH, 4 StR 170/05: Das "Beisichführen" setze voraus, dass der Täter das gefährliche Werkzeug bei der Tatausführung „bewusst gebrauchsbereit“ bei sich hatte) Die Verwendungsabsicht wird demgegenüber in der **aktuellen Rspr. des BGH** explizit abgelehnt (BGH, 3 StR 246/07, JuS 2008, 835). Es sei alleine anhand **objektiver Kriterien** eine Einzelfallentscheidung zu treffen. Notwendig ist hiernach ein Gegenstand, der nach seiner objektiven Beschaffenheit geeignet ist, einem Opfer erhebliche Körperverletzungen zuzufügen (BGH, 5 StR 286/12). Zu einer Zange: KG, 161 Ss 208/13, **RA 2014, 213.** **Das gleiche (P) stellt sich bei § 250 I Nr. 1a, nicht aber bei § 250 II Nr. 1**, da das gefährliche Werkzeug dort ja gerade verwendet wird.

Qualifikation: Diebstahl mit sonstigem Werkzeug, § 244 I Nr. 1b (§ 250 I Nr. 1b)	
(P): Scheinwaffen als „sonstiges Werkzeug“	Sonstige Werkzeuge sind z.B. **ungeladene** Schusswaffen bzw. Gas- oder Schreckschusspistolen (BGH, 1 StR 517/18), Stricke oder Stromkabel, mit denen der Täter das Opfer z.B. fesselt (BGH, 4 StR 195/16). Hierbei genügt für das „Beisichführen“, wenn der Täter den Gegenstand in der konkreten Tatsituation ergreift. Von §§ 244 I Nr. 1b), 250 I Nr. 1b werden insbesondere Waffen-Attrappen – die sog. „**Scheinwaffen**“ – erfasst, also Gegenstände, die tatsächlich keine Verletzungen verursachen können und deren Verletzungstauglichkeit der Täter nur vortäuscht. **Nicht** erfasst hingegen werden Gegenstände, die vom äußeren Erscheinungsbild her offensichtlich ungefährlich sind, bei denen der Eindruck einer Gefährlichkeit also ausschließlich auf einer ergänzenden verbalen Vorspiegelung der Gefährlichkeit beruht („**Labello-Fall**“ BGH, NStZ 1997, 184). Ob das Tatopfer im konkreten Einzelfall das objektive Erscheinungsbild selbst beurteilen kann, oder ob der Täter dies durch sein täuschendes Vorgehen gerade vereitelt, ist unerheblich („**Wasserpistolen-Fall**“, BGH, 2 StR 618/10). Anders soll dies bei einem **Schlüssel** sein (BGH, 2 StR 160/16, **RA 2017, 495** = JuS 2018, 85). Ein Schlüssel sei – anders als etwa ein Plastikrohr oder ein Holzstück – ohne Weiteres geeignet, bei einer Verwendung als Schlag- oder Stoßwerkzeug gegen empfindliche Körperstellen durchaus ernsthafte Verletzungen zu verursachen. Grenze ab zu BGH, 2 StR 295/10, JuS 2011, 757: *[Täter betrat eine Tankstelle, stellte eine verschlossene* ***Sporttasche*** *auf die Verkaufstheke, nahm demonstrativ sein Mobiltelefon in die Hand und erklärte dem*

	Verkäufer, in der Tasche befinde sich eine Bombe, die er mit einem „Handy-Signal" zünden werde, wenn ihm nicht das Geld aus der Kasse ausgehändigt werde.] BGH: Für einen objektiven Beobachter war die Gefährlichkeit der vom Angeklagten verwendeten Gegenstände, die er täuschend als „Bombe" bezeichnete, überhaupt nicht einzuschätzen; der äußere Augenschein gab keinen Anhaltspunkt dafür, ob die Behauptung des Angeklagten über die Gefährlichkeit zutraf. Folglich liegt eine „Scheinwaffe" vor. Ebenso BGH, 3 StR 259/15, JA 2016, 71, für einen **Koffertrolley** (allerdings ohne, dass mit einer Fernzündung gedroht wurde). Weiteres Arg.: Bomben werden (auch und gerade bei Attentaten) geradezu typischerweise in Taschen versteckt. Kritik: Die Sporttasche ist aus der Sicht eines objektiven Betrachters offensichtlich ungefährlich. Der Einschüchterungseffekt ist beim Opfer erst durch die Erklärung des Täters entstanden, dass sich in der Tasche eine funktionsfähige Bombe befinde. Folglich beruht auch hier die Einschüchterung maßgeblich auf der Täuschung – wie im Labello-Fall. (Hecker, JuS 2011, 757, 759; Jäger, JA 2016, 71, 73 [Es könne der Fall der Jackentasche, in der sich nur ein Labello befindet, nicht ernsthaft anders behandelt werden als derjenige des Koffers eines Labello-Vertreters, in dem sich nur Labellos befinden.]) Sofern es nach Sachverhalt unklar bleibt, von welcher Beschaffenheit der vom Täter verwendete Gegenstand war, ist der Grundsatz **in dubio pro reo** anzuwenden und davon auszugehen, dass es sich um einen in diesem Sinne evident ungefährlichen Gegenstand handelt, der nicht zur Anwendung von § 250 I Nr. 1 b führt (BGH, 4 StR 298/08; 4 StR 394/06).

Qualifikation: Das „Beisichführen" bei § 244 I Nr. 1 (§ 250 I Nr. 1)	
Def.: Täter **führt** einen Gegenstand **bei sich**, wenn sich dieser in Griffweite befindet oder er sich seiner jederzeit ohne nennenswerten Zeitaufwand bedienen kann.	**(P): Zeitliche Anforderungen** BGH: **Zeitlich** zu irgendeinem Zeitpunkt **zwischen Versuchsbeginn und Beendigung** (also auch zur Beutesicherung) (BGH, 3 StR 362/04). A.A. bestreitet (insbes. mit Hinweis auf Art 103 II GG und § 252, dass ein Beisichführen in der Phase zwischen Vollendung und Beendigung ausreicht, wodurch eine schon begangene Tat qualifiziert würde (sog. **sukzessive Qualifikation**). Näher hierzu unten bei § 250. Ein Beisichführen im **Vorbereitungsstadium** (z.B. bei der Fahrt zum Tatort) oder auf der Flucht nach einem fehlgeschlagenen Versuch (BGH NStZ 1997, 137) reicht nicht aus. **(P): Personelle Anforderungen** Personell muss der Täter oder ein anderer Beteiligter das Werkzeug bei sich führen. **(P): Räumliche Anforderungen** Nicht erforderlich ist, dass der Täter den Gegenstand in der Hand hält oder am Körper trägt; es genügt, wenn er so in seiner räumlichen Nähe ist, dass er ihm unmittelbar zur Verfügung steht, so dass er sich seiner jederzeit ohne nennenswerten Zeitaufwand bedienen kann. Unerheblich ist, ob der Beteiligte den Gegenstand zum Tatort mitbringt, ihn dort erst an sich bringt oder sogar erst aus der Beute erlangt (BGH, 3 StR 263/13, JA 2014, 228, gestohlener Messerblock). Es reicht jedoch nicht aus, wenn er nur zufällig in den Zugriffsbereich des Gegenstandes gelangt. Findet ein Tatbeteiligter das gefährliche Werkzeug also lediglich am Tatort vor und lässt es unangetastet, liegt kein Beisichführen vor (BGH, 3 StR 328/16, JuS 2017, 369). **(P): Berufswaffenträger** (z.B. Polizisten, Soldaten, Wachleute) Es gelten insoweit keine Einschränkungen. Allerdings muss subjektiv zumindest ein „sachgedankliches Mitbewusstsein" vorliegen.

Qualifikation: Wohnungseinbruchsdiebstahl, § 244 I Nr. 3

Def.: **Wohnung** ist ein umschlossener und überdachter Raum, der einem Menschen zumindest vorübergehend als Unterkunft dient, ohne dass jedoch zwingend Schlafräume vorhanden sein müssten. (Achtung: Diese Def. beschreibt nur die Mindestanforderungen an eine Wohnung!)	Unter den Wohnungsbegriff i.S.d. Abs. 1 Nr. 3 fallen **nicht**: • Gasträume eines Hotels, • Gartenlauben, • freistehende Garagen und Nebengebäude, • in größeren Mietshäusern die selbstständigen Gemeinschaftsräume, z.B. Keller Außenflure, Speicher • die Gemeinschaftsräume oder der Empfangsbereich eines Heimes (BGH, 2 StR 129/05); • leerstehende Wohnungen, wohl aber: • Wochenendhäuser (BGH, 5 StR 361/17); • die Zimmer von Heimbewohnern (BGH, 1 StR 378/11); • Flure oder Keller von Einfamilienhäusern wegen der unmittelbaren Verbindung zum Wohnbereich (BGH, 5 StR 361/17), nicht jedoch bei vom Wohnbereich getrennten Kellerräumen eines Mehrfamilienhauses (BGH, 4 StR 112/16, JA 2016, 872); nicht aber zwingend ein an den Wohnbereich direkt angrenzender Schuppen (BGH, 4 StR 173/14 Rn 3 ff.) • ausschließlich beruflich genutzte, aber so in den Wohnbereich integrierte Räume, dass sie eine geschlossene Einheit bilden (BGH, 6 StR 46/21, **RA-Telegramm 2021, 85**), • Wohnmobile und Wohnwagen jedenfalls dann, wenn sie Menschen zumindest vorübergehend zur Unterkunft dienen (BGH, 1 StR 462/16, **RA-Telegramm 2017, 21**), • Hotelzimmer, Bordkabinen (Hecker, JuS 2017, 470, 472, Folge obiger BGH-Entsch.). Ein beim Berechtigten in **Vergessenheit** geratener Schlüssel ist kein **falscher Schlüssel** (BGH, 4 StR 35/20, **RA 2021, 105** = JuS 2021, 370). Zum **Versuchsbeginn** ist darauf zu achten, dass der Täter zur Wegnahme angesetzt haben muss. Dies ist zu bejahen, wenn ein Küchenfenster eines Wohnhauses aufgehebelt wird, um in das Gebäude einzudringen und stehlenswerte Gegenstände zu entwenden (BGH, 4 StR 397/19, **RA 2020, 325** = JuS 2020, 796). Nicht hingegen, wenn er bisher nur in den Garten eines Hauses eingedrungen ist, aus welchem er stehlen möchte (BGH, 2 StR 43/16, JuS 2017, 175). **Konkurrenzen:** Treffen § 244 I Nr. 1 und 3 zusammen, liegt auch aus Gründen der klarstellenden Funktion der Tateinheit § 52 vor (OLG Hamburg, 1 Rev 78/16). § 303 steht in Tateinheit (§ 52), weil – z.B. bei Mietwohnungen – häufig verschiedene Personen verletzt sind (BGH, 2 StR 481/17, **RA-Telegramm 2019, 33** = JA 2019, 386).

Verbrechens-Qualifikation: Wohnungseinbruchsdiebstahl in dauerhaft genutzte Privatwohnung, §§ 244 IV

	Dauerhaft genutzte Privatwohnungen im Sinne des § 244 IV sollen nach dem Willen der Bundesregierung sowohl private Wohnungen und Einfamilienhäuser als auch alle von ihnen nicht getrennten weiteren Wohnbereiche wie Keller-, Treppen-, Wasch- oder Trockenräume sein. Andere Räumlichkeiten, die keine dauerhafte Nutzung als Privatwohnung aufweisen, sollen weiterhin lediglich § 244 1 Nr. 3 und dessen milderem Strafrahmen unterfallen. Die Strafrahmenverschiebung für minder schwere Fälle nach § 244 III findet für Fälle des Absatz 4 keine Anwendung.

Qualifikation: (schwerer) Bandendiebstahl, §§ 244 I Nr. 2, 244a (§ 250 I Nr. 2)

Def.: Mehrere Personen haben sich zur fortgesetzten Begehung von Straftaten, also einer **Bande**, verbunden, wenn sie den gemeinsamen Entschluss gefasst haben, in Zukunft mehrere selbstständige, im Einzelnen ggf. noch ungewisse Taten zu begehen.

„3 x 2“
(mindestens 3 Personen zu mindestens 2 Taten)

guter Übersichtsaufsatz: Oglakioglu, JURA 12, 770

Strafgrund: Effektivität durch Arbeitsteilung. (BGHSt [GS] 46, 321, 324 ff.)

(P): Voraussetzungen der bandenmäßigen Tatbegehung
Mindestens 3 Personen müssen sich mit dem ernsthaften Willen zusammengeschlossen haben, künftig für eine gewisse Dauer mehrere selbstständige im Einzelnen noch ungewisse Straftaten zu begehen (sog. **„Bandenabrede“)**. Eine Bandenabrede bedarf keiner ausdrücklichen Vereinbarung; vielmehr genügt eine stillschweigende Übereinkunft, die auch aus dem konkret feststellbaren wiederholten deliktischen Zusammenwirken mehrerer Personen hergeleitet werden kann (BGH, 2 StR 313/20). Dabei kommt auch eine **„Spontan-Gründung“** einer Bande in Betracht (OLG Hamm, 3 RVs 22/14). Eine Verbindung für einen überschaubaren Zeitraum genügt; es bedarf weder einer „gewissen Regelmäßigkeit" noch der Absprache einer „zeitlichen Dauer" der zu begehenden Straftaten Die Beschränkung auf eine bestimmte Begehungsart gegen denselben Gewahrsamsinhaber schadet ebenfalls nicht (BGH, 4 StR 193/15). Haben sich die Täter jedoch von vornherein nur zur Begehung einer einzigen Tat verabredet und in der Folgezeit („künftig die Augen offen halten“) – auf der Grundlage eines jeweils neu gefassten Tatentschlusses – weitere Straftaten begangen, so fehlt es an einer Bandenabrede (BGH, 2 StR 441/14).
Nach vorheriger Bandenabrede kann auch eine **von nur zwei Mitgliedern** verübte Tat als Bandentat zu qualifizieren sein, da das für das Vorliegen einer Bande erforderliche dritte Mitglied nicht in die konkrete Tatbegehung eingebunden sein muss (BGH, 2 StR 313/20; Wortlaut: „unter Mitwirkung *eines* anderen Bandenmitglieds“). Der bandenmäßigen Begehung steht es auch nicht entgegen, wenn die Tatbeute lediglich zwischen den unmittelbar Beteiligten der jeweiligen Einzeltat und nicht innerhalb der an der Bandenabrede Beteiligten aufgeteilt wird (vgl. BGH, 5 StR 38/06). Ebenso schadet es nicht, wenn nicht festgestellt werden kann, ob über die beiden tatbeteiligten Bandenmitglieder hinaus ein weiteres Bandenmitglied Kenntnis von der Begehung der Taten hatte (BGH, 2 StR 93/11). Jedoch muss die Tat „Ausfluss der Bandenabrede“ sein (BGH, 2 StR 93/11).

Mindestens einer der konkret Tatbeteiligten muss Täter sein. Andere Bandenmitglieder können bei der konkreten Tat auch als Anstifter oder Gehilfen mitwirken. Allerdings kann es keine „Teilnehmer-Bande“ geben. (Vgl. BGH, 3 StR 119/12, JuS 2013, 177).
Die Wegnahmehandlung selbst kann auch ein Nichtbandenmitglied vornehmen.
Anwesenheit am Tatort ist nicht nötig. Das Merkmal „unter Mitwirkung“ stellt also nur klar, dass nicht ein Bandenmitglied alleine einen Bandendiebstahl begehen kann. (Achtung: Dies ist bei §§ 260, 260a anders! Vgl. Wortlaut!)
Fazit: „Countdown-Prinzip“:

- **Drei** Personen braucht eine Bande mindestens.
- **Zwei** Bandenmitglieder müssen mindestens an der konkreten Tat beteiligt sein.
- **Ein** Bandenmitglied muss als Täter an der Tat mitwirken.
- **Null** Bandenmitglieder müssen am Tatort anwesend sein.

Nicht alle Bandenmitglieder müssen sich kennen, es genügt, wenn sie über ein „Bindeglied“ voneinander wissen. Umgekehrt hindert aber auch die Tatsache, dass die Beteiligten sich persönlich verbunden sind, die Bejahung einer Bande nicht (BGH, 2 StR 180/06).
Eine Bandenabrede kann auch durch **aufeinanderfolgende Vereinbarungen** entstehen, etwa dergestalt, dass ein Dritter von einem Bandenmitglied informiert wird und sich der deliktischen Vereinbarung anschließt (BGH, 2 StR 6/12).

Weiterhin muss die **Einzeltat Ausfluss der Bandenabrede** sein.
Daran fehlt es, wenn die Täter (auch, wenn sie Mitglied einer Bande sind) **ausschließlich im eigenen Interesse** handeln (BGH, 2 StR 529/11). Indizien hierfür: die nicht unmittelbar mitwirkenden Bandenmitglieder erhalten keinen Beuteanteil und es werden keine Tatmittel der Bande verwendet.
Auch eine z.B. dreimalige Beteiligung an einer Bandentat macht einen Beteiligten nicht zwingend zum Bandenmitglied, wenn keine verbindliche Bandenabrede nachgewiesen ist (BGH, 2 StR 186/14).

(P): Bandenmitgliedschaft und § 28
Die Bandenmitgliedschaft ist **besonderes persönl. Merkmal i.S.v. § 28 II** (BGH, 2 StR 60/14, **RA 2014, 605**). ➔ Beteiligte, die selbst nicht Bandenmitglieder sind, können nur wegen Beteiligung am Grunddelikt bestraft werden.

(P): Beteiligung an der konkreten Tat
Für jedes Bandenmitglied muss für jede Tat der Bande gesondert festgestellt werden, dass Beiträge zur konkreten Tat erbracht wurden. Die Abgrenzung von Mittäterschaft und Beihilfe (oder Anstiftung) richtet sich nach den allgemeinen Grundsätzen. **Niemals darf die (Mit-) Täterschaft mit dem Hinweis auf die Bandenmitgliedschaft bejaht werden** (BGH, 3 StR 538/15, **RA 2016, 325;** 3 StR 403/12 für § 263 III 2 Nr. 1).
Eine Diebesbande kann nicht aus Hehlern und Dieben gemischt sein (anders bei §§ 260 I Nr. 2, 260a – vgl. Wortlaut!). Jedoch kann die Zusicherung der Hehlereihandlung bereits eine psychische Beihilfe zum Diebstahl darstellen, wodurch die Mitgliedschaft in der Diebesbande begründet werden kann (BGH, 4 StR 70/14; 4 StR 395/05).

Unterschlagung, § 246

I. Tatbestand
- **1. Fremde bewegliche Sache**
- **2. Zueignung**
  - **a) Zueignungswille**
    - **aa) Aneignungswille**
    - **bb) Enteignungswille**
  - **b) Manifestationshandlung**
- **3. Rechtswidrigkeit der Zueignung**
- **4. Vorsatz**

II. Rechtswidrigkeit und Schuld

Tathandlung: Zueignung

__Def.:__ **Zueignung** ist die Manifestation des Zueignungswillens in objektiv erkennbarer Weise.

Aneignungswille ist der Wille, die Sache selbst oder den in ihr verkörperten Sachwert wenigstens vorübergehend dem eigenen Vermögen oder dem Vermögen eines Dritten einzuverleiben.

Enteignungswille ist der Wille, den Berechtigten auf Dauer aus seiner Eigentümerposition zu verdrängen, d.h. ihm die Sache selbst oder den in ihr verkörperten Sachwert auf Dauer zu entziehen.

Zueignung ist bei § 246 ein objektives Merkmal.
Während § 242 I eine Aneignungs*absicht* voraussetzt, ist für § 246 I im subj. TB ein Aneignungs*wille* ausreichend (vgl. unterschiedlichen Wortlaut!).

(P): Manifestationstheorien (z.B. Fundunterschlagung**)**
enge (Maßstab: neutraler Beobachter) und weite (Maßstab: vom Zueignungswillen wissender Beobachter) Manifestationstheorie

Die enge Th. führt bei der Fundunterschlagung zur Ablehnung der Strafbarkeit, da der Täter die Fundsache auch zum Fundbüro bringen könnte („neutrale Handlung"). BGH folgt – trotz der Beweisprobleme in der Praxis – der weiten Theorie.

Das bloße **Unterlassen der geschuldeten Rückgabe** einer Sache kann nicht als Manifestation des Zueignungswillens angesehen werden. Erforderlich ist vielmehr, dass der Täter ein Verhalten an den Tag legt, das den sicheren Schluss darauf zulässt, dass er die Sache dem Eigentümer auf Dauer entziehen und sie dem eigenen Vermögen einverleiben will (OLG Brandenburg, 1 Ss 45/09).

(P): „sich zueignet" beim bloßen Diebstahlsversuch
Der bloße Diebstahlsversuch ist zwar eine „Manifestation des Zueignungswillens", jedoch ist eine **restriktive Auslegung** nötig, wenn die Tat keine „Vollendungskomponente" aufweist. Anderenfalls wäre beim Rücktritt vom Diebstahlsversuch § 246 dennoch i.d.R. vollendet, wodurch der Rücktritt faktisch leerlaufen würde.
§ 246 darf in derartigen Fällen nur bejaht werden, wenn der Versuch eine „**Vollendungskomponente**" hat. Diese wird – bei gleichen Ergebnissen – unterschiedlich umschrieben: Erlangung von Gewahrsam, bzw. Besitz bzw. einer Nähebeziehung zur Sache. Ein Beispiel ist die oben bei § 242 (Wegnahme) behandelte **Diebesfalle**. Wenn § 246 neben einem versuchten Diebstahl bejaht wird, stellt sich das Problem der Reichweite der Subsidiaritätsklausel (dazu unten). [Das (P) kann sich sogar schon bei Vorbereitungshandlungen ergeben; s.o. beim Trickdiebstahl: Das Verbergen der Sache im Verpackungskarton könnte an sich auch schon als Manifestation des Zueignungswillens gewertet werden. Hier (erst Recht) restriktive Auslegung nötig.]

(P): Wiederholte Zueignung
Kann nach einem vollendeten Vermögensdelikt durch eine zeitlich spätere Tat erneut eine (wiederholte) Unterschlagung begangen werden?

[Fall: Dieb vermietet die gestohlene Sache an einen Gutgläubigen.]

	BGH (**Tatbestandslösung**): (-), da der Täter sich die gleiche Sache nicht mehrfach zueignen kann. Anderenfalls auch Verjährungs-(P) wg. sich ständig wiederholender weiterer Zueignungen, für die stets eine neue Verjährungsfrist beginnen würde (auch hier wirkt sich also die Weite des Merkmals der Zueignung aus). h.L. (**Konkurrenzlösung**): (+), da sonst mangels Haupttat Strafbarkeitslücken für Teilnehmer an der wiederholten Zueignungshandlung entstehen können. Für den Haupttäter tritt die wiederholte Tat nach § 246 I als mitbestrafte Nachtat auf Konkurrenzebene zurück. Jedenfalls § 246 in Tatmehrheit bei **Schadensvertiefung**. Bsp.: Eigentumsverlust des Alteigentümers durch wiederholte Zueignungshandlung, nachdem er z.B. durch den vorausgehenden § 263 [kein Abhandenkommen i.S.v. § 935 I BGB] nur seinen Besitz verloren hat). *[Fall: Betrüger verkauft die durch den Betrug erlangte Sache an einen Gutgläubigen, der nunmehr das Eigentum an der Sache erwirbt.]* [Rückausnahme – also keine Schadensvertiefung – bei Tatobjekt Geld; wegen § 935 II BGB ist der Eigentumsverlust ohnehin vorgezeichnet.] **(P): Subsidiaritätsklausel** Gilt nach BGH (Wortlaut) ohne Rücksicht auf die Klarstellungsfunktion des Tenors; deshalb nach BGH z.B. im o.g. Fall der **Diebesfalle** nur Bestrafung wg. Versuchs des § 242, nach a.A. Tateinheit, § 52, um die „Vollendungskomponente" im Tenor zu verdeutlichen. **§ 246 II:** Auch für die sog. „**veruntreuende Unterschlagung**" gilt die Subsidiaritätsklausel des Abs. 1. § 246 II tritt also zurück, wenn die konkurrierende Norm einen höheren Strafrahmen hat, als § 246 II. Für die Frage, ob eine schwerere Strafandrohung vorliegt, kommt es auf den im Einzelfall anwendbaren Strafrahmen an, einschließlich eines Sonderstrafrahmens für besonders schwere Fälle (BGH, 2 StR 137/12). Dass die Subsidiaritätsklausel nicht greift, schließt nicht aus, dass § 246 II nach den allgemeinen Konkurrenzregeln zurücktritt.
Qualifikation § 246 II (veruntreuende Unterschlagung) ***Def.:*** **Anvertraut** im Sinne des § 246 II sind Sachen, deren Besitz oder Gewahrsam dem Täter in dem Vertrauen eingeräumt worden ist, er werde die Gewalt über sie nur im Sinne des Einräumenden ausüben.	Hierfür genügt es, dass er Besitz oder Gewahrsam an einer Sache kraft eines Rechtsgeschäfts mit der Verpflichtung erlangt hat, sie zurückzugeben oder zu einem bestimmten Zweck zu verwenden. Hierbei handelt es sich um ein besonderes persönliches Merkmal im Sinne des § 28 II, das nur bei demjenigen Täter oder Teilnehmer zur Strafschärfung führt, bei dem es vorliegt (BGH, 2 StR 59/13).

Unbefugter Gebrauch eines Fahrzeugs, § 248b

I. Tatbestand
1. Tatobjekte
Kraftfahrzeug, § 248b IV oder Fahrrad
2. Tathandlung
a) Ingebrauchnehmen
b) gegen den Willen des Berechtigten
3. Vorsatz bzgl. 1. und 2.
II. Rechtswidrigkeit
III. Schuld
IV. Strafantrag, § 248b III
V. Subsidiarität, § 248b I aE

Ingebrauchnehmen gegen den Willen des Berechtigten Aufsatz: Bock, JA 2016, 342	***[Fall** (BGH, 2 StR 73/14, JuS 2015, 82)**:** T hatte einen Pkw gemietet. Nach Ablauf der Mietdauer brachte er das Fahrzeug zunächst nicht zurück, sondern nutzte es für einige Wochen als Schlafgelegenheit. Nachdem er wieder ein richtiges Dach über dem Kopf gefunden hatte, fuhr T das Fahrzeug zurück zur Autovermietung und stellte es auf dem Betriebsgelände ab.]* § 248b (-): Dem Ingebrauchnehmen ist ein unbefugtes Ingebrauchhalten gleichgestellt (Nutzung eines Mietwagens nach Ende der Mietdauer). Aber: T muss Fahrzeug in Gang setzen; hier nur Nutzung als Schlafgelegenheit. Fahrt zur Vermietungsstation erfolgte nicht „gegen den Willen des Berechtigten“, da sie nur dazu diente, das Fahrzeug an ihn zurückzuführen.

Betrug, § 263

I. Tatbestand
1. **Täuschung über Tatsachen**
2. **Täuschungsbedingter Irrtum**
3. **Irrtumsbedingte Vermögensverfügung**
4. **Verfügungsbedingter Vermögensschaden**
5. **Vorsatz bzgl. 1. bis 4.**
6. **Absicht rechtswidriger und stoffgleicher Bereicherung**
   a) **Bereicherungsabsicht**
   b) **Stoffgleichheit der beabsichtigten Bereicherung**
   c) **Rechtswidrigkeit der beabsichtigten Bereicherung**
   d) **Vorsatz bzgl. b) und c)**

II. Rechtswidrigkeit
III. Schuld
III. Besonders schwerer Fall, § 263 III

Objektive Voraussetzungen: Täuschung, dadurch Irrtum, dadurch Verfügung, dadurch Schaden

Def.: **Täuschung** ist jede intellektuelle Einwirkung auf das Vorstellungsbild eines anderen, die geeignet ist, eine Fehlvorstellung über Tatsachen hervorzurufen oder aufrechtzuerhalten. **Tatsachen** sind alle vergangenen oder gegenwärtigen Zustände oder Geschehnisse, die dem Beweis zugänglich sind.	Ob es eine „unvorsätzliche Täuschung" geben kann, ist ein fruchtloser Streit. In diesem Fall fehlt es jedenfalls am Vorsatz zur Täuschung. *Faustformel*: Konkludent miterklärt ist eine Tatsache, wenn das Verhalten des Täters ansonsten widersprüchlich wäre. Maßgeblich ist der Erklärungswert, der dem Gesamtverhalten des Täters nach Empfängerhorizont und Verkehrsanschauung zukommt (BGH, 2 StR 573/15). Beispiele: Das Eingehen einer vertraglichen Verpflichtung enthält die konkludente Erklärung des Erfüllungswillens und der Erfüllungsfähigkeit des Der Abschluss eines Vertrages enthält die Erklärung des Vorliegens der Umstände, die den jeweiligen Geschäftstyp ausmachen, d.h. die **Geschäftsgrundlage** bilden. Dem Angebot auf Abschluss eines Vertrages ist also z.B. regelmäßig die konkludente Erklärung zu entnehmen, dass der in Bezug genommene Vertragsgegenstand nicht vorsätzlich zum eigenen Vorteil manipuliert wird. *Bsp.:* Es ist bei Abschluss einer Lebensversicherung von Anfang an geplant, den eigenen Tod vorzutäuschen (BGH, 3 StR 552/08, **„Al Qaida-Fall"**) oder der Täter wettet auf den Ausgang eines Spiels dessen Ergebnis er durch Bestechung des Schiedsrichters beeinflussen will (Hoyzer-Fall, BGH, 5 StR 181/06; aktuell BGH, 4 StR 125/12; sofern die Tat an Wettautomaten oder in Form von Internetwetten begangen wird, kommt **§ 263a I 3. Var.** in Betracht, BGH, 4 StR 496/15, **RA 2016, 273**). **Merksatz: Das Verschweigen einer vorausgegangenen oder zukünftig geplanten Manipulation stellt im Rahmen von Austauschverhältnissen regelmäßig eine konkludente Täuschung über die Geschäftsgrundlage dar.** Zur **Abgrenzung:** Erhält der Wettende einen Tipp, dass ein Spiel manipuliert sei, und hält er diese Information nicht für sicher, aber für möglich, und wettet daraufhin entsprechend, ohne den Betreiber des Wettbüros über diese Umstände aufzuklären, fehlt es bei Unaufklärbarkeit einer tatsächlichen Spielmanipulation für einen Betrugsversuch gegenüber dem Wettanbieter am Täuschungsvorsatz (BGH, 4 StR 479/13, JuS 2014, 658). **ACHTUNG: Das sind keine Ausführungen zum Schaden! Dazu näher unten!**

Fortsetzung Täuschung ***Def.:*** **Täuschung** ist jede intellektuelle Einwirkung auf das Vorstellungsbild eines anderen, die geeignet ist, eine Fehlvorstellung über Tatsachen hervorzurufen oder aufrechtzuerhalten. **Tatsachen** sind alle vergangenen oder gegenwärtigen Zustände oder Geschehnisse, die dem Beweis zugänglich sind.	In dem **Einfordern einer Leistung**, auf die kein Anspruch besteht, liegt nur dann eine betrugsrelevante Täuschung über Tatsachen, wenn entweder ein Bezug zu einer unzutreffenden Tatsachenbasis hergestellt oder die rechtliche Wirksamkeit des Anspruchs wahrheitswidrig als gesichert dargestellt wird (BGH, 4 StR 426/18; 2 StR 573/15). (+) bei einer Einziehung von Geld vom Girokonto. (-) beim bloßen Ansatz überhöhter Gegenstandswerte für Unterlassungsbegehren (hier: im Fall einer Abmahnung nach § 8 UWG) in einer anwaltlichen Gebührenberechnung (OLG Köln, III-1 RVs 67/13) Bei der **Beantragung eines Pfändungs- und Überweisungsbeschlusses** (PfÜb) wird der Bestand der titulierten Forderung **nicht** konkludent behauptet. Der Rechtspfleger als Vollstreckungsorgan hat bei Erlass eines PfÜb nur die formalen Voraussetzungen der Zwangsvollstreckung zu untersuchen. Eine Prüfungskompetenz hinsichtlich der zu vollstreckenden Forderung (Titelforderung) steht ihm nicht zu. (BGH, 2 StR 497/15, **RA-Telegramm 2016, 13;** 4 StR 292/13, **RA 2014, 156**) Das **dingliche Übereignungsangebot** enthält die konkludente Erklärung, dass zumindest eine Verfügungsbefugnis besteht. Die bloße **Entgegennahme einer Leistung** enthält **nicht** die konkludente Erklärung, dass diese Leistung auch geschuldet sei (z.B. wenn die Kassiererin im Supermarkt zu viel Wechselgeld herausgibt). Das Angebot oder die Lieferung einer Sache enthält grds. **nicht** die konkludente Erklärung, dass die Sache mangelfrei sei. Das **Angebot** einer Ware oder Leistung **zu einem bestimmten Preis** enthält grds. **nicht** die konkludente Erklärung, dieser Preis sei angemessen oder üblich (BGH, 1 StR 458/10). Es ist vielmehr Sache des Käufers, abzuwägen und sich zu entscheiden, ob er die geforderte Vergütung aufwenden will. Für den Verkäufer besteht bis zur Grenze der Sittenwidrigkeit und des Wuchers grundsätzlich auch keine Pflicht zur Offenlegung des Werts des Kaufobjekts, selbst wenn dieser erheblich unter dem geforderten Preis liegt. Danach stellt auch die **Nichtoffenlegung** von im Preis enthaltenen **Provisionsanteilen, die den Kaufpreis erhöhen,** für sich genommen noch kein betrugsrelevantes Täuschungsverhalten dar (BGH, 5 StR 547/14). **Anders** aber, wenn ein Preis nicht frei verhandelbar ist, sondern durch eine gesetzliche Regelung (z.B. Gebührensatzung) festgeschrieben ist. Die Abrechnung enthält dann die konkludente Erklärung, dass sie der gesetzlichen Regelung entspricht (5 StR 394/08, [Gebühren für Stadtreinigung]). **Täuschung über die Üblichkeit:** Ist bei einem Werkvertrag (hier: **Schlüsseldienst**) ein individuelles Entgelt nicht vereinbart und rechnet der Werkunternehmer nach Erbringung seiner Sachleistung ab, erklärt er konkludent, das geforderte Entgelt entspreche dem gem. **§ 632 II BGB** als vereinbart geltenden Üblichen (BGH, 1 StR 113/19, **RA-Telegramm 2020, 113**). Auch **keine** konkludente Täuschung bei Verfügung über Geldbeträge aus Fehlbuchungen bzw. -überweisungen auf Girokonto. Ebenso nicht bei Geldabhebung am Geldautomaten. Arg.: Es ist Aufgabe des Kontoführers, also der Bank, den Stand des Kontos zu überprüfen. Ebenso **nicht** bei Einreichen eines gestohlenen Inhaberschecks, da sich bei diesem die Berechtigung bereits aus dem bloßen Besitz ergibt (BGH, 2 StR 69/07).

Fortsetzung Täuschung	Streitig ist die Strafbarkeit von sog. „**Ping-Anrufen**". (Aufsatz: Kölbel, JuS 2013, 193) Hierbei erfolgt ein Lockanruf, der jedoch nach einmaligem Signalton sofort abgebrochen wird. Viele Opfer glauben, evtl. einen wichtigen Anruf verpasst zu haben, und rufen zurück. Anschließend wird versucht, das Opfer möglichst lange in der Leitung und an der Mehrwertnummer zu halten, um möglichst viel an Gebühren abzuzocken. Der BGH, 3 StR 342/13, **RA 2014, 380**, und das OLG Oldenburg, 1 Ws 371/10, JuS 2010, 1119) haben § 263 bejaht: In dem „Ping-Anruf" liege die **konkludente Erklärung**, dass der Anrufende kommunizieren möchte. Gegenargument: Der Ping-Anruf unterscheide sich vom äußeren Vorgang nicht vom Anruf eines Teilnehmers, der sich verwählt habe, und damit relativ zum Angerufenen kein sinnvolles Kommunikationsverlangen verfolge. Zum **Schaden**: Es dürfte ein Gefährdungsschaden vorliegen, da mit dem Rückruf die konkrete Gefahr der Rechnungsstellung besteht (Erb, ZIS 2011, 368, 370; Eiden, JURA 2011, 863, 867). **(P): Täuschung durch wahre Aussagen** Nach der Rspr. des BGH schließt Leichtgläubigkeit oder Erkennbarkeit der Täuschung bei hinreichend sorgfältiger Prüfung die Schutzbedürftigkeit des potenziellen Opfers und damit eine Täuschung nicht aus. Eine Täuschung kann grds. auch dann gegeben sein, wenn der Erklärungsempfänger bei sorgfältiger Prüfung den wahren Charakter der Erklärung hätte erkennen können. Zur tatbestandlichen Täuschung wird das Verhalten hierbei, wenn der Täter die Eignung der – isoliert betrachtet – inhaltlich richtigen Erklärung, einen Irrtum hervorzurufen, planmäßig einsetzt und damit unter dem Anschein äußerlich verkehrsgerechten Verhaltens gezielt die Schädigung des Adressaten verfolgt wird, wenn also die Irrtumserregung nicht nur die bloße Folge, sondern der Zweck der Handlung ist (BGHSt 47, 1, 5; BGH, 2 StR 437/13 (Handelsregister-Fall) – „**rechnungsähnliches Angebotsschreiben**"). Bestätigt für den ähnlich gelagerten Fall der „**Abo-Fallen**" im Internet. Dabei wird durch die Gestaltung der Seite deren Kostenpflichtigkeit gezielt und bewusst verschleiert (BGH, 2 StR 616/12, **RA 2014, 492** = JuS 2014, 1043 = JA 2014, 790; OLG Frankfurt, 1 Ws 29/09, JuS 2011, 470). **Merke: Nötig ist in dieser Fallgruppe also sowohl eine objektive (= objektive Eignung der Erklärung zur Irrtumserregung) als auch eine subjektive (= direkter Vorsatz) Komponente.** **(P): Rechtsauffassungen als Tatsachen** Anders als im Zivilprozess, dessen abschließende Entscheidungen durch einen selbst rechtlich kompetenten Richter ergehen, stellen außergerichtliche Darstellungen von Rechtsauffassungen gegenüber einem Verbraucher mit dem Ziel, diesen zu einer Zahlungsverpflichtung durch Vergleich zu bewegen, eine Tatsachenbehauptung dar. (Für ein Abmahnschreiben, AG Düsseldorf, 57 C 669/13) **(P): Täuschung durch Unterlassen, §§ 263 I, 13** Ein Betrug durch Unterlassen kommt nur in Betracht, wenn es eine Pflicht zur Aufklärung über den wahren Sachverhalt gibt. Aus Gesetz folgt die **Aufklärungspflicht** z.B. bei § 4a II Nr. 1 RVG (BGH, 4 StR 586/13, JuS 2014, 1133 = JA 2015, 74 [Erfolgshonorar bei Abrechnung nach RVG setzt voraus, dass die voraussichtliche gesetzliche Vergütung genannt wird].

	Auch besteht diese, wenn objektiv (aber unvorsätzlich) getäuscht wurde. Sehr weitgehend soll dies nach BGH aber auch gelten, wenn sich nach dem Vertragsschluss diejenigen vermögensrelevanten Umstände verändern, deren Fortbestehen Grundlage weiterer Vermögensverfügungen des Getäuschten ist (BGH, 1 StR 466/16, **RA 2017, 381**). Diese ergibt sich nicht als Nebenpflicht oder aus Treu und Glauben (§ 242 BGB) aus einer normalen Vertragsbeziehung. Deshalb besteht z.B. keine Pflicht, über zuviel herausgegebenes Wechselgeld aufzuklären. Anders kann dies bei Dauerschuldverhältnissen und bei ständigen Geschäftsbeziehungen zwischen Kaufleuten sein. Allerdings besteht aus dem Girovertrag keine Aufklärungspflicht gegenüber der Bank.
Kausalität von Täuschung und Irrtum	M.M. verlangt äquivalente Kausalität („conditio sine qua non"), Joecks/ Jäger, § 263 Rn 78. BGH, 1 StR 407/11, formuliert, dass es ausreicht, dass die Täuschung den Irrtum mitverursacht hat.
Def.: **Irrtum** ist jede Fehlvorstellung über Tatsachen. Ein Irrtum wird **erregt**, wenn er durch das Verhalten des Täters hervorgerufen wird. Ein Irrtum wird **unterhalten**, wenn der Täter eine bereits bestehende Fehlvorstellung bestärkt oder deren Aufklärung verhindert. **Personenmehrheiten** als solche können nicht Subjekt eines Irrtums sein. Vielmehr muss bei arbeitsteilig tätigen Unternehmen oder Organisationen auf die konkret entscheidenden (und verfügenden) Personen abgestellt werden (**BGH, 06.03.2019, 3 StR 286/18**).	Die Fehlvorstellung des Betrugsopfers muss nicht stets reflektiert sein; reines Nichtwissen (**ignorantia facti**) genügt aber nicht. Es genügt, wenn der Getäuschte das aus bestimmten Tatsachen abgeleitete Gefühl hat, es sei „alles in Ordnung" (sog. **„sachgedankliches Mitbewusstsein"**). So z.B. die Vorstellung des Opfers, dass das Geld echt sei, bei Zahlung mit Falschgeld (BGH, 3 StR 162/13, **RA 2014, 106**). Selbst ohne konkrete Prüfung der Rezepte durch einen Krankenkassenmitarbeiter im Einzelfall kann im **standardisierten**, auf Massenerledigung angelegten **Abrechnungsverfahren** der jeweilige Mitarbeiter hinsichtlich jeder einzelnen geltend gemachten Position die positive Vorstellung haben, sie sei nach Grund und Höhe berechtigt (BGH, 2 StR 109/14). Merke: Was nicht zum (z.B. durch den Arbeitgeber vorgegebenen) „Prüfungsprogramm" des Einzelnen gehört, kann auch nicht Irrtumsgegenstand sein. **(P): Zweifel des Getäuschten** h.M.: ausreichend für täuschungsbedingten Irrtum, wenn Tatsache für *möglicherweise* wahr gehalten wird (z.B. Geldanlagebetrug; vgl. auch die Begleichung einer „lästigen" Forderung, OLG Frankfurt, 2 Ws 51/17, **RA 2019, 49** = JuS 2019, 404) **(P): Irrtum bei Versäumnisurteil und im Mahnverfahren** **Versäumnisurteil**: Wegen § 331 ZPO sehr str., ob beim Richter ein Irrtum erregt wird, da dieser den Vortrag der anwesenden Partei als unstreitig werten müsse. Sehr str. auch im Fall des **Mahnverfahrens**. Gegen die wohl h.L. haben der BGH, 4 StR 491/11 und das OLG Celle, 31 Ss 29/11, die Merkmale des (versuchten) Betrugs bejaht: <u>Zur Täuschung:</u> e.A. (-), da aus den im Antrag enthaltenen kargen Angaben keine Behauptungen bezüglich tatsächlicher Umstände herausgelesen werden können. Wohl h.M. (+), da die Angaben zumindest einen objektivierbaren Tatsachenkern haben.

	<u>Zum Irrtum:</u> **h.L. (-);** wg. § 691 I Nr. 2 ZPO (keine Prüfung der Schlüssigkeit der Klage!) mache sich der Rechtspfleger über das Bestehen der Forderung keine Gedanken (übrigens: meist automatisiertes Verfahren; im automatisierten Verfahren § 263a möglich mit paralleler Problemstellung) **BGH und OLG Celle (+)**, da der Rechtspfleger zumindest die Vorstellung habe, dass der Anspruch möglicherweise bestehe. Er habe das sachgedankliche Mitbewusstsein, dass die Angaben eines Antragstellers in tatsächlicher Hinsicht der Wahrheit entsprechen. Dies folge daraus, dass er bei offensichtlich unbegründeten Forderungen den Mahnbescheid nicht erlassen dürfe. <u>Zur Vermögensverfügung:</u> Der Erlass des Mahnbescheids selbst begründet noch nicht einmal eine Vermögensgefährdung im Sinne des Betrugstatbestandes. Denn die Gefahr eines Vermögensschadens durch Vollstreckung droht erst mit Erlass und Zustellung des Vollstreckungsbescheides wirklich konkret. Allerdings kann nach OLG Celle der auf den Erlass des Vollstreckungsbescheids gerichtete Wille des Angeklagten den Tatentschluss zur Vermögensverfügung begründen, weshalb der Antrag auf Erlass des Mahnbescheids jedenfalls schon einen strafbaren Versuch begründe. (Kaum überzeugend, da es sich wohl eher um eine bloße Vorbereitungshandlung handeln dürfte.) Gegen einen Tatentschluss spricht auch, dass bei allen Mahngerichten das Mahnverfahren maschinell bearbeitet wird, § 689 I 2 ZPO. Vor diesem Hintergrund dürfte ein Tatentschluss zur Bejahung eines Irrtums beim Rechtspfleger schwerlich vorliegen. In Betracht kommt dann allerdings eine Strafbarkeit wegen Versuchs des § 263a. Hierzu weiterführend unten bei § 263a und z.B. Rengier, BT I, § 13 Rn 48).
<u>Def.:</u> **Vermögensverfügung** ist jedes Handeln, Dulden oder Unterlassen des Opfers, das sich unmittelbar vermögensmindernd auswirkt.	**Ungeschriebenes Merkmal zur Schließung der „logischen Lücke" zwischen Irrtum und Schaden** **⇨ Betrug ist Selbstschädigungsdelikt** **(P): Notwendigkeit des Verfügungsbewusstseins** I.d.R. (-) [Forderungsbetrug], aber (+) zur Abgrenzung zur Wegnahme beim Diebstahl [Sachbetrug]. **(P): „Trickdiebstahl"** **Das irrtumsbedingte Verhalten des Getäuschten muss unmittelbar – also ohne, dass zusätzliche (deliktische) Zwischenschritte erforderlich sind – die Vermögensminderung herbeiführen.** Daran fehlt es, wenn das irrtumsbedingte Verhalten des Opfers dem Täter nur die Möglichkeit gibt, den Vermögensschaden durch weitere selbstständige deliktische Schritte herbeizuführen, m.a.W. die Sache zumindest leichter wegnehmen zu können. In diesem Fall: § 242. Mithin liegt kein Betrug (in mittelbarer Täterschaft) vor, wenn der Hintermann einen gutgläubigen Dritten dazu veranlasst, eine Sache zunächst in dessen eigenen – vertragsgemäßen – Gewahrsam zu bringen, ohne dass von vornherein aus der Sicht des Dritten vorgesehen war, die Sache an den Hintermann abzuliefern **(**BGH, 2 StR 579/15). **(P): Verborgene Gegenstände an der Kasse** *[Fall: An der Kasse werden Gegenstände vor der Kassiererin verborgen (z.B. Austausch der in einer Verpackung befindlichen Ware).]* In diesem Fall nach BGH **konkretes** Verfügungsbewusstsein der Kassiererin (also § 242) nach M.M. abstraktes Verfügungsbewusstsein (also § 263). Achtung: § 263, wenn die **Verpackung durchsichtig** ist, da

Fortsetzung Vermögensverfügung ***Def.:*** **Vermögensverfügung** ist jedes Handeln, Dulden oder Unterlassen des Opfers, das sich unmittelbar vermögensmindernd auswirkt.	dann jedenfalls konkretes Verfügungsbewusstsein, da die Kassiererin die Ware sieht. Das Verbergen der Ware im Verpackungskarton an sich ist noch kein § 246. Zur restriktiven Auslegung in diesem Fall vgl. oben bei § 246. (Bisher hat der BGH nur das Fall des **Verbergens der Ware im Einkaufswagen** entschieden und mit o.g. Begründung § 242 bejaht; BGHSt 41, 198 ff.) **(P): Dreiecksbetrug** Näheverhältnis zw. Verfügendem und Geschädigtem nötig, um den Charakter als Selbstschädigungsdelikt aufrecht zu erhalten. H.M. (BGH, 1 StR 41/17, **RA 2017, 499**): **Lagertheorie** [ausreichend, dass der Verfügende schon vor der Tat im Lager des Geschädigten steht; *„näher als jeder x-beliebige Dritte"*], M.M.: Befugnistheorie [nötig sei rechtliche Ermächtigung zur Verfügung]. Sofern das Näheverhältnis fehlt, liegt ein Diebstahl in mittelbarer Täterschaft vor. So z.B. wenn F dem „Liebes-schwindler" M Gold aus dem Tresor ihrer Eltern überlässt, um ihm über einen „Engpass" hinweg zu helfen (BGH, 1 StR 41/17, **RA 2017, 499** = JA 2017, 950). **Sonderfall: Prozessbetrug** (Betrug ggü. dem Gericht zum Nachteil der anderen Prozesspartei.) Nähebeziehung folgt aus der rechtlichen Befugnis des Richters, kraft hoheitlicher Stellung Anordnungen unmittelbar zu Lasten fremden Vermögens zu treffen (vgl. § 300 I ZPO). Beachte: Beim Geschädigten muss nicht zwingend auch ein Irrtum vorliegen. Es genügt (ist aber auch unverzichtbar), dass beim Verfügenden der Irrtum vorliegt. Bsp.: Beim Prozessbetrug kennt die geschädigte Partei den wahren Sachverhalt; der Irrtum liegt beim verfügenden Gericht (vgl. BGH, 1 StR 558/07). **(P): Abwehr von Bußen oder Strafen** Wer eine Strafe oder eine Buße durch Täuschung desjenigen abwehrt, der berechtigt wäre, die Strafe auszusprechen (Richter, Stadtpolizist), macht sich nicht wegen Betrugs strafbar. Die Nichtverhängung der Strafe stellt keine Vermögensverfügung dar, da die „Erwartung der zu zahlenden Strafe" keine gesicherte Erwerbsaussicht darstellt und diese Erwartung auch nicht dem Sinn der Strafe bzw. Buße entspricht. (OLG Köln, StraFo 2001, 352 [Abwehr eines „Knöllchens"]) **(P) „Phishing"-Fall** Der Täter versucht in diesen Fällen mittels gefälschter E-Mails an vertrauliche Indentifikationsdaten (z.B. PIN und Kennwort für Online-Banking) zu gelangen. Diese soll das Opfer auf der „Täter-Homepage" (z.B. täuschend ähnlich gestaltet wie die Homepage der „echten" Bank) eingeben. Wenn das Opfer die Daten eingibt, hat der Täter Zugriff auf das Kundenkonto. Alleine hierin liegt aber noch keine unmittelbare Verfügung über das Vermögen des Bankkunden. Auch die Fallgruppe des Gefährdungsschadens führt nach h.M. zu keinem anderen Ergebnis, da der bloße Kontozugriff alleine noch keine unmittelbare Gefahr für das Vermögen begründet.
Def.: **Vermögensbegriffe: rein wirtschaftlicher Vermögensbegriff** (BGH, 2 StR 335/15, **RA 2017, 610**):	Hintergrund des Streits: **(P): Vermögensdelikte im „Ganovenmilieu"** *Kann man einem Dieb z.B. einen Teil seiner Beute i.S.d. § 253 abpressen?* *Kann z.B. der gedungene Mörder den Auftraggeber betrügen, indem er Vorkasse kassiert, obwohl er die Tat nicht ausführen will?*

Hiernach umfasst das Vermögen die Gesamtheit aller vermögenswerten Güter und Rechtspositionen einer Person. Der **juristisch-ökonomische Vermögensbegriff** verlangt zusätzlich, dass sie unter dem Schutz der Zivilrechtsordnung stehen und nicht rechtlich missbilligt werden. ***Beachte: Dieser Streit hat auch Relevanz im Bereich der Erpressung.***	Jur.-ökon.: Nein – rein wirtschaftl.: Ja, da die faktische Besitzposition am Geld zivilrechtlich geschützt wird, weshalb die Sittenwidrigkeit des Rechtsgeschäfts keine Rolle spielt (BGH, 5 StR 595/17, **RA-Telegramm 2018, 49** = JuS 2018, 595: Betrug zum Nachteil des „IS"; 3 StR 130/18, **RA 2018, 444**: Vertreiben der Ex aus der Wohnung). Der Besitz illegaler **Betäubungsmitteln** stellt nach BGH „Vermögen" i.S.d. Strafrechts dar (BGH, 2 StR 335/15, **RA 2017, 610**). *Kann man einen Auftragskiller um seinen Mordlohn betrügen?* Wohl allg. Ansicht § 263 (-), da der strafbar eingesetzten „Arbeitskraft" des Killers auch kein „faktischer" Wert innewohnt. Anders, wenn Freier die Prostituierte um ihren Lohn bringt: § 1 ProstG gewährt der Prostituierten einen durchsetzbaren Anspruch. Es kommen dann § 263 oder §§ 253, 255 in Betracht (1 StR 435/15, **RA 2016, 329, 330**, zu § 263). <u>Aber:</u> Der von einer Prostituierten **erzwungene Geschlechtsverkehr** stellt keinen Vermögenswert dar, sodass eine (versuchte) Vergewaltigung, nicht als (versuchte) räuberische Erpressung strafbar ist, sondern gem. §§ 177, 240 IV 2 Nr. 1. (BGH, 4 StR 189/13; a.A.: Rengier, BT I, § 11 Rn 44) (Dadurch wird das Opfer in ihrer wahren Rolle des weiblichen Opfers sexueller Gewalt wahrgenommen und nicht in ihrer beruflichen Rolle, in der sie in Fällen dieser Art sicherlich selbst nicht gesehen werden will.) Beachte: Auch nach BGH liegt kein Vermögensnachteil vor, wenn das Opfer um eine „Forderung" gebracht wird, die faktisch nicht durchsetzbar ist und die der „Schuldner" auch nicht bereit ist, zu erfüllen. Einer derartigen „Forderung" fehlt jeglicher wirtschaftlicher Wert (BGH, 4 StR 58/08). Parallel im Fall der Vermögenslosigkeit des Schuldners (BGH, 3 StR 279/06). ⇨ *<u>Gutachten</u>: I.d.R. wird das Problem der Vermögensbegriffe in Lehrbüchern beim Schaden behandelt, gehört aber im <u>Gutachten</u> im Rahmen des Betrugs (wohl) schon zur Vermögensverfügung (so Satzger, JURA 2009, 518, 519).*
<u>Def.:</u> Ein **Vermögens-schaden** liegt vor, wenn der Gesamtwert des Vermögens des Opfers durch die Vermögens-verfügung verringert wurde. Das Vorliegen eines Schadens wird festgestellt durch einen Vergleich des Vermögens des Opfers vor und nach der Tat: Besitzt das Opfer nach der Tat weniger Vermögen als davor, so liegt ein Schaden vor. Zur Ermittlung des jeweiligen Vermögens des Opfers ist eine **Gesamtsaldierung** vorzunehmen, d.h. sämtliche Aktiva und Passiva, also Rechte und Verbindlichkeiten des	**(P): Eingehungsbetrug** Gegeben, wenn schon im Zeitpunkt des Vertragsschlusses die geschuldete Leistung im Vergleich mit der versprochenen Gegenleistung kein Äquivalent darstellt. Wird allerdings der Getäuschte nur zur **Zug-um-Zug-Leistung** verpflichtet, begründet der Vertragsabschluss für sich genommen keinen Eingehungsbetrug. Es liegt dann noch kein Gefährdungsschaden vor, weil der Getäuschte seine Leistung von der Gegenleistung abhängig machen und sich damit jederzeit selbst vor dem Schaden bewahren kann. Für den **Versuchsbeginn** ist grundsätzlich ein ernst gemeintes, von einer Täuschungshandlung begleitetes Vertragsangebot ausreichend, das in der Vorstellung erfolgt, der andere Teil werde es möglicherweise annehmen (OLG Hamm, 1 RVs 72/16). Mit dem Abschluss des Lebensversicherungsvertrags liegt bereits ein Vermögensschaden vor und der Eingehungsbetrug ist damit vollendet, wenn der Versicherungsnehmer darüber getäuscht hat, dass er den Versicherungsfall fingieren will, um die Versicherungssumme geltend machen zu lassen. (BGH, 3 StR 552/08) Erschleicht sich der Täter durch Täuschung über seine Zahlungswillig- und Zahlungsfähigkeit den Aufenthalt in einem Hotel, liegt bereits mit der Überlassung des Hotelzimmers ein vollendeter Eingehungsbetrug vor; eine spätere Zahlung berührt den tatbestandlichen Schaden nicht (BGH, 4 StR 141/17).

Vermögensinhabers, sind mit ihrem jeweiligen Verkehrs- bzw. Marktwert zu addieren. (Ausführlich: *Satzger*, JURA 2009, 518 ff.)	**(P): Erfüllungsbetrug** **Die Erfüllung einer täuschungsbedingt eingegangenen, vermögensnachteiligen Verpflichtung vertieft den bereits eingetretenen Schaden.** Beide Verfügungen und die durch sie ausgelösten Nachteile bilden zusammen eine Betrugstat. Dabei ist für die Schadensfeststellung jedenfalls dann allein auf die Erfüllungsphase abzustellen, wenn der Getäuschte seine Verpflichtung aus dem Vertrag restlos erfüllt hat und der mit dem Vertragsschluss ausgelöste Nachteil deshalb vollständig in dem durch die Vertragserfüllung herbeigeführten Schaden enthalten ist (BGH, 4 StR 125/12 und 4 StR 55/12). Dies gilt auch einer neuen Variante des **Provisionsvertreterbetrugs**, in welcher der Vertreter seinem Auftraggeber vorgespiegelt hatte, höhere Preise für Kunstwerke gezahlt zu haben als dies tatsächlich der Fall war, um so höhere Einkaufs-Provisionen abrechnen zu können. Dies stellt jedoch nach Auffassung des BGH selbst dann einen Betrug dar, wenn die angegebenen falschen Kaufpreise dem tatsächlichen Wert der Kunstwerke entsprechen (BGH, 4 StR 317/15, **RA 2016, 441**). **(P): Anstellungsbetrug** Dieser ist ein Fall des Eingehungsbetruges. Schon im Abschluss des Vertrages und dem Eingehen der Verpflichtung zur Gehaltszahlung ist die vermögensmindernde Verfügung des „Dienstherrn" zu erblicken (BGH, 3 StR 221/18, **RA 2020, 48**). Die Dienstbezüge des **Beamten** sind beamtenrechtlich kein Entgelt für die Dienstleistungen des Beamten, sondern werden aufgrund der Fürsorgepflicht gewährt (sog. „Alimentationsgedanke"). Ein Vermögensschaden ist demzufolge dann gegeben (vgl. BGH, 3 StR 221/18, **RA 2020, 48**), wenn - der Beamte **mangels fachlicher Fähigkeiten** die von ihm erwarteten Leistungen nicht erbringen kann, - der Täter trotz ordnungsgemäßer Leistungen persönlich einer derartigen Stellung **unwürdig** erscheint, - der Täter die (nach der LaufbahnVO) **erforderliche Vorbildung** fehlt. Bei einem **privatrechtlichen Arbeitsverhältnis** (auch im öffentlichen Dienst) ist der Lohn grundsätzlich Äquivalent für die geleistete Arbeit. Ein Vermögensschaden scheidet daher regelmäßig aus, wenn die tatsächlich geleisteten Dienste sachlich dem entsprechen, was bei einer derartigen Tätigkeit als Leistung objektiv erwartet werden kann. Ein Vermögensschaden kann aber trotz befriedigender Leistungen gegeben sein, wenn - die Bezahlung mit Rücksicht auf eine besondere Vertrauensposition besonders hoch festgesetzt wird (z.B. Geschäftsführer, Prokurist), - die Arbeitsleistung nach der Verkehrsanschauung nicht nur nach ihrem Effekt, sondern auch im Hinblick auf eine bestimmte Ausbildung besonders bewertet wird (z.B. Ingenieurstudium bei Statikern, nicht aber Abitur bei Putzfkraft). **(P): Vorübergehende Entziehung des Besitzes** Diese ist für sich gesehen nur dann vermögensschädigend, wenn die betroffene Sache einen wirtschaftlichen Wert hat und entweder (teilweise) abgenutzt oder verbraucht werden soll oder wenn die konkrete Besitzübertragung im Geschäftsverkehr gewöhnlich an ein Entgelt geknüpft ist und ein solches nicht erbracht wird (BGH, 3 StR 552/17, JuS 2018, 917).

Fortsetzung Vermögensschaden ***Def.:*** Ein **Vermögensschaden** liegt vor, wenn der Gesamtwert des Vermögens des Opfers durch die Vermögensverfügung verringert wurde.	**(P): „Spaßbestellungen“** *[Fall (LG Kiel, NStZ 2008, 219): T bestellt unter Verwendung des Namens seiner Ex-Freundin an insgesamt 30 Tagen „Sextoys“ bei Orion, um sie zur Verzweiflung zu bringen.]* Hier liegt der Vermögensnachteil von Orion in der nutzlos erbrachten Arbeitsleistung und den nutzlosen Transportkosten. Hierauf bezieht sich (als notwendiges Zwischenziel) wohl auch die Bereicherungsabsicht des Täters (der Täter erspart sich die Aufwendungen z.B. für den Versand als stoffgleiche Bereicherung). **Beachte in derartigen Fällen § 238 I Nr. 3** (Nachstellung)! **(P): Befreiung von einer Verbindlichkeit** Ein kompensationsfähiger Vermögenszuwachs tritt beispielsweise ein, soweit das Vermögen von einer Verbindlichkeit in Höhe des Verlusts befreit wird. Dies gilt auch dann, wenn (1.) die Verbindlichkeit durch „falsche Versprechungen“ begründet wurde, aber die Voraussetzungen des § 123 BGB nicht vorliegen (BGH, 3 StR 102/15) und (2.) wenn die Verbindlichkeit schwer zu beweisen wäre. Beispiel zu (2.) (BGH, 3 StR 444/10): Schuldner verweigert Begleichung einer Forderung. Gläubiger fingiert daraufhin einen weiteren – nicht existierenden – Vertrag, wobei er von Anfang an plant, Zahlungen auf den fingierten Vertrag auf die tatsächlich bestehenden Forderungen anzurechnen. BGH: Kein Betrug, wenn durch die Tat unmittelbar eine Befreiung von dem bestehenden Anspruch eintritt. Hierfür ist es erforderlich, dass der Handelnde das durch rechtswidrige Mittel, etwa Täuschung, Erlangte zu seinem bestehenden Anspruch in Beziehung gebracht hat, um auszuschließen, dass der Schuldner sowohl auf den bestehenden als auch auf den fingierten Anspruch leistet. **(P): Täuschung über Umstände, die Verkehrswert bestimmen** Wird bei einem Kauf über Umstände getäuscht, die den Verkehrswert der Sache maßgeblich mitbestimmen, erleidet der dadurch zum Kaufabschluss bewogene Kunde einen Schaden regelmäßig nur dann, wenn die Sache objektiv den vereinbarten Preis nicht wert ist. Unerheblich ist demgegenüber regelmäßig, ob die gelieferte Ware von geringerem Wert ist als die vertraglich vereinbarte. (Plagiatsfelgen-Fall: BGH, 2 StR 79/12, JuS 2013,81 = JA 2012, 952) **(P): Abrechnungsbetrug (Sozialversicherungsrecht)** Mit Einreichung der Rechnung durch einen Pflegedienst wird konkludent darüber getäuscht, dass die eingesetzten Pflegekräfte die vereinbarte Qualifikation aufweisen. Sind diese auf Grund ihrer unzureichenden Qualifikation nicht in der Lage, eine vertraglich vorausgesetzte hinreichende Versorgung des Patienten in Notfallsituationen zu gewährleisten, stellen die tatsächlich erbrachten Leistungen des Pflegedienstes nicht nur eine Schlechtleistung dar, sie stehen vielmehr einer Nichterbringung der vertraglich geschuldeten Leistung gleich, selbst wenn die Leistungen im Übrigen ordnungsgemäß erbracht wurden. Parallel zum Abrechnungsbetrug bei kassen- und privatärztlichen Leistungen ist daher der Kranken- und Pflegekasse ein Betrugsschaden in voller Höhe der an die Angeklagte gezahlten Beträge entstanden. (BGH, 4 StR 21/14) (Mögliche Kritik: Die Kasse hätte ansonsten an einen anderen Pflegedienst auch die volle Summe zahlen müssen.) **(P): Spenden- und Bettelbetrug** Zwar Schaden nach Gesamtsaldierung, jedoch wollte Spender gar kein wirtschaftliches Äquivalent. Dennoch Schaden wegen „sozialer Zweckverfehlung“. (BGH, 1 StR 343/11) Liegt jedoch gar keine „Spende“ vor,

	weil zum regulären Preis gekauft wird, stellt die Vorstellung, einen sozialen Zweck zu fördern, einen bloßen Motivirrtum dar, welcher keinen Schaden begründet. Diese Fallgruppe kommt auch in Betracht, wenn vorgetäuscht wird, an einer Uni immatrikuliert zu sein und der Täter so beim Bundesverwaltungsamt die Bewilligung eines **Bildungskredits** bewirkt (OLG Hamburg, 1 Rev 62/17 = **RA 2018, 277)**; ebenso wenn der Pächter einer Kundentoilette einen Teller aufstellt, ohne darauf hinzuweisen, dass das **Trinkgeld** den Mitarbeitern nicht zusätzlich zu dem ihnen im arbeitsvertraglich geschuldeten Entgelt zufließt (LSG Berlin-Brandenburg, L 9 KR 384/12, JA 2015, 632). Insoweit unterschiedl. Begründungsmuster: M.M.: § 263 verlange unbewusste Selbstschädigung, deshalb eigentlich kein Schaden, aber Schaden wegen Zweckverfehlung. H.M.: § 263 erfasst auch bewusste Selbstschädigung. Bei Erreichung des sozialen Zwecks wird der eigentlich eingetretene Schaden aber kompensiert. (Fazit: recht fruchtloser Streit) ABER (-) bei *„Spenderlisten-Fall"*, da reiner Motivirrtum, wenn mehr Geld gespendet wird, um den angeblich spendablen Nachbarn zu übertrumpfen.
Vermögensschaden Sonderfall: Gefährdungsschaden	**(P): Schadensgleiche Vermögensgefährdung / Gefährdungsschaden** BVerfG, 2 BvR 1980/07, akzeptiert die Rspr. des BGH, weil und solange eine „konkrete" Vermögensgefährdung gefordert werde, die mit nachvollziehbaren Kriterien (alsbaldiger Eintritt des endgültigen Schadens, vom Berechtigten nicht mehr kontrollierbare Möglichkeit des endgültigen Vermögensverlustes) ausgefüllt werde. Weiterhin bedarf es im Falle der Annahme eines Eingehungsbetrugs einer ausreichenden Beschreibung und **Bezifferung** des täuschungsbedingten Vermögensschadens (BGH, 5 StR 442/11). **Regel:** Schaden oder Vermögensnachteil im Rahmen des Betrugs- und Untreuetatbestands sind grundsätzlich nach **wirtschaftlichen Maßstäben** bestimmen und deren Höhe konkret zu beziffern. Normative Gesichtspunkte können bei der Schadensbestimmung berücksichtigt werden, sie dürfen wirtschaftliche Überlegungen aber nicht überlagern oder verdrängen. Streitig sind die Auswirkungen der BVerfG-Rspr. auf folgende Fälle: ⇨ **Lebensversicherungs-Fall** Entgegen dem BGH (BGH, 3 StR 552/08, **„Al Qaida-Fall"**) hat das BVerfG (BVerfG, 2 BvR 2500/09, 2 BvR 1857/10) im „Al Qaida-Fall" (Es ist bei Abschluss einer Lebensversicherung von Anfang an geplant, den eigenen Tod vorzutäuschen.) die konkrete Vermögensgefährdung verneint. Es dürfte wohl sogar ein versuchter Eingehungsbetrug ausscheiden, da es noch wesentliche Zwischenschritte gab (hierzu Waßmer, HRRS 2012, S. 370 f.). ⇨ **Täuschung über Bonität des Vertragspartners** Generell liegt in den Fällen der **Täuschung über die Bonität** ein Schaden (nicht bloßer Gefährdungsschaden) vor, weil eine Forderung gegen einen nicht solventen Schuldner einen geringeren wirtschaftlichen Wert hat als eine Forderung gegen einen solventen Schuldner. So z.B. für den Fall der Kreditvergabe trotz mangelnder Bonitätsprüfung (BGH, 3 StR 576/08, für § 266).

Fortsetzung: **Vermögensschaden Sonderfall: Gefährdungsschaden**	⇨ **Anlagebetrug (Schneeballsystem)** Auch hier geht der BGH von einem endgültigen Schaden aus (BGH, 1 StR 731/08, JuS 2009, 756). Generell verlangt der BGH bei „**Risikogeschäften**", dass Mindestfeststellungen getroffen werden, um den Minderwert der Gegenleistung und den insofern eingetretenen wirtschaftlichen Schaden (unter Beachtung des Zweifelssatzes) zu schätzen (BGH, 616/10). ⇨ **Kontoeröffnungsbetrug** Gefährdungsschaden, wenn sich der Täter unter Täuschung über seine Zahlungswilligkeit eine **Girocard** erschleicht und diese plant, im PIN-Verfahren (POS-System) einzusetzen. Grund: Im PIN-Verfahren erteilt der Kartenaussteller gegenüber dem Leistungserbringer eine Einlösungsgarantie (abstraktes Schuldversprechen). Durch die Überlassung von **Girocard** und PIN hat der Täter nunmehr die Möglichkeit, diese Garantie auszulösen (BGH, 4 StR 485/08). Gleiches, wenn der Täter unter falschen Bonitätsangaben eine **Kreditkarte erschleicht**. Bei einer bloßen **Kundenkarte (2-Personen-Verhältnis)** liegt hingegen **kein** Gefährdungsschaden vor, da die Karte nur beim Ausgebenden eingesetzt werden kann, der insoweit die Kontrolle über Umfang und Häufigkeit des Einsatzes behält. Gefährdungsschaden der Inkasso-Bank bei **Einreichung eines gefälschten Schecks** gegeben, wenn der Kontoinhaber die Möglichkeit hat, auf den gutgeschriebenen Betrag zuzugreifen und die Inkassobank durch ihr Rückbelastungsrecht nicht hinreichend gegen eine Vermögenseinbuße gesichert ist (BGH, 4 StR 669/11). ⇨ **Mahnverfahren** Dazu oben Problem 2 beim Irrtum. ⇨ **Erschleichung eines Pfändungs- und Überweisungsbeschlusses** An der für einen Gefährdungsschaden notwendigen hinreichend großen Verlustwahrscheinlichkeit fehlt es, wenn der PfÜB aufgrund des fehlenden Vollstreckungstitels nichtig ist (BGH, 2 StR 497/15, **RA-Telegramm 2016, 13**). ⇨ **(P): Persönlicher / individueller / subjektiver Schadenseinschlag** **Nach Gesamtsaldierung eigentlich kein Schaden. Dennoch liegt ein persönlicher Schadenseinschlag vor,** • bei **individuell unbrauchbarer Leistung** (BGH, 3 StR 171/17 = JA 2018, 949; z.B. „Melkmaschinen-Fall" [BGHSt 16, 321]; ist die Sache nicht von vornherein unbrauchbar (so bei BGH, 1 StR 343/11) ist Voraussetzung, dass eine bestimmte Art der Nutzbarkeit zugesichert wurde); (-), wenn Planungsleistung nicht vom „Stararchitekt", sondern von „normalem" Architekten erbracht wird (BGH, 4 StR 194/09) • bei Beeinträchtigung der wirtschaftlichen Dispositionsfreiheit Ob diese Rechtsfigur angesichts der neueren Rspr. des BVerfG in Teilen einer Korrektur bedarf, lässt der BGH, 5 StR 182/14, offen. Die geäußerten Zweifel des 5. Senats sind unbegründet. Die Rechtsfigur des persönlichen Schadenseinschlags beruht im Kern auf einer an wirtschaftlichen Maßstäben orientierten Schadensbewertung und entspricht damit den o.g. Anforderungen des BVerfG (Schlösser, HRRS 2014, 395, 397; Steinert, HRRS 2014, 58 61, 67; Schmidt, NJW 2015, 284, 286; explizit BVerfG, 2 BvR 1235/11 unter D. I. 2. b). Es besteht daher kein Anlass, die Fallgruppe des persönlichen Schadenseinschlags aus verfassungsrechtlichen Gründen einzuschränken. Ein Schaden in Höhe des vollen Betrags der Vermögensminderung liegt jedoch nur vor,

sofern die Gegenleistung zum einen aus der Sicht eines objektiven Dritten für den Getäuschten unbrauchbar und zugleich der **Wiederverkauf** ausgeschlossen ist.

Erpressung: Die Rechtsfigur des individuellen Schadenseinschlags gilt auch bei §§ 253, 255: Die Angeklagten hatten das Opfer durch Drohung mit gegenwärtiger Gefahr für Leib und Leben dazu gezwungen, ihnen Wein abzukaufen. Sofern nach obigen Ausführungen ein Schaden ausscheidet, kommt nur § 240 in Betracht (BGH, 2 StR 186/15, **RA 2015, 674**).

⇨ (P): (modifizierte) Makeltheorie
BGH bisher: Schadensgleiche Vermögensgefährdung beim nur gutgläubigem Erwerb, wenn

- Gefahr der Strafverfolgung wg. Hehlerei,
- Gefahr des Ansehensverlustes in Umwelt, oder
- Gefahr eines Herausgabeprozesses (In dieser Allgemeinheit nunmehr aufgegeben, da der im Prozessrisiko liegende Schaden i.S.d. neuen Rspr. des BVerfG bezifferbar sein müsse; BGH, 3 StR 115/11. Das Prozessrisiko, nach gutgläubigem Erwerb einer Sache von dem vorherigen Eigentümer auf Herausgabe verklagt zu werden, führt regelmäßig nicht zur vollständigen Entwertung der Eigentümerposition und damit zu einer schadensgleichen Vermögensgefährdung in diesem Umfang. Bei einem gutgläubigen Erwerb des Getäuschten müssen daher grundsätzlich die Parameter für die Berechnung der Höhe eines solchen (Gefährdungs-)Schadens und die (geschätzte) Höhe dieser Vermögenseinbuße angegeben werden. Nur **ausnahmsweise – bei völliger Wertlosigkeit** der erworbenen Position – kann der Schaden die Höhe des gesamten Kaufpreises erreichen (BGH, 3 StR 105/16, **RA 2016, 609**). So nach BGH, wenn ein Kfz übereignet wird, das dem Eigentümer auf der Basis einer GPS-Ortung und unter Zuhilfenahme polnischer Polizeibehörden umgehend wieder entzogen werden soll und das Eigentum nur auf der Basis vorgelegter gefälschter Fahrzeugpapiere übertragen wurde, BGH, 1 StR 337/14, JuS 2015, 949 = JURA 2015, 1136 = JA 2015, 947.) **Kritik:** Das Urteil belegt, dass sich das Recht der Erwerberin letztlich nachweisen ließ, so dass die Eigentumsposition werthaltig war. Normative Gesichtspunkte dürfen bei der Schadensbestimmung auch nach BVerfG eine Rolle spielen. Sie dürfen die wirtschaftliche Betrachtung allerdings nicht verdrängen (BVerfG, 2 BvR 2500/09, Rn 176). Genau das scheint im vorliegenden Fall geschehen zu sein. Kritisch und lesenswert auch Brüning, ZJS 2015, 535, 538.

Demgegenüber ist die Makeltheorie nach h.L. generell abzulehnen, da nach BGB vollwertiges Eigentum erworben wurde (Arg.: Einheit der Rechtsordnung), also kein Schaden vorliegt.

<u>Klausurtipp:</u> Nach Ablehnung der Makelth. meist Folgeproblem: Im Rahmen des § 246 die wiederholte Zueignung mit dem Sonderfall der Schadensvertiefung.

Hinweis: **Fall Hoyzer** (**Wettmanipulation (Sportwettenbetrug)** durch Bestechung des Schiedsrichters) ist **kein** Fall der bloßen Vermögensgefährdung.

Nach Ansicht des **5. Senats** war ein „***Quotenschaden***“ (**BGHSt 51, 165** Rn 32 f.; ebenso und lesenswert *Satzger*, JK 9/07, StGB 263/80) gegeben. Durch die Manipulationen sei das Wettrisiko erheblich zugunsten der täuschenden Wettkunden verschoben worden.

	Abweichend in der Begründung mit Rücksicht auf BVerfG, 2 BvR 2500/09 nun BGH, 4 StR 55/12 und 4 StR 580/11: Der **Schaden** sei **der Höhe nach zu beziffern** und nachvollziehbar darzulegen. Der Tatrichter muss ggf. mit sachverständiger Hilfe die Wahrscheinlichkeit eines Wetterfolges und dessen Beeinflussung durch die Manipulationen beurteilen und danach den wirtschaftlichen Wert sowohl der bedingten Verbindlichkeit (Zahlung des Wettgewinns) als auch des gegenüberstehenden Anspruchs (Behaltendürfen des Wetteinsatzes) des getäuschten Wettanbieters bestimmen. *[Diese Anforderung ist für eine Klausur zu komplex!]* In den Fällen, in denen die Wettanbieter den entsprechend der vereinbarten Quote berechneten **Gewinn ausbezahlt** und dadurch für sich einen Vermögensverlust in Höhe der Differenz zwischen Wetteinsatz und Wettgewinn herbeigeführt haben, ist jeweils Vollendung mit einem Schaden in dieser Höhe eingetreten (BGH, 4 StR 496/15, **RA 2016, 273, 275**). *Abschließend zum Thema Sport und Betrug: Hausarbeit zu Betrug und **Doping** bei Kett-Straub/Müller, JA 2013, 182.*
Absicht rechtswidriger und stoffgleicher Bereicherung	
Def.: **Bereicherungsabsicht** Vermögensvorteil ist jede günstigere Gestaltung der Vermögenslage.	Nötig ist Absicht (d.d. 1. Grades). Bereicherungsabsicht ist weniger als Zueignungsabsicht, vgl. z.B. den Fall der Gebrauchsanmaßung oder eine Besitzerlangung ohne Zueignungsabsicht (BGH, 2 StR 504/19, **RA-Telegramm 2020, 129**).
Def.: **Stoffgleichheit** der beabsichtigten Bereicherung ist gegeben, wenn diese die Kehrseite des Vermögensschadens beim Opfer darstellt, was der Fall ist, wenn Vorteil und Schaden auf derselben Verfügung beruhen und der Vorteil zu Lasten des geschädigten Vermögens geht.	263 ist Vermögensverschiebungsdelikt. Also muss der Nachteil des Geschädigten aufgrund der gleichen Verfügung zum Vorteil beim Bereicherten führen sollen. Vorteil und Nachteil müssen „Kehrseite der gleichen Medaille" sein. **(P): Provisionsvertreter-Fall** Kein § 263 ggü. und zum Nachteil des Kunden zum Vorteil des Provisionsvertreters, weil der Vertreter seine Provision nicht direkt vom Kunden erhält. Aber drittbegünstigender Betrug, da Vertreter die Bereicherung der vertretenen Firma erstrebt, weil er sonst seine Provision nicht erlangt („notwendiges Zwischenziel"). Ist die Firma seriös, weiterer 263 bei Geltendmachung des Provisionsanspruchs.
Def.: **rechtswidrig** ist die vom Täter beabsichtigte Bereicherung dann, wenn sie im Widerspruch zur materiellen Rechtsordnung steht, d.h. wenn der Täter – oder bei einer Drittbereicherungsabsicht der Dritte – keinen fälligen, durchsetzbaren Anspruch auf die Bereicherung hat.	In diesen Fällen ist i.d.R. schon der Schaden fraglich und i.d.R. nur nach dem wirtschaftlichen Vermögensbegriff zu bejahen, nach dem juristisch-ökonomischen Vermögensbegriff i.d.R. zu verneinen. *[Das ist ein weiteres Argument für den rein wirtschaftlichen Vermögensbegriff, da anderenfalls das gesetzliche Merkmal der Rechtswidrigkeit des erstrebten Vorteils weitgehend überflüssig wäre.]*

Regelbeispiele, § 263 III	
Regelbeispiel § 263 III 2 Nr. 1 (Gewerbsmäßigkeit)	Wenn der Täter in der Absicht handelt, sich durch wiederholte Tatbegehung eine fortlaufende Einnahmequelle von einiger Dauer und einigem Umfang zu verschaffen. Ist dies der Fall, dann ist schon die Erste der ins Auge gefassten Tathandlungen als gewerbsmäßig anzusehen. (BGH, 2 StR 609/10) Für die Gewerbsmäßigkeit reicht aus, dass sich der Täter **mittelbare Vorteile** aus den Tathandlungen verspricht (BGH, 3 StR 291/16), etwa wenn die Vermögensvorteile an einen von ihm beherrschten Verein fließen; insoweit ist erforderlich, dass der Täter ohne weiteres auf diese Vorteile zugreifen kann. Eines tatsächlichen Zugriffs bedarf es hierfür allerdings nicht. Maßgeblich und ausreichend ist vielmehr eine dahingehende Absicht. (BGH, 1 StR 343/11)
Regelbeispiel § 263 III 2 Nr. 2 1. Fall (Vermögensverlust großen Ausmaßes)	Bezugspunkt ist nicht der erlangte Vorteil des Täters, sondern allein die Vermögenseinbuße beim Opfer. Das Ausmaß der Vermögenseinbuße ist daher auch bei Betrugsserien, die nach den Kriterien der rechtlichen oder natürlichen Handlungseinheit eine Tat bilden, opferbezogen zu bestimmen. Eine Addition der Einzelschäden kommt insoweit nur in Betracht, wenn die tateinheitlich zusammentreffenden Betrugstaten dasselbe Opfer betreffen. (BGH, 1 StR 529/10; BGH, 4 StR 55/12) Schadenshöhe: Mindestens 50.000 € Nach wohl h.M. genügt – anders als für den Vermögensschaden im Grunddelikt – eine bloße **Vermögensgefährdung** nicht (Rengier, BT I, § 13 Rn 278).
Regelbeispiel § 263 III 2 Nr. 2 2. Fall (Gefahr des Verlustes von Vermögenswerten für große Zahl von Menschen)	Für die verlangte „Absicht“ genügt sicheres Wissen (d.d. 2. Grades); es liegt ein Fall der „Schädigungstendenz“ vor. Mindestzahl: 20 Personen Da Absicht genügt, kann schon die erste Tat das Regelbeispiel erfüllen.
Qualifikation § 263 V (Bandenbetrug)	Qualifiziert ist ein Betrug, wenn er sowohl bandenmäßig als auch gewerbsmäßig begangen wurde; liegt nur eines dieser Merkmale vor, handelt es sich um ein Regelbeispiel für einen besonders schweren Fall des Betrugs. Die Annahme eines Bandenbetrugs setzt neben einer Bandenabrede zwischen mindestens drei Personen voraus, dass der Täter den Betrug gerade als Mitglied der Bande begeht. Die einzelne Tat muss Ausfluss der Bandenabrede sein und darf nicht losgelöst davon ausschließlich im eigenen Interesse der jeweils unmittelbar Beteiligten ausgeführt werden (BGH, 3 StR 291/16, **RA 2017, 161**). Achtung: Im Unterschied zu §§ 244 I Nr. 2, 244a I, 250 I Nr. 2 wird hier nicht verlangt, dass „unter Mitwirkung eines anderen Bandenmitglieds“ gehandelt wird. Deshalb kann unter o.g. Bedingung auch ein Bandenmitglied alleine einen Bandenbetrug begehen.
Klausuren zu den Vermögensdelikten: z.B. Mitsch, JuS 2012, 911; Tetzlaff, JuS 2013, 152	

Erschleichen von Leistungen, § 265a

Erschleichen der Beförderung durch ein Verkehrsmittel	Im objektiven TB ist ein „Erschleichen" der Leistung verlangt. Der Begriff enthält nach allgemeinem Wortsinn ein täuschendes Element. Deshalb muss der Täter „eigentlich" in manipulativer Weise Kontroll- oder Sicherungsvorkehrungen umgehen bzw. ausschalten. Da es aber in vielen deutschen Städten in den U-Bahnhöfen keine Zugangsbarrieren gibt, hat die Rspr. auf das Massenphänomen des „Schwarzfahrens" mit einer Modifikation dieser Regelvoraussetzung reagiert. Es soll ausreichen, dass der Täter ein Verkehrsmittel unberechtigt benutzt und sich dabei allgemein mit dem Anschein umgibt, er erfülle die nach den Geschäftsbedingungen des Betreibers erforderlichen Voraussetzungen (BGH, NJW 2009, 1091). Hierfür genügt jedenfalls das bloße Betreten des Verkehrsmittels ohne gültigen Fahrschein (OLG Hamm, 5 RVs 103/18; OLG Frankfurt a.M., 1 Ss 336/08; a.A. viele Stimmen der Lit.). Auch ein für den Fall der Fahrscheinkontrolle vorgesehener Vorbehalt in Form eines auf der Kleidung angebrachten Schildes in Scheckkarten-Größe, mit dem die fehlende Zahlungswilligkeit zum Ausdruck gebracht wird, ist nicht geeignet, den äußeren Anschein zu erschüttern oder zu beseitigen (KG, (4) 1 Ss 32/11, JuS 2011, 1042; OLG Köln, 1 RVs 118/15, **RA 2016, 50** „Ich fahre schwarz"; OLG Frankfurt, 1 Ss 253/16 „Ich fahre umsonst").

Untreue, § 266

I. Tatbestand
- **1. Missbrauchstatbestand, § 266 I 1. Fall**
  - **a) Verfügungs- oder Verpflichtungsbefugnis**
  - **b) Missbrauch der Befugnis**
  - **c) Vermögensbetreuungspflicht**
  - **d) Vermögensnachteil**
  - **e) Kausalität b) – d)**
  - **f) Vorsatz bzgl. a) – e)**
- **2. Treuebruchstatbestand, § 266 I 2. Fall**
  - **a) Vermögensbetreuungspflicht**
  - **b) Pflichtverletzung**
  - **c) Vermögensnachteil**
  - **d) Kausalität b) – c)**
  - **e) Vorsatz bzgl. a) – d)**

II. Rechtswidrigkeit
III. Schuld
IV. Besonders schwerer Fall, §§ 266 II i.V.m. 263 III

1. Alt. (Missbrauchs-TB) ist spezieller als 2. Alt. (Treubruchs-TB). Nach h.M. verlangt auch (schon nach dem Wortlaut der Norm) die 1. Alt. eine Vermögensbetreuungspflicht.

Def.: Eine **Vermögensbetreuungspflicht** i.S.v. § 266 I 2. Fall ist gegeben, wenn dem Täter im Rahmen eines fremdnützigen Schuldverhältnisses Raum für eigenverantwortliche Entscheidungen eingeräumt	Zu **bejahen**: z.B. Vermögensverwalter, Filialleiter, Hauptlagerverwalter, Hauptkassierer, Betreuer. Bejaht von BGH, 4 StR 409/10, für den **Gerichtsvollzieher** gegenüber dem Vollstreckungsgläubiger im Rahmen des ihm erteilten Vollstreckungsauftrags. Möglich durch **Rechtsgeschäft**. Der nähere Inhalt des Treueverhältnisses ergibt sich in diesem Fall regelmäßig aus dem allgemeinen Zivil- oder Gesellschaftsrecht. Dabei kann eine vertragliche Beziehung, die sich insgesamt als Treueverhältnis i.S.d. § 266 I darstellt, Verpflichtungen enthalten, deren Einhaltung nicht vom Untreuetatbestand

wurde und die Betreuung fremder Vermögensinteressen eine Hauptpflicht des Täters darstellt.	geschützt wird. Maßgebend für die Abgrenzung sind insoweit Inhalt und Umfang der Treueabrede, wie sie sich aus den Vertragsvereinbarungen bei sachgerechter Auslegung ergibt. Beim **Mandatsverhältnis** (§ 675 BGB) z.B., wenn der **Rechtsanwalt** eine Geldforderung von beträchtlicher Höhe geltend zu machen hatte, er damit wegen seiner besonderen Sachkunde betraut war, es ihm überlassen war, wie er die Forderung durchsetzte, er an besondere Weisungen oder Beschränkungen nicht gebunden und zum Abschluss eines Vergleichs ermächtigt war (vgl. BGH, 3 StR 438/12). Zu **verneinen**: Kaufhausdetektiv, „normaler" Arbeitnehmer. Zu **verneinen**: Arbeitnehmer (oder auch Angestellter im öff. Dienst) erhält vom Arbeitgeber eine **Tankkarte** für dienstliche Zwecke, die zum privaten Tanken verwendet wird, da dies keine Art „Vermögensverwaltung" ist (OLG Celle, JuS 2011, 657; vgl. auch OLG Koblenz, 2 OLG 3 Ss 170/14, **RA 2015, 223**). str. bei alleinverantwortlich handelnden Kassierern in Selbstbedienungsläden str. bei gesetzes- oder sittenwidrigen Rechtsverhältnissen (bejahend der BGH) [dieser Streit korrespondiert mit dem Problem des strafrechtlichen Vermögensbegriffs]
Def.: **Verfügungs- oder Verpflichtungsbefugnis** i.S.v. § 266 I 1. Fall ist die Rechtsmacht, in wirksamer Weise über Vermögensrechte eines anderen durch Übertragung, Aufhebung, Belastung oder Änderung zu verfügen oder ihn gegenüber Dritten wirksam zu solchen Verfügungen zu verpflichten.	Als Verfügungs- oder Verpflichtungsbefugnis i.S.v. § 266 I 1. Fall kommt jede zivilrechtliche Vertretungsmacht in Betracht. Die Befugnis des Täters muss sich auf fremdes Vermögen beziehen. Nach herrschender Meinung reicht das Fortwirken einer tatsächlich nicht mehr bestehenden Vollmacht über die §§ 170 ff. BGB nicht aus, um eine Befugnis i.S.v. § 266 I 1. Fall zu begründen. In diesen Fällen kommt also nur der Treuebruchstatbestand, § 266 I 2. Fall, in Betracht.
Def.: **Fremd** i.S.v. § 266 I ist Vermögen dann, wenn es materiell-rechtlich einer anderen natürlichen oder juristischen Person zugeordnet ist als dem Täter.	Wirtschaftliche Betrachtungen sind insoweit nicht maßgeblich. Fremdes Vermögen ist insoweit auch das Vermögen der Ein-Mann-GmbH für den alleinigen Gesellschafter.
Def.: **Missbrauch** einer Befugnis ist dann gegeben, wenn der Täter im Rahmen seines rechtlichen Könnens im Außenverhältnis aber unter Überschreitung des rechtlichen Dürfens im Innenverhältnis handelt.	*Beispiel 1:* Prokurist überschreitet eine Innenbeschränkung seiner Vollmacht, die im Außenverhältnis gem. § 50 HGB aber unwirksam ist. *Beispiel 2:* Ein Handlungsbevollmächtigter gem. § 54 HGB überschreitet seine im Innenverhältnis beschränkte Vollmacht, deren Beschränkung aber der Dritte gem. § 54 III HGB weder kannte, noch kennen musste (BGH, 4 StR 492/10). Der *(lies:)* Miss-***ge***-brauchs-TB kann nur durch rechtsgeschäftliches Handeln (nicht durch Realakte) und nur durch aktives Tun begangen werden. (Ausnahme: Schweigen auf KBS).

Def.: **Pflichtverletzung** i.S.v. § 266 I 2. Fall ist jedes vermögensrelevante Verhalten, das im Widerspruch zu der dem Täter obliegenden Vermögensbetreuungspflicht steht. Tatbestandsmäßig ist allerdings eine Pflichtwidrigkeit nur dann, wenn sie klar und evident war. Deshalb hat die Rspr. grundsätzlich nur **schwere Pflichtverletzungen** ausreichen lassen.	§ 266 I 2. Fall (Treuebruchs-TB) ist ein „neutrales" Delikt. D.h., dass die Tat auch durch Unterlassen begangen werden kann, ohne dass es hierzu des Rückgriffs auf § 13 I bedürfen würde. Allerdings ist in der Unterlassungsvariante § 13 II anwendbar (BGH, 1 StR 587/14). Veranlasst ein **Betreuer** einen Testierunfähigen, durch eine letztwillige Verfügung sich selbst oder einen Dritten als Begünstigten einzusetzen, kann hierin – durch Benutzen des Testierenden als undoloses Werkzeug gegen sich selbst – eine Untreue in mittelbarer Täterschaft begründet sein (OLG Celle, 1 Ws 54/13). **(P): Verstoß gegen vermögensschützende Norm** Pflichtwidrig i.S.d. § 266 I sind **nur Verstöße gegen vermögensschützende Normen**. **(-)** bei Strafnorm des **§ 119 BetrVG**. Die Vorschrift dient allein dem Schutz der Wahl und der Funktionsfähigkeit der im Gesetz aufgeführten betriebsverfassungsrechtlichen Organe (BGH, 1 StR 220/09, JuS 2011, 183). Wollte man dies anders sehen, würde letztlich jeder Gesetzesverstoß (etwa auch die Beauftragung einer Werbeagentur mit einer i.S.v. § 3 UWG unlauteren Werbung) gleichzeitig eine pflichtwidrige Handlung i.S.v. § 266 darstellen. Dies würde nicht nur dem Untreuetatbestand jegliche Kontur nehmen; es wäre bei weniger gewichtigen Verstößen gegen selbst nicht strafbewehrte Normen vielfach auch nicht mehr mit der Ultima-ratio-Funktion des Strafrechts zu vereinbaren (BGH, 1 StR 220/09, JuS 2011, 183).
Def.: **Vermögensnachteil** entspricht dem Schaden beim Betrug.	**(P): Bildung „schwarzer Kassen"** BGH: Die Bildung einer „schwarzen Kasse" stellt nicht nur eine schadensgleiche Vermögensgefährdung, sondern bereits einen endgültigen Schaden dar, der durch die Verwendung der Gelder bloß noch „vertieft" wird. Begründung: Die Möglichkeit zur Disposition über das eigene Vermögen gehöre zum Kern der von § 266 geschützten Rechtsposition (BGH, 5 StR 181/14). Die – sei es für das Unternehmen auch profitable – Pflichtverletzung liegt nicht im Handlungsspielraum des geschäftsführenden Organs (BGH, 2 StR 308/16). Das BVerfG (2 BvR 2559/08, 491/09) verlangt **wirtschaftliche Überlegungen bei der Schadensermittlung.** Also muss der angenommene Nachteil der Höhe nach beziffert und des-sen Ermittlung in wirtschaftlich nachvollziehbarer Weise darlegt werden. (Hausarbeit: Rotsch, JA 2013, 278; Klausur: Wickel, JA 2019, 747) **(P): Provisions- / „Kick-Back-Zahlungen"** Vertreter eines Unternehmens erhält vom Dritten für den Vertragsabschluss Provisions- / „Kick-Back-Zahlungen": In der Regel Nachteil i.S.d. § 266 (+). Grund: Jedenfalls hätte mindestens der Betrag, den der Vertragspartner für Schmiergelder aufwendet, auch in Form eines Preisnachlasses dem Geschäftsherrn des Empfängers gewährt werden können. Hieran fehlt es aber, wenn der Preis einer Gebührenordnung (hier HOAI) entspricht (BGH, 4 StR 194/09) **(P): Sanktionen von Dritter Seite für Treugeber** Streitig ist, ob ein Vermögensschaden vorliegt, wenn durch ein pflichtwidriges Verhalten des Treupflichtigen dem Treugeber Sanktionen von dritter Seite drohen.

	(-) 5. Senat, 5 StR 394/08, da insoweit die Unmittelbarkeit fehle. Der „Schaden“ setzte nämlich mit der Aufdeckung der Tat einen Zwischenschritt voraus. Der für die Nachteilsfeststellung notwendige Gesamtvermögensvergleich hat aber auf der Grundlage des vom Täter verwirklichten Tatplans zu erfolgen. **(+)** 1. Senat, 1 StR 94/10, da die Kausalität zwischen der vermögensbezogenen Pflichtverletzung und dem daraus resultierenden Vermögensnachteil durch das zeitliche Auseinanderfallen von Pflichtverletzung und Sanktionen auslösender Entdeckung nicht berührt werde. Nicht erforderlich sei ein unmittelbarer Zusammenhang zwischen pflichtwidrigem Tun und Vermögensnachteil. Jedenfalls bedeute „unmittelbar” jedenfalls nicht zeitgleich, sofort oder auch nur alsbald. Kritisch insoweit Jahn, JuS 2011, 1133, 1136: „Die Aufgabe des Unmittelbarkeitszusammenhangs bei einem ohnehin merkmalsarmen Gesetz und in voller Kenntnis der jüngsten Ausführungen des BVerfG zur Einhaltung der Bestimmtheitsanforderungen durch die Fachgerichte anzudenken, erfordert recht robustes richterliches Selbstbewusstsein.“ **(P): Geschädigter bei Personengesellschaften** Geschädigter kann nur ein mit dem Täter nicht identischer Träger fremden Vermögens sein, dem eigene Rechtspersönlichkeit zukommt. Eine solche Rechtspersönlichkeit wird der KG nicht zuerkannt. Vielmehr kann der Untreueschaden lediglich auf Komplementärs- und Kommanditistenebene eintreten (BGH, 1 StR 586/11). Gleiches muss für OHG und GbR gelten.
Untreuevorsatz	Vertiefend zum Untreuevorsatz bei Risikogeschäften: BGH, 5 StR 551/11, **RA 2013, 382**

Computerbetrug, § 263a

I. Tatbestand
- **1. Tathandlung**
  - **a) Unrichtige Gestaltung des Programms, § 263a I 1. Fall**
  - **b) Verwendung unrichtiger oder unvollständiger Daten, § 263a I 2. Fall**
  - **c) Unbefugte Verwendung von Daten, § 263a I 3. Fall**
  - **d) Sonstige unbefugte Einwirkung auf den Ablauf, § 263a I 4. Fall**
- **2. Beeinflussung des Ergebnisses eines Datenverarbeitungsvorgangs**
- **3. Vermögensschaden**
- **4. Kausalität**
- **5. Vorsatz bzgl. 1. - 4.**
- **6. Absicht rechtswidriger und stoffgleicher Bereicherung**
  - **a) Bereicherungsabsicht**
  - **b) Stoffgleichheit der beabsichtigten Bereicherung**
  - **c) Rechtswidrigkeit der beabsichtigten Bereicherung**
  - **d) Vorsatz bzgl. Stoffgleichheit und Rechtswidrigkeit der beabsichtigten Bereicherung**

II. Rechtswidrigkeit

III. Schuld

III. Besonders schwerer Fall, §§ 263a II i.V.m. 263 III

Def.: Daten i.S.v. § 263a I sind kodierte Informationen in einer im Wege automatisierter Verarbeitung nutzbaren Darstellungsform.	Der Begriff der Daten entspricht nicht voll demjenigen des § 202a, da für § 263a die Einschränkungen des § 202a II nicht gelten.

1. Var.: ***Def.:*** Das **unrichtige Gestalten eines Programms** setzt das Neuschreiben, Verändern oder Löschen ganzer Programme oder jedenfalls von Programmteilen voraus. Gleichfalls verwirklicht ist die 1. Var., wenn das Programm auf „Täuschung hin programmiert" ist.	Erfasst ist auch das Hinzufügen, das Verändern und das Löschen einzelner Programmablaufschritte und den Einbau sonstiger falscher Funktionen; zur „Gestaltung des Programms" kann der Täter mithin auch Programmmanipulationen vornehmen, die nicht die dem Programm immanenten Programmablaufschritte ändern, sondern die vorhandenen durch nicht vorgesehene überlagern. Zu einer Manipulation von Glücksspielautomaten: BGH, 4 StR 153/16, **RA 2016, 664** = JuS 2017, 274. Auf „Täuschung hin programmiert" sind z.B. Dialer-Programme, die dem Nutzer anzeigen, dass die kostenpflichtige Nutzung des Internet-Angebots beendet sei, wohingegen in Wahrheit „im Hintergrund" die kostenpflichtige Verbindung aufrechterhalten wird. Evident (-), wenn Täter an **SB-Kasse** den Strichcode eines billigeren Gegenstandes einscannt. Ebensowenig, wenn an der SB-Kasse mit Lastschrift bezahlt wird, obwohl das Konto nicht gedeckt ist, da sich der Kunde auf der Anwender- und nicht auf der Programmierebene bewegt (OLG Rostock, 20 RR 90/18, **RA 2019, 608**).
2. Var.: (umfasst Fälle sog. Inputmanipulationen): Unrichtig sind die Daten, wenn der durch sie vermittelte Informationsgehalt keine Entsprechung in der Wirklichkeit hat, unvollständig sind sie, wenn sie den zugrundeliegenden Lebenssachverhalt nicht ausreichend erkennen lassen. Verwendet sind die Daten, wenn sie in ein Datenverarbeitungsgerät eingebracht werden.	*[Fall: Geltendmachung einer tatsächlich nicht bestehenden Forderung im Mahnverfahren (BGH, 4 StR 292/13, **RA 2014, 156**)]* Parallel zu den obigen Ausführungen zu § 263 bejaht der BGH die „Täuschungs-Äquivalenz". Dies erscheint aus o.g. Gründen bedenklich. Die Entscheidung des BGH ist jedoch wohl dessen Interesse an der Schließung von Strafbarkeitslücken geschuldet. *[Fall: Gefälschter Überweisungsträger (BGH, 3 StR 178/13, **RA 2014, 437**)]* T fälscht einen Überweisungsträger und erreicht dadurch im automatisierten Verfahren eine Überweisung vom Konto des Opfers auf ein anderes Konto. ⇨ unrichtige Daten (+), da dargestellter Lebenssachverhalt unzutreffend wiedergegeben wird, da Opfer von Überweisung nichts wusste. *[Fall: Falsche Abbuchungsauftragslastschriften (BGH, 1 StR 416/12, **RA 2013, 215**)]* (-), wenn Täter an **SB-Kasse** den Strichcode eines billigeren Gegenstandes einscannt, weil der Preis des eingescannten Gegenstandes korrekt angezeigt und auch bezahlt wurde (OLG Hamm, 5 RVs 56/13, **RA 2013, 805, 808).** Jedenfalls fehlt es aber an der Unmittelbarkeit zwischen dem Datenverarbeitungsvorgang und der Vermögensminderung (Fahl, NStZ 2014, 244, 246). Ebensowenig, wenn an der **SB-Kasse** mit Lastschrift bezahlt wird, obwohl das Konto nicht gedeckt ist, da die Daten auf der Maestro-Karte korrekt sind (OLG Rostock, 20 RR 90/18, **RA 2019, 608**).
3. Var.: Betrugsspezifische Auslegung des Merkmals der unbefugten Datenverwendung: ***Def.:*** **Unbefugt** ist eine Datenverwendung, wenn sie Täuschungscharakter hat (h.M.), d.h. wenn ein entsprechendes Verhalten des Täters	In den Fällen des Einsatzes von **Codekarten** ist die Täuschungsäquivalenz nur dann gegeben, wenn der Täter die **Karte gefälscht, manipuliert oder mittels verbotener Eigenmacht erlangt** hat. Nur in einem solchen Fall, also wenn der Täter die Karte gegen den Willen des Besitzers erlangt hat, würde der Täter im Falle der Verwendung der Daten gegenüber einer natürlichen Person konkludent über seine Berechtigung täuschen, die Karte verwenden zu dürfen. Der Getäuschte würde über die Befugnis eines solchen Kartennutzers irren, denn er würde davon ausgehen, dass es sich angesichts der Verwendung der Kombination von PIN und Karte um einen berechtigten Kartennutzer handeln würde, was tatsächlich aber nicht der Fall ist.

gegenüber einem Menschen eine Täuschung i.S.v. § 263 I darstellen würde.	Demgegenüber stellt die **nur im Innenverhältnis abredewidrig** erfolgte Benutzung einer im Außenverhältnis wirksam überlassenen Codekarte **keine** täuschungsgleiche Handlung dar. Die abredewidrige Benutzung entspricht dem Missbrauch einer im Außenverhältnis wirksamen Bankvollmacht, weshalb es an der erforderlichen Täuschungsgleichheit regelmäßig fehlt. Das Computerprogramm überprüft nicht – ebenso wenig, wie dies eine natürliche Person tun könnte –, ob die im Außenverhältnis wirksame Berechtigung zur Nutzung der Karte, die aus dem Besitz der Karte und Kenntnis der PIN folgt, im Innenverhältnis durch etwaige Absprachen eingeschränkt ist. ⇨ Ein Arbeitnehmer, der die ihm von seinem Arbeitgeber überlassene **Tankkarte** nach Beendigung des Arbeitsverhältnisses nicht zurückgibt, sondern sie für Betankungen seine privaten Pkw weiterverwendet, begeht keinen Computerbetrug nach § 263a StGB. (OLG Koblenz, 2 OLG 3 Ss 170/14, **RA 2015, 223**) *[unbedingt lesen!]* ⇨ Der unbefugte Einsatz einer fremden, durch verbotene Eigenmacht erlangten Tankkarte an einer automatisierten Tankstation erfüllt den Tatbestand des § 263a (OLG Celle, 2 Ss 113/16, **RA 2017, 213**). **(P): Sportwettenbetrug / Wettmanipulation** Die 3. Var. ist verwirklicht, wenn der Täter an elektronischen Wettautomaten oder bei von den Wettanbietern nicht überprüften Internetwetten auf Fußballspiele setzten, deren Manipulation ihnen auf der Grundlage von den Wetthaltern nicht zugänglichem Sonderwissen bekannt war (BGH, 4 StR 496/15, **RA 2016, 273, 274 f.**). **(P): Girocard-Fälle** *1. Bspl.: **Nichtberechtigter**, der mit **eigenmächtig** erlangter fremder Girocard und PIN Geld abhebt oder einkauft.* Dieser „täuscht“ konkludent durch die Verwendung der fremden PIN vor, der berechtigte Karteninhaber zu sein. (Bei engem zeitlichen Zusammenhang [z.B. 2 Abhebungen in 1 Minute] liegt nur eine Tat vor; Fall der natürlichen Handlungseinheit durch iterative Tatbegehung, BGH, 3 StR 178/13.) Achtung: Nach h.M. § 263a (-) beim **Berechtigten**, da dieser nicht konkludent über die Kontodeckung „täuscht“. Zu § 266b siehe dort. *2. Bsp.: **Nichtberechtigter**, der mit **durch Erpressung** erlangter fremder Girocard und PIN Geld abhebt oder einkauft.* § 263a I 3. Var. (+), da die Erpressung der Erlangung durch verbotene Eingenmacht gleichsteht (BGH, StV 2002, 362 f.). *3. Bsp.: **Nichtberechtigter**, der mit **durch Täuschung** erlangter fremder Girocard und PIN Geld abhebt oder einkauft.* § 263a (-), denn die Karte wird „lediglich“ (im Innenverhältnis) abredewidrig aber nicht unbefugt (im Außenverhältnis) eingesetzt. Jedoch liegt bereits im „ablisten“ von Karte und PIN ein Betrug (Gefährdungsschaden) (BGH, 3 StR 63/21, **RA-Telegramm 2022, 2**; 3 StR 109/16; 2 StR 15/15 und 16/15, **RA 2015, 617** = JA 2016, 151; kritisch [auch hier § 263a] Jäger, JA 2016, 151, 153). *4. Bsp.:* Auch scheidet § 263a I 3. Var. aus bei absprachewidriger Verwendung einer **überlassenen Kreditkarte** [Täter erklärt bei der Bezahlung bewusst wahrheitswidrig, der Karteninhaber habe ihm die Ermächtigung zum Einsatz der Kreditkarte erteilt] (BGH, 4 StR 470/16). *5. Bspl.: Fremde (eigenmächtig erlangte) Kreditkarten-Daten werden im Internet für einen Einkauf verwendet.* Auch hier liegt eine konkludente „Täuschung“ über die Stellung als berechtigter Karteninhaber vor.

6. Bsp.: ***Auftragswidrige*** *Abhebung von zu viel Geld.* § 263a I 3. Var. **str.**: **e.A.: (-)**, denn die Karte wird „lediglich" (im Innenverhältnis) abredewidrig aber nicht unbefugt (im Außenverhältnis) eingesetzt (OLG Köln, NJW 1992, 125, 126 f.). **a.A. (+)**: Im Verwenden der Karte liege die unzutreffende konkludente Behauptung, im Rahmen der Vollmacht zu handeln (Hilgendorf, JuS 1997, 130, 134). Bei Verneinung kommt § 246 am Geld nur in Betracht, wenn man einen direkten Eigentumserwerb des Berechtigten an den Geldscheinen bejaht; der Abhebende wäre dann bloßer Besitzdiener.

7. Bspl.: Nichtberechtigter kauft mit fremder Unterschrift im Lastschrift-verfahren ein.
§ 263 (+). Täuschung über Stellung als berechtigter Karteninhaber. Gefährdungsschaden, denn der Berechtigte kann der Lastschrift widersprechen und wird dies i.d.R. auch tun.)

(P): NFC / kontaktloses Bezahlen
Fall: T findet die Girocard des E, die einen NFC-Chip hat. Er kauft im Laden L für 20 € ein und zahlt indem er die Girocard an das Lesegerät hält. Für die Zahlungsgarantie der Bank an L ist bei dieser Summe die PIN nicht nötig.
Lösung: § 263 (-), da sich die Kassiererin wegen der Zahlungsgarantie der Bank keine Gedanken über Identität / Bonität des T macht.
§ 263a I 3. Var. nach OLG Hamm, 4 RVs 12/20, **RA 2020, 440** = JA 2020, 710, **(-)**, da gerade keine Identitätskontrolle stattfinde und somit auch ein fiktiver Bankangestellter nicht getäuscht würde. (Es bleibt abzuwarten, ob sich diese Sicht durchsetzt! Vgl. unten zu §§ 269, 274.)

(P): Unberechtigte Einlösung eines Online-Gutscheins
[Fall: Einem Dritten wird versehentlich ein Code für einen Online-Gutschein zugesendet, den dieser bei einem Einkauf einsetzt.]
Lösung: Keine täuschungsgleiche Handlung: Ein Mitarbeiter des Verkäufers hätte sich bei Vorlage eines entsprechenden Gutscheins in Papierform nämlich keine Gedanken über die Berechtigung des Inhabers des Gutscheins gemacht, sondern lediglich überprüft, ob der Gutschein echt und noch gültig ist. (Vgl. LG Gießen, 7 Qs 88/13)

Auch (-), wenn Täter an **SB-Kasse** den Strichcode eines billigeren Gegenstandes einscannt, weil das Lesegerät einer Selbstbedienungs-kasse lediglich den in dem Strichcode festgelegten Kaufpreis anzeigt, ohne zu prüfen, ob auch tatsächlich die dem Strichcode zugewiesene Ware bezahlt und mitgenommen wird (OLG Hamm, 5 RVs 56/13, **RA 2013, 805, 808).** Ebensowenig, wenn an der SB-Kasse mit Lastschrift bezahlt wird, obwohl das Konto nicht gedeckt ist, da nur die Echtheit der Karte und nicht die Bonität geprüft werde (OLG Rostock, 20 RR 90/18, **RA 2019, 608**). A.A., da sich ein Kassierer bei Zahlung mit Lastschrift ebenfalls Gedanken zur Bonität des Kunden mache, z.B. Lackner/Kühl, § 263a Rn 14; Mitsch, BT II, Rn 399).

(P): Versuchsbeginn
Hat ein Täter widerrechtlich Konto-, Identifikations- und Transaktions-nummern sowie Zugangscodes von anderen Benutzern des Internets mittels Phishing erlangt, liegt ein Ansetzen erst dann vor, wenn er diese Daten verwendet, indem er sie beispielsweise in den Computer eingibt, um so eine von dem tatsächlich Berechtigten nicht autorisierte Überweisung zu tätigen. Die Einrichtung von Zielkonten, eine fingierte polizeiliche Anmeldung und das Abfangen von Kontounterlagen können dagegen zwar auf einer Täuschungshandlung beruhen, stellen jedoch noch keinen versuchten Computerbetrug dar. (KG, (3) 121 Ss 40/12 = JuS 2012, 1135)

Def.: Die **Einwirkung auf den Ablauf** i.S.v. § 263a I **4. Fall** erfasst Verhaltensweisen, die nicht unter § 263a I 1.-3. Fall fallen, also insb. Einwirkungen auf ein Ausgabemedium (*Outputmanipulation*), auf die maschinentechnische Ausstattung des Computers (*Hardwaremanipulation*) oder den Datenverarbeitungsvorgang oder den Ablauf des Programms (*Konsolmanipulation*).	Zu beachten sind Fälle, in denen der Spieler durch den **Einsatz von Sonderwissen regelwidrig an Glücksspielautomaten** spielt. Der Einsatz überlegenen Sonderwissens ist nur dann strafbar, wenn den Spieler insoweit eine (gedachte) Offenbarungspflicht träfe. **(-), wenn das von ihm eingesetzte überlegene Wissen** aus allgemein zugänglichen Informationsquellen stammt und damit **offenkundig ist** (OLG Stuttgart, 4 Ss 73/16, für den Fall, dass sich eine Info über einen Softwarefehler „wie ein Lauffeuer" im Internet verbreitet). **(-),** wenn Täter bestehende technische Unzulänglichkeiten eines Spielautomaten im Rahmen einer formell ordnungsgemäßen Bedienung ausnutzen, die dem Automatenhersteller bekannt sind (KG, (3) 161 Ss 216/13 (160/13) = JuS 2015, 756). Dieses Verhalten stellt – übertragen auf § 263 StGB – ein bloßes Ausnutzen eines bereits bestehenden Irrtums eines Leistenden dar, das auch gem. § 263 I straflos ist. **(+),** wenn der Spieler gezielt **spezielles Wissen** einsetzt, über das die **Allgemeinheit nicht verfügt** und welches er **rechtswidrig erlangt** hat (z.B., wenn sich der Täter den Spielablaufplan illegal (§ 202a) besorgt hat und dadurch weiß, wann eine Gewinnphase ansteht). Dem stellt das OLG Braunschweig, Ss 64/07, das **Ausnutzen eines Defekts einer vollautomatischen Selbstbedienungstankstelle** zum kostenlosen Tanken mittels einer Bankkarte gleich. **(-),** wenn Täter an **SB-Kasse** den Strichcode eines billigeren Gegenstandes einscannt, weil das Einscannen des Strichcodes keine Einwirkung auf den Ablauf, d.h. auf das Programm oder den Datenfluss beinhaltet (OLG Hamm, 5 RVs 56/13, **RA 2013, 805**). Gleiches, wenn an der **SB-Kasse** mit Lastschrift bezahlt wird, obwohl das Konto nicht gedeckt ist (OLG Rostock, 20 RR 90/18, **RA 2019, 608**).
Def.: Beeinflussung des Ergebnisses eines Datenverarbeitungsvorgangs. **= „Computerverfügung"**	Parallel zum Betrug muss der Datenverarbeitungsvorgang **unmittelbar vermögensmindernd** wirken. Die Vermögensminderung muss also ohne weitere Zwischenhandlung des Täters, des Opfers oder eines Dritten durch den Datenverarbeitungsvorgang selbst eintreten. Daran **fehlt** es, wenn durch die Manipulation der Datenverarbeitung **nur die Voraussetzungen** für eine vermögensmindernde Straftat **geschaffen werden**, z. B. beim Ausschalten oder Überwinden elektronischer Schlösser. Die Unmittelbarkeit fehlt, wenn der Täter unabhängig vom Ergebnis des Datenverarbeitungsvorgangs dazu entschlossen ist, eine eigene schädigende Vermögensverfügung – hier: Herausgabe von Mobilfunkgeräten an Dritte aufgrund von gefälschten Vertragsunterlagen – vorzunehmen. (BGH, 3 StR 80/13, **RA 2013, 644, 646**)
Wahlfeststellung	Eine Wahlfeststellung zwischen Betrug und Computerbetrug ist möglich (BGH, 1 StR 613/12).

Kreditkartenmissbrauch, § 266b

I. Tatbestand
   1. Tauglicher Täter
   2. Scheck- oder Kreditkarte
   3. Missbrauch der dem Täter durch Überlassung der Karte eingeräumten Möglichkeit, den Aussteller zu einer Zahlung zu veranlassen
   4. Vermögensschaden
   5. Kausalität 3. – 4.
   6. Vorsatz
II. Rechtswidrigkeit
III. Schuld

Sonderdelikt für berechtigten Karteninhaber (Folge: Nach h.M. gilt für den Teilnehmer § 28 I.) Berechtigter Karteninhaber ist auch derjenige, der die Karte durch falsche Angaben, also eine Täuschung des Ausstellers, z.B. über seine Identität (Nutzung der Personalien eines Dritten) oder seine Vermögensverhältnisse, von diesem erlangt (die Erschleichung der Karte kann aber ein Betrug [Gefährdungsschaden] sein). Täter des Missbrauchs einer Kreditkarte kann aber nicht derjenige sein, dem der berechtigte Karteninhaber die Karte zu dessen eigener Nutzung überlassen hat und der sie sodann missbraucht. (BGH, 1 StR 67/17)

Scheck- oder Kreditkarte

Das Unrecht des § 266b I besteht darin, dass der Täter gerade eine besondere Garantiezusage des Kartenherausgebers ausnutzt, um diesen zu einer Zahlung zu veranlassen.

(P): Ist die EC- („electronic-cash" / „Maestro"-) Karte eine „Kreditkarte"?
Nach älterem BGH-Urteil (NJW 2002, 905) zu bejahen, da es bei der Verwendung der PIN im 3-Personen-Verhältnis (Achtung: Nicht im 2-Personen-Verhältnis beim Geldautomaten der Hausbank!) auch zu einer Zahlungsgarantie komme. Insoweit sei die Situation mit derjenigen einer Kreditkarte vergleichbar.

Demgegenüber wird dies in der Lit. (aktuell wohl herrschend) verneint. Schon vom Wortlaut sei die **Girocard** nicht von § 266b erfasst. Auch gebe es relevante Funktionsunterschiede. So könne z.B. bei einer **Girocard** die Zahlungsgarantie nie durch die bloße Vorlage der Karte und Leistung einer Unterschrift ausgelöst werden. Gerade dies ist aber der typische Fall bei Kredit- und Scheckkarten.

In BGH, 3 StR 239/11, hat der BGH die Maestro-Karte als Zahlungskarte i.S.d. § 152b I, IV eingeordnet. Auch wenn der BGH davon spricht, dass die Maestro-Karte die „Qualität" einer „Zahlungskarte mit Garantiefunktion" habe, darf der unterschiedliche Wortlaut des § 152b im Vergleich zu § 266b nicht übersehen werden: § 152b spricht explizit von „sonstigen Karten". Eine aktuelle „mittelbare" Bestätigung des Urteils NJW 2002, 905, darf man deshalb in dieser Entscheidung wohl nicht erblicken.

Rengier, BT I, § 19 Rn 27 iVm Rn 23b, bezweifelt – wohl zutreffend – die praktische Relevanz dieses Problems. Aufgrund moderner Zahlungssysteme würden faktisch keine Kreditierungen (große Überziehungen) mehr möglich sein.

(P): Einsatz Girocard durch Berechtigten, der „pleite" ist, mit PIN
§ 266b (-) bei Geldabhebung bei Hausbank, da nur 2-Personen-Verhältnis. [§ 263a (-), da keine täuschungsgleiche Handlung, da keine konkludente Täuschung über Kontostand; § 242, 246 (-), da Geld nicht mehr fremd.]
§ 266b nach BGH, NJW 2002, 905, (+), wenn Geldabhebung bei Fremdbank oder wenn Einkauf mit PIN (POS-Verfahren), weil zu Gunsten der Fremdbank bzw. des Verkäufers ein Garantievertrag zustande kommt, was den Aussteller der Karte schädigt. Die Girocard sei der Kreditkarte gleichzusetzen (vgl. dazu die obige Darstellung des Streits).

Bei Einkauf im **Lastschriftverfahren** liegt stets ein Betrug vor, wenn das Konto nicht gedeckt ist.

(P): Überlassung der Kreditkarte an Dritten (Schenkung)

Überlässt der berechtigte Kreditkarteninhaber seine Kreditkarte einer anderen Person zur eigennützigen Verwendung, so ist die Weiterbenutzung dieser Kreditkarte nach dem Tod des Kreditkarteninhabers grundsätzlich nicht strafbar (OLG Hamm, 1 RVs 15/15, JA 2015, 629).

- § 266 (-), da keine Vermögensbetreuungspflicht, da Beschenkter nicht fremdnützig tätig werden sollte
- § 263 ggü. Verkäufer (-), da sich dieser wegen deren Garantiefunktion über die Berechtigung des Benutzers keinerlei Gedanken macht (parallel: § 263a)
- § 266b (-), da Sonderdelikt für den Berechtigten
- § 246 bzgl. Karte (-), da 1. rechtmäßiger Vollzug der Schenkung und 2. Wohl keine dauerhafte Enteignung der Erben

(P): Privatnutzung von Tankkarten

Fall: Der Angeklagte bekam in seiner Eigenschaft als Beamter des LKA eine sog. UTA-Flottenkarte (Kreditkarte) durch seinen Vorgesetzten zur Verfügung gestellt. Diese berechtigte ihn alle dienstlich erworbenen Waren an Tankstellen zu bezahlen. Er nutzte die Karte jedoch vorschriftswidrig zur Bezahlung des privat erworbenen Kraftstoffes an entsprechenden Tankstellen. Dem Land Sachsen entstand hieraus ein beträchtlicher Vermögensschaden.

Lösung:

§ 263 ggü und zum Nachteil des Tankstellenbetreibers (-), da Zahlung durch Nutzung der Karte gesichert war. Wohl schon keine Täuschung, jedenfalls kein Schaden.

§ 263a (-), wenn eine bloß im Innenverhältnis absprachewidrige Nutzung erfolgt; der Täter muss sich vielmehr „in das System einschleichen"

§ 266b (-), da der Aussteller T nicht geschädigt wurde, sondern der Dienstherr.

§ 266: Streitig, ob die Vermögensbetreuungspflicht vorliegt:

LG Dresden, 10 Ns 202 Js 45 549/03, JK 4/07, StGB § 266/30 a.a.O. (+), da ähnliche Stellung wie alleinverantwortlicher Kassierer. Es werde mehr missbraucht als nur das generelle Vertrauen, des jeder Arbeitgeber seinen Angestellten einräume (so auch Geppert, JK 3/10, StGB § 266/34).

OLG Celle, 1 Ws 277/10, JuS 2011, 657; **AG Eggenfelden**, NZV 2009, 408 (-), da keine Verfügung über wesentliche Bestandteile des Vermögens. Auch gab es im Innenverhältnis keine wesentliche Vertragspflicht zur Vermögensfürsorge zu Gunsten des Dienstherrn.

[Als **weitere Tathandlung** kommt die **spätere Vorlage der Tankbelege** in Betracht. Hierin kann ein **Betrug** ggü. und zum Nachteil des Dienstherrn liegen, wenn man eine konkludente Täuschung („Dienstfahrt") annimmt. Dann hätte der Dienstherr irrtümlich auf die Geltendmachung eines Erstattungsanspruchs für Privatfahrten verzichtet. (So **OLG Celle**, a.a.O.; Geppert, JK 3/10, StGB § 266/34; a.A. AG Eggenfelden a.a.O.)]

Def.: **Missbrauch** Ausnutzen des rechtlichen Könnens im Außenverhältnis unter Überschreitung des rechtlichen Dürfens im Innenverhältnis.	Bei Kreditkarten ist dies grundsätzlich dann der Fall, wenn der Täter durch die Benutzung der Karte einen vom Kartenausgeber gesetzten Kreditrahmen überschreitet oder sich zwar innerhalb seines Kreditrahmens bewegt aber keine Möglichkeit zum Ausgleich seiner hierdurch entstehenden Verbindlichkeit gegenüber dem Kartenherausgeber hat.

Nötigung, § 240

I. Tatbestand
   1. Nötigungsmittel
      a) Gewalt
      b) Drohung mit einem empfindlichen Übel
   2. Opferreaktion
   3. Kausalität 1. – 2.
   4. Vorsatz bzgl. 1. bis 3.
II. Rechtswidrigkeit
   1. Keine Rechtfertigung
   2. Verwerflichkeit gem. § 240 II
III. Schuld

Def.: **Gewalt** ist der körperlich wirkende Zwang zur Überwindung eines geleisteten oder erwarteten Widerstandes.	**(P): Gewaltbegriff** **Sitzblockaden sind eine Gewaltnötigung in mittelbarer Täterschaft an den Fahrern der Fahrzeuge ab der „2. Reihe".** Die Fahrer der Fahrzeuge der „1. Reihe" sind nur „psychisch" an der Weiterfahrt gehindert, was alleine für das Merkmal der Gewalt nicht genügt. Allerdings sind die anhaltenden Fahrer der Fahrzeuge in der „1. Reihe" durch Notstand, § 34, gerechtfertigte Werkzeuge. (BVerfG, 1 BvR 388/05). Allerdings ist bei der Prüfung der **Verwerflichkeit** gem. § 240 II dem Grundrecht auf **Versammlungsfreiheit** (Art. 8 I GG) besonders Rechnung zu tragen. OLG Köln, 83 Ss 6/06: Drängeln im Verkehr stellt Gewalt dar, wenn es geeignet ist, einen besonnenen Fahrer in Sorge und Furcht zu versetzen, und von ihm als körperlicher (nicht bloß seelischer Zwang) empfunden wird. Diese – auch vom BGH geteilte Auffassung – ist verfassungsgemäß (BVerfG, 2 BvR 932/06). Nach wohl h.L. liegt hier nur eine Drohung vor. Gleiches (P) bei Bedrohung (sic!) mit einer Waffe. Nach BGH soll dies Gewalt sein. LG Ulm, 1 S 129/09: In einer engen Straße wurde der Fahrer eines Kfz durch plötzliches Anhalten des vor ihm fahrenden Mopeds ebenfalls zum Anhalten gezwungen. Der Soziusfahrer sprang ab, riss die hintere Tür des Kfz auf, nahm eine Sache an sich, sprang wieder auf das Moped und floh mit dem Moped-Fahrer. ***Lösung*** (§ 249 oder bloß § 242) streitig: Fraglich vor allem, ob bloß psychisches Hindernis (wie Sitzblockade), dann keine Gewalt (nur § 242), oder ob Barriere (wie „2.-Reihe-Rspr."), dann doch Gewalt (§ 249). BGH, 1 StR 469/12: Das Zuparken eines mobilen „Blitzers" ist bloß eine psychische Zwangswirkung, wenn der den „Blitzer" bedienende Beamte seine Geschwindigkeitsmessung notgedrungen einstellt. **Zur Abgrenzung:** OLG Frankfurt a.M., 1 Ss 319/05, JuS 2006, 943 Die Aufforderung zur Durchführung einer so genannten „**Internet-Demonstration**", bei der möglichst viele Internetnutzer auf eine Domain zugreifen sollen, um diese lahm zu legen, erfüllt nicht den Tatbestand einer Nötigung. Die Bedienung eines Computers stellt keine Kraftentfaltung dar und führt auch nicht zu einer Zwangswirkung beim Opfer. Nicht einschlägig auch §§ 303a und b, da kein Fall des „Unterdrückens" vorliegt.
Def.: **Drohung** ist das Inaussichtstellen eines zukünftigen Übels, auf dessen Eintritt der Täter Einfluss hat oder zu haben vorgibt.	Sofern der Täter nicht den Eindruck vermittelt, selbst auf den Eintritt des Übels Einfluss zu haben, liegt eine bloß **straflose Warnung vor** (BGH, 3 StR 203/08).

Empfindlich ist das angedrohte Übel dann, wenn es so erheblich ist, dass seine Ankündigung geeignet ist, einen besonnenen Menschen zu dem vom Täter begehrten Verhalten zu bestimmen.	**(P): Drohung mit Unterlassen** Nach h.M. auch möglich, wenn es keine Pflicht zur Vornahme der Handlung gibt. Maßgeblich ist alleine, *womit* gedroht wird und nicht *wie* gedroht wird (OLG Oldenburg, 1 Ws 371/08). **(P): Drohung mit rechtmäßigem Verhalten** Strafbar, wenn „sachwidrige" Verknüpfung. Z.B.: Straftäter wird aufgefordert, sich innerhalb einer Woche selbst der Polizei zu stellen, weil a) der Täter ihn sonst selbst zur Anzeige bringen werde. (straflos) b) der Täter ihn sonst zusammenschlagen werde. (§ 240) **(P): anwaltliche Mahnschreiben** Es kann eine tatbestandliche Drohung gegeben sein, sofern der Anwalt für den Fall des Ausbleibens der Zahlung mit einer Strafanzeige droht. Auch die gem. § 240 II StGB erforderliche Verwerflichkeit kann vorliegen, zumindest dann, wenn es dem Anwalt gleichgültig ist, ob die geltend gemachte Forderung tatsächlich besteht (BGH, 1 StR 162/13, **RA 2014, 101**). Sofern der Abmahnanwalt davon ausgeht, dass der angemahnte Zahlungsanspruch nicht besteht, kommt **§ 253** in Betracht.
„(...) zu einer Handlung, Duldung oder Unterlassung nötigt (...)"	Da der Nötigungstatbestand als Erfolgsdelikt ausgestaltet ist, also ein Nötigungserfolg eintreten muss (BGH, 3 StR 332/16), muss die tatbestandsmäßige Handlung kausal zu dem vom Täter geforderten Opferverhalten führen. Vollendet ist die Nötigung erst dann, wenn der Genötigte die verlangte Handlung vorgenommen oder zumindest mit ihrer Ausführung begonnen hat. Ein Teilerfolg, der mit Blick auf ein weiter gehendes Ziel jedenfalls vorbereitend wirkt, kann für die Annahme einer vollendeten Nötigung nur dann ausreichen, wenn die abgenötigte Handlung des Opfers nach der Vorstellung des Täters eine eigenständig bedeutsame Vorstufe des gewollten Enderfolges darstellt (BGH, 4 StR 292/12). Werden durch dieselbe Nötigungshandlung verschiedene Verhaltensweisen des Tatopfers erzwungen, so liegt nur eine Tat vor (BGH, 3 StR 135/17)
Das Urteil der **Verwerflichkeit** bezieht sich weder isoliert auf das angewandte Nötigungsmittel noch auf den vom Täter angestrebten Zweck, sondern auf ihr Verhältnis zueinander (sog Mittel-Zweck-Relation). Das Urteil der Verwerflichkeit bestimmt sich im Wege einer Gesamtwürdigung. Verwerflichkeit liegt vor, wenn die Verquickung von Mittel und Zweck mit den Grundsätzen eines geordneten Zusammenlebens unvereinbar	Im <u>Gutachten</u> nach den allg. Rechtsfertigungsgründen prüfen. Fernziele werden nicht berücksichtigt. Vor allem: Keine Sonderregelung zum Irrtum über RFG! Also niemals schreiben, dass die Tat nicht verwerflich war, weil der Täter sich ja gegen den vermeintlichen Angriff verteidigen wollte. ⇨ *<u>Gutachten</u>: Bei Rechtfertigungsirrtümern häufig sinnvoll, z.B. § 239 als erstes zu prüfen und dort den Irrtum zu behandeln. Bei § 240 kann dann schlicht auf oben verwiesen werden.)* Entsprechend ihrem Zweck, nicht strafwürdig erscheinende Verhaltensweisen aus dem Anwendungsbereich des § 253 auszunehmen, sind die Voraussetzungen der Verwerflichkeitsklausel erfüllt, wenn unter Berücksichtigung sämtlicher Umstände des Einzelfalles ein erhöhter Grad der sozialethischen Missbilligung der für den erstrebten Zweck angewandten Mittel festzustellen ist. Hierbei ist das rechtlich Verwerfliche nicht einseitig in dem angewandten Mittel oder in dem erstrebten Zweck zu suchen, sondern in der Beziehung beider zueinander. Die Abgrenzung einer strafwürdigen Nötigung von einer nicht zu missbilligenden Willensbeeinflussung hat der *BGH* etwa im Fall der Drohung mit einer Strafanzeige danach vorgenommen, ob der Sachverhalt, aus dem sich das Recht zur Strafanzeige herleitet, mit dem durch die Drohung verfolgten Zweck in einer inneren Beziehung steht oder beides willkürlich miteinander verknüpft wird. Auch der an sich erlaubte Zweck rechtfertigt nur die Anwendung sozial hinnehmbarer Mittel.

ist, sie also „**sozial unerträglich**" ist (BGH, 1 StR 253/16).	**(P): Parkkrallen-Fall** Ein privater Parkplatzbetreiber setzt Parkkrallen ein, um das Wegfahren von Autos zu verhindern, deren Fahrer die Parkgebühr nicht entrichtet haben. Nach der Vorinstanz war dies verwerflich. Der BGH ließ dies offen, da im konkreten Fall wegen vorheriger Einholung von Rechtsrat ein unvermeidbarer Verbotsirrtum, § 17, vorgelegen habe (BGH, 1 StR 253/16, **RA 2017, 271**).
§ 113 (Widerstand gegen Vollstreckungsbeamte) als Spezialvorschrift zu § 240	Bei einem Widerstand gegen einen Vollstreckungsbeamten ist ein Rückgriff auf § 240 generell ausgeschlossen. Dies gilt auch dann, wenn § 113 z.B. wegen bloßer Drohung mit einem empfindlichen Übel oder bei rechtswidriger Vollstreckungshandlung gar nicht einschlägig ist (**Sperrwirkung der Privilegierung**).
Achtung: Strafrahmen des § 113 ist identisch mit § 240. Dennoch hat § 113 weiterhin eine **privilegierende Wirkung**, da seine Anforderungen an die Strafbarkeit höher sind als bei § 240 (BGH, 1 StR 70/17, **RA-Telegramm 2017, 50**).	§ 113 ist unechtes **Unternehmensdelikt**, d.h. der Versuch ist der Vollendung gleichgestellt. Es kommt nur auf die Leistung des Widerstandes an, nicht darauf, ob die Vollstreckung erfolgreich verhindert wurde. Da der Wortlaut insoweit keine Einschränkung enthält, kann sich auch derjenige auf die Privilegierung des § 113 berufen, dem die Vollstreckungshandlung selbst gar nicht gilt. Unter **Widerstand** im Sinne des § 113 I StGB ist eine aktive Tätigkeit gegenüber dem Vollstreckungsbeamten zu verstehen, mit der die Durchführung einer **Vollstreckungsmaßnahme** verhindert oder erschwert werden soll. Die Tat muss demgemäß Nötigungscharakter haben. Die Gewalt muss gegen den Amtsträger gerichtet und für ihn – unmittelbar oder mittelbar über Sachen – körperlich spürbar sein. Die **bloße Flucht** vor der Polizei erfüllt diese Voraussetzungen nicht, auch wenn dabei andere Verkehrsteilnehmer behindert, gefährdet der unvorsätzlich verletzt werden (BGH, 2 StR 204/14, **RA 2015, 333;** 4 StR 497/12). Ein Widerstandleisten mit Gewalt kann auch bei einem mit nicht unerheblichem Kraftaufwand erfolgten **Entwinden aus einem Festhaltegriff** der Fall sein, nicht jedoch durch ein bloßes Sich-Entziehen aus einem lockeren Griff (OLG Dresden, 2 OLG 21 Ss 319/14, JuS 2015, 562). Nicht ausreichend ist der Widerstand bei bloßer Erfüllung polizeilicher Dienstpflichten, z.B. Streifenfahrt oder auch beim Zuparken eines mobilen „Blitzers", da es auch hier erst darum geht, festgestellte Geschwindigkeitsverstöße später ahnden zu können (BGH, 1 StR 469/12). Bezüglich mehrerer, einander folgenden Widerstandshandlungen – z.B. im Rahmen einer **Polizeiflucht** – besteht natürliche Handlungseinheit (BGH, 4 StR 221/16). **Abs. 3 (die Rechtmäßigkeit der Vollstreckungshandlung)** ist als objektive Bedingung der Strafbarkeit (str.) am Ende des Tatbestands (nach dem Vorsatz) zu prüfen. Es gilt der „strafrechtliche Rechtmäßigkeitsbegriff": Der Beamte muss (und kann) in der akuten Vollstreckungssituation nur prüfen, ob er örtlich und sachlich zuständig ist, ob er Ermessensfehler begeht und ob er die wesentlichen Förmlichkeiten der jeweiligen Vollstreckungsmaßnahme beachtet. Alles Weitere wird nur im Rahmen eines späteren Gerichtsverfahrens (z.B. FFK) geklärt. So ist z.B. eine Diensthandlung rechtswidrig, wenn ein Polizist einen Betroffenen **falsch belehrt** hat (OLG Celle, 31 Ss 27/12, Belehrung über allg. Verkehrskontrolle nach § 35 V StVO bei Vorliegen des Verdachts einer Trunkenheitsfahrt). **Ist die Diensthandlung rechtswidrig scheidet § 113 aus und ein Rückgriff auf § 240 ist ausgeschlossen.** Anderenfalls würde Abs. 3 im Ergebnis leerlaufen. **Ist die Diensthandlung rechtswidrig,** stellt sie einen rechtswidrigen Angriff gegen den Betroffenen dar, gegen den sich dieser im Rahmen seines Notwehrrechts (§ 32) zur Wehr setzen darf.

	Strafzumessung: Regelbeispiele des Abs. 2: **§ 113 II 2 Nr. 1** setzt – anders als bisher – keine Verwendungsabsicht mehr voraus, sodass nunmehr das bloße Beisichführen einer Waffe oder eines gefährlichen Werkzeuges für einen besonders schweren Fall ausreicht. Damit entspricht dieses Regelbeispiel von Wortlaut her den Qualifikationen der §§ 244 I Nr. 1a), 250 I Nr. 1a). Es ist deshalb zu erwarten, dass die dort sehr streitig diskutierte Frage, wie man den Begriff des „anderen gefährlichen Werkzeugs" verfassungskonform auslegen kann, nunmehr auch in § 113 II 2 Nr. 1 mit denselben Lösungsansätzen diskutiert werden wird. Der neue **§ 113 II 2 Nr. 3** entspricht vom Wortlaut her dem Qualifikationstatbestand des § 224 I Nr. 4. Auch hier dürfte also die bei der Qualifikation streitige Frage, wie das Merkmal der „gemeinschaftlichen" Begehung auszulegen ist, auf das Regelbeispiel zu übertragen sein.
§ 114 (Tätlicher Angriff auf Vollstreckungsbeamte) ***Def.:*** Ein tätlicher Angriff verlangt zumindest eine unmittelbar auf den Körper zielende feindselige Einwirkung.	Die Tatalternative des **tätlichen Angriffs** wurde zum 30.5.2017 aus § 113 herausgelöst und in einen eigenständigen Straftatbestand (§ 114) überführt. Nach dem Willen des Gesetzgebers soll der neue § 114 dem besonderen Schutz des Vollstreckungsbeamten bei allgemeinen Diensthandlungen dienen. Daher verzichtet die Norm auf den in § 113 erforderlichen Bezug zu einer konkreten Vollstreckungshandlung. **Ein tätlicher Angriff auf Vollstreckungsbeamte ist nach § 114 schon dann strafbar, wenn die Vollstreckungsbeamten bloße Ermittlungstätigkeiten vornehmen**, also beispielsweise Streifenfahrten, Reifenkontrollen, Unfallaufnahmen, Beschuldigtenvernehmungen oder Befragungen durchführen. Daneben werden natürlich auch die zuvor unter § 113 a.F. fallenden tätlichen Angriffe auf Vollstreckungsbeamte bei Vornahme von Vollstreckungshandlungen erfasst. **Eine Vollstreckungshandlung stellt gleichermaßen eine Diensthandlung dar.** Richtet sich der tätliche Angriff gegen eine Vollstreckungshandlung und ist zugleich eine der Tatmodalitäten des **§ 113 I** verwirklicht, so liegt **Tateinheit** vor (BGH, 3 StR 532/19). **Umstritten** ist, ob die Neuregelung mit dem ggü. § 113 deutlich erhöhten Strafrahmen eine **restriktive Auslegung** nötig macht. Einige fordern einen Verletzungsvorsatz und / oder eine Einwirkung von einigem Gewicht (Jäger, JA 2019, 705, 707; BeckOK-Dallmeyer, § 114 Rn 5); andere lehnen solche Beschränkungen ab (OLG Hamm, 4 RVs 9/19, JA 2019, 705; Kulhanek, JR 2018, 551, 554). Aus § 114 III folgt, dass die Absätze 3 und 4 des § 113 entsprechend gelten, wenn die Diensthandlung eine Vollstreckungshandlung i.S.d. § 113 I ist. Die Rechtfertigungs- und Irrtumsregelungen gelten also ausschließlich für tätliche Angriffe aufgrund von rechtswidrigen oder vermeintlich rechtswidrigen Vollstreckungshandlungen. Rechtswidrige allgemeine Diensthandlungen rechtfertigen dagegen keinen tätlichen Angriff. Der Verweis in § 114 II auf § 113 II führt zur Anwendung der Regelbeispiele auch auf § 114 I, wobei jedoch dadurch nur die Mindeststrafe erhöht wird.

Erpressung, § 253

I. Tatbestand
- **1. Nötigungsmittel**
  - **a) Gewalt**
  - **b) Drohung mit einem empfindlichen Übel**
- **2. Opferreaktion**
- **3. Vermögensnachteil**
- **4. Kausalität 1. – 2. und 2. – 3.**
- **5. Vorsatz bzgl. 1. bis 4.**
- **6. Absicht rechtswidriger und stoffgleicher Bereicherung**
  - **a) Bereicherungsabsicht**
  - **b) Stoffgleichheit der beabsichtigten Bereicherung**
  - **c) Rechtswidrigkeit der beabsichtigten Bereicherung**
  - **d) Vorsatz bzgl. b) und c)**

II. Rechtswidrigkeit
- **1. Keine Rechtfertigung**
- **2. Verwerflichkeit gem. § 253 II**

III. Schuld

IV. Besonders schwerer Fall, § 253 IV

Def.: **Drohung** ist das Inaussichtstellen eines zukünftigen Übels, auf dessen Eintritt der Täter Einfluss hat oder zu haben vorgibt.

Def.: Das Übel ist **empfindlich**, wenn es dazu geeignet ist, den Bedrohten zu dem von ihm verlangten Verhalten zu motivieren.

Grundsätzlich gelten für das qualifizierte Nötigungsmittel die Ausführungen zu § 240.

(P): Erst Täuschung macht die Drohung glaubwürdig
Wenn die Drohung erst durch eine Täuschung glaubwürdig wird, stellt die Täuschung nach BGH keinen eigenständigen Betrug dar, da dem Begriff der Drohung bereits eine Täuschungskomponente immanent ist („Einfluss zu haben *vorgibt*"). Anders Teile der Lit., um Strafbarkeitslücken zu schließen, wenn ausschließlich an der Täuschung teilgenommen wird. *[Fälle: Verwendung einer Scheinwaffe als Betrug, da Täuschung über die Echtheit der Waffe? „Trittbrettfahrer" bei einer Entführung gibt sich als der wahre Entführer aus und kassiert von den Angehörigen das Lösegeld.]*

(P): Keine Drohung gegenüber einer konkreten Person
Wenn der Täter vor einer größeren Gruppe Menschen „abstrakte Drohungen" ausspricht, kommt eine Drohung nur in Betracht, wenn sich diese Drohungen letztlich doch auf einen konkreten Menschen beziehen lassen (BGH, 4 StR 422/13).

(P): „Versteckte" Drohung
Gedroht werden kann auch mit allgemeinen Redensarten, mit unbestimmten, versteckten Andeutungen, harmlos erscheinenden Äußerungen, Mitteilungen, Ratschlägen, Vorschlägen, Mahnungen oder Warnungen, wenn sich aus den Umständen ergibt, dass der Erklärende in Wahrheit droht. Voraussetzung ist jedoch eine seelische Einwirkung auf den Bedrohten in Gestalt einer auf Angst und Furcht abzielenden Ankündigung eines hinreichend erkennbaren Übels, die der Täter an den Bedrohten richtet, dessen Willen gebeugt werden soll (BGH, 4 StR 422/13).

(P): Drohung gegenüber staatlichen Organen (StA)
Die Staatsanwaltschaft ist durch die Drohung, ihr Beweismittel vorzuenthalten, wenn sie dafür keinen „Kaufpreis" entrichtet, nicht erpressbar. Es liegt kein empfindliches Übel vor, wenn von dem Bedrohten erwartet werden kann, dass er der Drohung in besonnener Selbstbehauptung standhält. Denn das Strafverfahrensrecht hält zahlreiche Instrumente bereit, um Beweismittel aufzufinden und sie auch gegen den Willen des Gewahrsamsinhabers sicherzustellen. Reicht dieses Instrumentarium im Einzelfall nicht aus, um ein Beweismittel zu erlangen, so ist dies von den

	Strafverfolgungsbehörden hinzunehmen, da das deutsche Strafverfahrensrecht keine Sachverhaltsaufklärung um jeden Preis kennt. (OLG Hamm, 3 RVs 20/13)
Def.: Ein **Vermögensnachteil** liegt vor, wenn der Gesamtwert des Vermögens des Opfers durch die Tat verringert wurde.	⇨ <u>Gutachten</u>: *In einer Klausur sollte – anders als bei der Darstellung eines Betruges – die Formulierung vermieden werden, dass das Opfervermögen „durch die Verfügung“ verringert wurde, da ja gerade streitig ist, ob § 253 I als Opferreaktion tatsächlich eine Vermögensverfügung voraussetzt.* Der für eine (räuberische) Erpressung erforderliche Vermögensnachteil muss Ergebnis einer das Opfer nötigenden Gewaltausübung oder Drohung durch den Täter sein. Daran fehlt es, wenn der Nachteil bereits durch eine vorher begangene Tat eingetreten ist und durch die Anwendung des (qualifizierten) Nötigungsmittels nur gesichert werden soll („**Sicherungserpressung**“). (BGH, 3 StR 318/10) (BGH, 3 StR 279/06): Kann ein Taxifahrer seinen Zahlungsanspruch gegen den Fahrgast wegen dessen Vermögenslosigkeit sowieso nicht durchsetzen, entsteht ihm auch durch die vom Fahrgast abgepresste Fluchtmöglichkeit kein weiterer Vermögensnachteil (Forderung war von Anfang an wertlos). Strafbar nur wegen § 240. Der Verlust einer bloß **ungesicherten Aussicht eines Geschäftsabschlusses** kann grundsätzlich noch nicht als Vermögensschaden angesehen werden. **Erwerbs- und Gewinnaussichten** können nur ausnahmsweise Vermögensbestandteil sein, wenn sie so verdichtet sind, dass ihnen der Rechtsverkehr bereits einen wirtschaftlichen Wert beimisst, weil sie mit einiger Wahrscheinlichkeit einen Vermögenszuwachs erwarten lassen. (BGH, StR 375/11) Deshalb keine Erpressung, sondern § 240, wenn der Täter eine Prostituierte von ihrem „Stammplatz“ vertreibt.
Dreieckserpressung	Der Tatbestand der Erpressung ist nicht nur bei der erzwungenen Preisgabe eigenen Vermögens erfüllt, sondern auch bei einer solchen, die fremdes Vermögen betrifft. Genötigter und Geschädigter brauchen nicht identisch zu sein. Nach der **wohl h.L.** ist hierfür (parallel zum Dreiecksbetrug) ein Näheverhältnis nach Lagertheorie notwendig. Der **BGH** verlangt demgegenüber, dass der Genötigte das fremde Vermögen schützen kann und will (Näheverhältnis kraft potentieller Schutzbereitschaft). Dieses liegt z.B. offensichtlich vor, wenn es sich bei den Genötigten um die Mitglieder des Aufsichtsgremiums einer juristischen Person des Privatrechts handelt (BGH, 4 StR 474/09). Ebenfalls ist dies zu bejahen, wenn im Geschäftsbereich ein Angestellter zu einer Handlung, Duldung oder Unterlassung zum Nachteil des Vermögens seines Arbeitgebers genötigt wird (OLG Celle, 1 Ws 355/11).
Kausalität	Die Nötigungshandlung muss (**anders als beim Raub**) kausal für den Nötigungserfolg geworden sein.
Vorsatz (Finalität)	Der BGH hat betont, dass Erpressungsdelikte ebenso wie Raubtaten einen finalen Zusammenhang zwischen dem Nötigungsmittel und der von dem Opfer vorzunehmenden vermögensschädigenden Handlung fordern (so explizit BGH, 2 StR 432/20, **RA 2021, 499**; 3 StR 174/16, **RA 2016, 661**). In der Sache tauchen hier die gleichen Probleme auf, wie bei § 249. Hierauf wird verwiesen.

	Gutachten: *Man wird die „Finalität" wohl als ein Synonym für den Vorsatz zur Kausalität begreifen müssen. Hierfür spricht auch, dass die Finalität in keinem der klassischen Lehrbücher als eigenständiger Prüfungspunkt im Schema auftaucht.* *Solange die klassischen Lehrbücher hier nicht „umschwenken" empfehlen wir, die „Finalität" unter der Überschrift „Vorsatz" zu prüfen und hierunter den Vorsatz zum Kausalverlauf zu verstehen.*
Bereicherungsabsicht Inhaltlich deckungsgleich mit der beim Betrug vorausgesetzten Bereicherungsabsicht. Der erstrebte Vorteil muss zu einer objektiv günstigeren Gestaltung der Vermögenslage für den Täter oder den Dritten führen sollen. Der Täter muss also eine Erhöhung des wirtschaftlichen Wertes des Vermögens anstreben.	Ausreichen kann auch die **Erlangung des Besitzes** an einer Sache und zwar selbst bei einem nur vorübergehenden Besitzwechsel. Jedoch muss dem Besitz ein eigenständiger wirtschaftlicher Wert zukommen, z.B. wenn mit dem Besitz **wirtschaftlich messbare Gebrauchsvorteile** verbunden sind, die der Täter oder der Dritte nutzen will. Dagegen genügt – wie beim Raub – **nicht**, wenn der Täter zwar kurzzeitigen Besitz begründen will, die Sache aber unmittelbar nach der Erlangung **vernichtet** werden soll. (BGH, 4 StR 502/10). Ebenso genügt es nicht, wenn er den Vermögensvorteil lediglich als notwendige oder mögliche Folge seines ausschließlich auf einen anderen Zweck gerichteten Verhaltens hinnimmt (BGH, 3 StR 392/11, JuS 2013, 468), z.B. Wegnahme zwecks Beweisvereitelung. An der (Dritt-)Bereicherungsabsicht fehlt es bei bloßer **Schädigungsabsicht**. *[Fall: Täter will die Gemeinde G ruinieren. Er entführt deshalb eine Mitarbeiterin einer mit der Gemeinde verbundenen GmbH und verlangt als „Lösegeld", dass sämtliche liquiden Mittel der GmbH auf ein Spendenkonto einer gemeinnützigen Einrichtung überwiesen werden.]* Hier geht es dem Täter alleine um die Schädigung der Gemeinde. Die Bereicherung des Spendenempfängers ist für ihn bloß notwendige (oder mögliche) Folge seiner Tat, auf die es ihm aber in keiner Weise ankam. (BGH, 4 StR 175/11)
Rechtswidrigkeit der Bereicherung ***Def.:*** Der Täter will sich oder einen Dritten dann zu Unrecht bereichern, wenn er einen Vermögensvorteil erstrebt, auf den er oder der Dritte keinen rechtlich begründeten Anspruch haben.	Bei der Erpressung ist die Rechtswidrigkeit des erstrebten Vermögensvorteils normatives Tatbestandsmerkmal, auf das sich der zumindest bedingte Vorsatz des Täters erstrecken muss. Wird mit Nötigungsmitteln die Rückzahlung einer begründeten Forderung durchsetzt, kommt mangels Rechtswidrigkeit der Bereicherung nur § 240 in Betracht (BGH, 4 StR 438/09). Gleiches gilt, wenn durch wirksame Aufrechnung eine Kaufpreisforderung erfüllt und dann mit Nötigungsmitteln die Übereignung erzwungen wird (BGH, 6 StR 312/21, **RA 2022, 157**). Stellt sich der Täter für die erstrebte Bereicherung eine in Wirklichkeit nicht bestehende Anspruchsgrundlage vor, liegt ein Tatbestandsirrtum gem. **§ 16 I 1** vor (BGH, 2 StR 163/13; vgl. BGH, 2 StR 512/16, **RA 2017, 553**). Es bleibt jedoch § 240; hier fällt obiger Irrtum unter **§ 17**! Ein Tatbestandsirrtum hinsichtlich der Rechtswidrigkeit der erstrebten Bereicherung liegt hingegen nicht schon dann vor, wenn sich der Erpres-ser nach den Anschauungen der einschlägig kriminellen Kreise als berechtigter Inhaber eines Anspruchs gegen das Opfer fühlt. Ent-scheidend ist, ob er sich vorstellt, dass dieser Anspruch auch von der Rechtsordnung anerkannt wird und er seine Forderung demgemäß mit gerichtlicher Hilfe in einem Zivilprozess durchsetzen könnte (BGH, 1 StR 223/16). Umgekehrt ist der Fall gelagert, wenn die vom Täter erstrebte Bereicherung rechtmäßig war, er aber glaubte, diese sei unrechtmäßig. Dies führt zur Abgrenzung von untauglichem Versuch und Wahndelikt (hierzu oben bei § 242 beim Zahngold-Fall).

Räuberische Erpressung, § 255	
Drohung mit Gefahr für Leib oder Leben ***Def.:*** Mit „gegenwärtiger" Gefahr für Leib oder Leben droht, wer eine Schädigung der genannten Rechtsgüter in Aussicht stellt, die bei ungestörter Weiterentwicklung der Dinge als sicher oder höchstwahrscheinlich zu erwarten ist, falls nicht alsbald eine Abwehrmaßnahme ergriffen wird.	Droht der Täter gegenüber einem potentiellen Nötigungs-/ Erpressungsopfer mit der Anwendung von Gewalt gegen nichtmenschliche Objekte (hier: mit der **Tötung des Hundes** des Drohungsadressaten), liegt unabhängig von der Intensität der willensbeugenden Wirkung keine qualifizierte Drohung mit einer Gefahr für Leib oder Leben i.S.d. §§ 249, 255 vor (BGH, 3 StR 192/13, **RA 2013, 864)**. Gegenwärtig ist auch eine „**Dauergefahr**", die jederzeit – zu einem ungewissen Zeitpunkt, alsbald oder auch später – in eine Rechtsgutsverletzung umschlagen kann. (BGH, 4 StR 208/14, JuS 2015, 467 [T hält O Messer vor, um O zu künftiger Zahlung zu bewegen]). Beispiel: Ankündigung gegenüber einem Lebensmittelmarkt, man werde Produkte vergiften, falls die Geldforderung nicht erfüllt werde (BGH, NStZ-RR 1999, 266). (Beachte die Parallele zu § 34 StGB, d.h. die Gegenwärtigkeit ist auch anzunehmen, wenn der Drohungsadressat einer Dauergefahr alsbald zur Abwehr der Gefahr reagieren muss.)
Gewalt gegen eine Person ***Def.:*** Gewalt gegen eine Person ist jeder körperlich wirkende Zwang, um einen gegen die Wegnahme geleisteten oder erwarteten Widerstand zu brechen. Der Widerstand muss also nicht tatsächlich geleistet werden, es reicht aus, wenn der erwartete Widerstand von vorneherein unmöglich gemacht wird (z.B. durch Niederschlagen des Opfers). Gewalt gegen eine Person setzt eine unmittelbar oder mittelbar gegen den Körper des Opfers gerichtete Einwirkung voraus.	Grds. ist sowohl **vis absoluta** (willensbrechende Gewalt) als auch **vis compulsiva** (willensbeugende Gewalt) erfasst. Auch eine mittelbare physische Einwirkung ist tatbestandsmäßig, wenn sie zu einer erheblichen körperlichen Zwangswirkung führt. Gewalt **gegen Sachen** ist nur dann Gewalt gegen eine Person, wenn sich die unmittelbare Sacheinwirkung **zugleich mittelbar gegen eine Person** in Form eines körperlich wirkenden Zwangs richtet (z.B. Zuschließen einer Tür, um eine Person einzusperren). Ansonsten fehlt es an der erforderlichen Personenbezogenheit. Um die Grenzen zur Drohungsalternative nicht zu verwischen, ist insbes. bei psychosomatischen Zwangswirkungen ein **restriktiver Gewaltbegriff** anzuwenden. Ein nur psychisch wirkender Zwang, wie das Auslösen von Angst und Erregung, genügt daher nicht. Ebensowenig z.B. das Schütten von Motoröl auf die Windschutzscheibe im fließenden Straßenverkehr (BGH, 4 StR 116/19).
Finalzusammenhang	Auch bei der (räuberischen) Erpressung bedarf es - wie beim Raub - eines finalen Zusammenhangs, der dort zwischen dem Einsatz des Nötigungsmittels und dem erstrebten Vermögensvorteil bestehen muss (BGH, 4 StR 607/16). Die Ausführungen beim Raub (s.u.) gelten entsprechend.
(P): Genötigter und Bedrohter sind nicht identisch	Wenn die Gewalt einem Dritten angetan oder angedroht wird, liegt § 255 nur vor, wenn sich der Erpresste für den Dritten verantwortlich fühlen muss (z.B. Bankmitarbeiter für Kollegen oder Kunden). Nach einer M.M. ist § 255 gar nur zu bejahen, wenn zwischen den Erpressten und dem bedrohten Dritten eine Beziehung i.S.d. § 35 („Sympathieperson") besteht. Abzulehnen, da dann der Fall der Geiselnahme eines Bankkunden, um die Kassiererin zur Herausgabe des Geldes zu zwingen, nur gem. § 253 und nicht gem. § 255 strafbar wäre.

Raub, § 249

I. Tatbestand
- **1. Raubmittel**
  - **a) Gewalt gegen eine Person**
  - **b) Drohung mit gegenwärtiger Gefahr für Leib oder Leben**
- **2. Fremde bewegliche Sache**
- **3. Wegnahme**
- **4. Vorsatz bzgl. 1. bis 3.**
- **5. Finalzusammenhang**
  - *[a.) Subjektive Finalität zwischen qualifizierter Nötigung und Wegnahme*
  - *[b.) Raubspezifische Einheit (zeitlich-örtlicher Zusammenhang)]*
- **6. Absicht rechtswidriger Zueignung**
  - **a) Zueignungsabsicht**
  - **b) Rechtswidrigkeit der beabsichtigten Zueignung**
  - **c) Vorsatz bzgl. b.**

II. Rechtswidrigkeit

III. Schuld

Wegnahme	Das Merkmal der Wegnahme folgt an sich den gleichen Definitionen wie beim Diebstahl (BGH, 2 StR 115/12, **RA 2013, 640**). Während ein abgenötigtes **Einverständnis** den Tatbestand des § 249 I nicht ausschließt, ist ein wirksames Einverständnis doch dann denkbar, wenn dieses bereits vor Einsatz des qualifizierten Nötigungsmittels erteilt wurde (OLG Braunschweig, 1 Ss 65/15, **RA 2016, 605**). Im Rahmen des „Bruchs" des Gewahrsams stellt sich jedoch die Frage, wie die Abgrenzung zur räuberischen Erpressung durchzuführen ist.
Anknüpfend an das Merkmal Wegnahme: (P): Abgrenzung Raub und räuberische Erpressung Aufsatz: Rönnau, JuS 2012, 888	**h.L. (Exklusivitätstheorie):** § 253 strukturgleich zu § 263, da Opfer zur „Herausgabe" gebracht wird ➔ § 253 verlangt Vermögensverfügung ➔ § 253 (Verfügung) und § 249 (Wegnahme) sind streng alternativ ➔ Abgrenzung: innere Willensrichtung: Notwendigkeit der Mitwirkung: wenn ja, liegt Verfügung, also § 253 vor, ansonsten Wegnahme und damit § 249 **Problemfall**: mögl. Strafbarkeitslücke bei §§ 239a/b, wenn Täter handelt, um zu rauben, aber keine schweren Folgen i.S.d. § 239b angedroht werden; nach BGH liegt auch in diesem Fall 239a vor (z.B. BGH, 1 StR 424/18, **RA-Telegramm 2019, 88**). **BGH (Spezialitätstheorie):** § 253 ist strukturgleich zu § 240 (Wortlaut!) ➔ § 249 ist spezieller Fall des § 253 (Duldung der Wegnahme) ➔ Abgrenzung nach äußerem Erscheinungsbild des Gebens (dann § 253) oder Nehmens (dann § 249) (BGH, 5 StR 606/17, **RA 2018, 557**) **Automaten-Schubser-Fall:** Nach Eingabe der PIN stößt Täter den Berechtigten vom Geldautomaten weg, wählt einen Auszahlungsbetrag und entnimmt das vom Geldautomaten ausgegebene Bargeld. §§ 249, 242 kommen nur in Betracht, solange jedenfalls entweder die Bank oder der Kunde einen Gewahrsam haben und dieser auch gebrochen wird. Drei BGH-Senate präsentieren drei unterschiedliche Lösungen: **2. Senat:** Es fehlt am Gewahrsamsbruch, da der Berechtigte noch keinen Gewahrsam erlangt hat, aber (wegen ordnungsgemäßer Bedienung) ein Einverständnis der Bank mit der Herausnahme des Geldes besteht. Also § 249 (-). § 255 nach h.L. (-), da keine Verfügung des Berechtigten. § 255 nach BGH (+), da der Berechtigte die Ansichnahme des Geldes duldet (BGH, 2 StR 154/17, **RA 2018, 48** = JuS 2018, 301 = JA 2018, 309).

3. Senat: Fortbestehender gelockerter Gewahrsam der Bank an den Scheinen im Ausgabefach (BGH, 3 StR 333/18, **RA 2019, 545** = JA 2020, 66 [Anfragebeschluss an 2. Senat]).

4. Senat: Es bestehe Gewahrsam des Berechtigten (BGH, 4 StR 338/20, **RA 2021, 329** = JA 2021, 519). Dies ist fragwürdig, da sich das Geld noch im Automaten befindet, als der Berechtigte weggeschubst wird.

Wahlfeststellung: Da Raub der Spezialfall zu § 255 ist, kann es nach BGH zwischen diesen Delikten keine Wahlfeststellung geben! (Nach h.L. hingegen schon!) Vielmehr ist nach BGH eindeutig aus dem Generaldelikt § 255 zu verurteilen (BGH, 3 StR 92/14).

Problemfälle:

1.) Unzulässige (?) Strafrahmenschärfung bei **gewaltsamer Gebrauchsanmaßung**: Wer ohne Zueignungsabsicht gem. § 249 einen anderen mit Gewalt dazu zwingt, die Wegnahme einer Sache zu dulden, kann keinen Raub, jedoch nach BGH eine räuberische Erpressung begehen. Ein mit einer Erpressung erstrebter Vermögenszuwachs kann auch die (vorübergehende) Erlangung des Besitzes an einer Sache sein, sofern dem Besitz ein eigenständiger wirtschaftlicher Wert zukommt (BGH, 2 StR 504/19).
Nach h.L. schließt die Wegnahme schon die nach h.L. bei § 253 nötige Vermögensverfügung aus.

2.) Beachte auch OLG Celle, 1 Ws 355/11, wo es zur Lösung des Falles wohl auch auf diesen Streit ankommt.
[Der Fall: Die – eingeweihte – übergeordnete Mitgewahrsamsinhaberin ist mit der „Ansichnahme“ des Geldes durch die Täter einverstanden. Der im Gewahrsam untergeordnete Kollege aber nicht.]

Die <u>Lösung</u>: Kein Raub, da wegen Einverständnis keine Wegnahme. Nach OLG wurde dem Kollegen aber die Duldung der Ansichnahme des Geldes abgenötigt, also räuberische (Dreiecks-)Erpressung. Nach Lit. wäre § 253 ausgeschieden, da die Täter sich das Geld selbst hätten nehmen können, also keine notwendige Mitwirkungshandlung, also keine Vermögensverfügung, gegeben war.

Sonderfall: Versteckpreisgabe:
[Fall: Täter zwingt das Opfer preiszugeben, wo in der Wohnung der Schmuck versteckt ist. Nach Erlangung der Information räumt der Täter das Versteck selbst aus.]

In der **Lit.** wollen einige auf die **Preisgabe** an sich abstellen, weil nunmehr die entscheidende Hürde überwunden sei und der Täter erst durch die Preisgabe in der Lage sei, eigenständig auf das Versteck zuzugreifen. Diese notwendige Mitwirkungshandlung des Opfers sei als Verfügung zu werten, weshalb **§ 255** eingreife.

Gegen diese Annahme einer räuberischen Erpressung der BGH, 3 StR 63/21, **RA-Telegramm 2022, 2**: Durch die erzwungene Preisgabe des Verstecks konnte für sich genommen noch kein Vermögensnachteil bewirkt werden. Also **§ 249** erst bei **Zugriff** auf das Versteck. [Weiteres Argument für den BGH: Rücktrittsmöglichkeit bleibt erhalten.] *Nicht vergessen: Erpresserischer Menschenraub, **§ 239a**, liegt ebenfalls vor.*

Zur Versteckpreisgabe im Versuchsstadium: BGH, 2 StR 75/13

	<u>Achtung</u>: Etwas anders ist der Fall gelagert, wenn der **Täter das Opfer zwingt, den Tresor mit einem Schlüssel zu öffnen**, den das Opfer bei sich führt, und der Täter dann selbst den Tresor leerräumt. Sofern der Täter weiß, dass das Opfer den Schlüssel mitführt, stellt auch nach der o.g. Lit.-Ansicht das Öffnen des Tresors keine notwendige Mitwirkungshandlung, also keine Verfügung, also keine Erpressung dar. Folglich ist dieser Fall eindeutig als Raub zu klassifizieren (BGH, 5 StR 542/09; 5 StR 662/18, **RA-Telegramm 2019, 51**). Nochmal anders stellt sich der Fall dar, wenn der Täter dem Opfer die **PIN abnötigt** und dann mit der **Girocard** und der PIN Geld am Automaten abhebt. In diesem Fall geht der BGH davon aus, dass doch schon auf die Preisgabe der PIN abzustellen sei und der Fall folglich als (räuberische) Erpressung gewertet werden müsse. Der Schaden liege in der jederzeitigen Zugriffsmöglichkeit auf das Konto (Gefährdungsschaden). (BGH, 3 StR 294/10; vgl. auch BGH, 5 StR 365/16) Teilt das Opfer dem Täter die falsche PIN mit, liegt lediglich ein Versuch vor (BGH, 5 StR 216/14, **RA 2014, 545**). **(P): Raub in mittelbarer Täterschaft** Wer einen Tatmittler unter Verheimlichung seiner wahren Absichten dazu veranlasst, gegen ein Opfer Gewalt anzuwenden, deren Wirkungen er anschließend – wie beabsichtigt – selbst zu einer Wegnahme ausnutzt, macht sich wegen Raubes in mittelbarer Täterschaft strafbar (BGH, 3 StR 231/12, JA 2013, 71).
Gewalt durch Unterlassen	*[Fall: Täter fesselt Opfer, um es ihm nach einem Streit „zu zeigen" in dessen Wohnung. Erst danach überlegt er sich, dem Gefesselten noch 100 € abzunehmen.]* BGH, 2 StR 283/03: Durch das Aufrechterhalten des rechtswidrigen Zustands, den der Täter zurechenbar bewirkt hat, setzt sich – **anders** als etwa beim **Niederschlagen des Opfers** *[hier den Raub ablehnend BGH, 5 StR 39/09]* – die Gewalthandlung fort, sie ist erst beendet mit dem Aufschließen oder dem Lösen der Fesselung. Folglich hat der BGH im **Fesselungs-Fall** einen Raub durch Unterlassen bejaht. Der Täter, der sein Opfer zunächst - wenn auch aus anderem Grunde - gefesselt hat und diese Zwangslage im engen zeitlichen und räumlichen Zusammenhang zur Wegnahme von dessen Sachen ausnutzt, soll nach Ansicht des BGH also genauso bestraft werden, wie derjenige, der sein Opfer von vornherein zum Zwecke der Wegnahme fesselt.
Finalzusammenhang *(Prüfung: Nach dem Vorsatz aber vor der Zueignungsabsicht, str.!)*	Die Gewalt oder die Drohung müssen Mittel zur Ermöglichung der Wegnahme sein, nicht nur bloße Begleiterscheinungen (nicht bloß „bei Gelegenheit"). Es muss auch kein Kausalzusammenhang zwischen dem Einsatz der Nötigungsmittel und der Wegnahme bestehen. Es reicht aus, wenn aus der Sicht des Täters eine finale Verknüpfung zwischen Nötigung und Wegnahme dergestalt besteht, dass der Gewahrsamsbruch durch Ausschaltung eines geleisteten oder erwarteten Widerstands ermöglicht oder zumindest erleichtert werden soll. Allein seine Vorstellung und sein Wille sind für den Finalzusammenhang maßgebend (BGH, 1 StR 413/18, JuS 2018, 1246). (-), wenn der Täter erst Gewalt anwendet und sich danach zur Wegnahme entschließt, selbst wenn die Wirkungen der Gewalt noch andauern und der Täter dies ausnutzt (BGH, 6 StR 298/21, **RA-Telegramm 2021, 86** = JA 2021, 959; BGH, 2 StR 134/15, JA 2015, 791; 5 StR 41/14, JuS 2014, 656)

	(+), wenn die Gewaltanwendung zwar nicht mehr andauert, aber noch in der Weise fortwirkt, dass sie als aktuelle Drohung erneuter Gewaltanwendung auf das Opfer einwirkt und der Täter diesen Umstand bewusst dazu ausnutzt, dem Opfer, das sich dagegen nicht mehr zu wehren wagt, die Beute wegzunehmen (BGH, 2 StR 170/20, **RA 2021, 608**). Diese **konkludente Drohung** mit Fortführung der Gewalt setzt also voraus, dass sich den Gesamtumständen einschließlich der zuvor verübten Gewalt die aktuelle Drohung erneuter Gewaltanwendung entnehmen lässt, der Täter also in irgendeiner Form schlüssig erklärt, er werde einen eventuell geleisteten Widerstand mit Gewalt gegen Leib oder Leben brechen. Nur dann wirkt die zuvor verübte Gewalt als aktuelle Drohung erneuter Gewaltanwendung weiter (BGH, 2 StR 170/20, **RA 2021, 608**; 1 StR 444/14, **RA 2015, 281, 283**). (+), wenn sich Täter während einer Drohung zur Wegnahme entschließt (§ 53) (+), wenn sich Täter entschließt, der bereits gefesselten Person etwas zu entwenden (beachte: in diesem Fall kommt nur noch eine **Gewalt durch Unterlassen** in Betracht) (-), wenn sich Täter entschließt, einer bewusst- oder wehrlosen Person (z.B. nach einem Schlag) etwas zu entwenden (Unterschied zur Fesselung: die Fesseln wirken fort) (BGH, 2 StR 340/12) (-), wenn es im Rahmen eines sich länger hinziehenden Geschehens zu Gewalt oder Drohungen kommt, um das Opfer zu verletzen, bestrafen oder zu demütigen, und der Täter erst anschließend den Entschluss fasst, diesem eine Wegnahme abzunötigen (BGH, 4 StR 108/18; BGH, 5 StR 41/14, JuS 2014, 656; vgl. BGH, 5 StR 606/17, **RA 2018, 557,** bei unterschiedlichen Tatobjekten) ⇨ Das bloße Ausnutzen der Angst des Opfers vor erneuter Gewaltanwendung ist für sich genommen noch keine Drohung (BGH, 2 StR 432/20, **RA 2021, 499**). (-), wenn Gewalt und Drohungen ausschließlich dazu dienen, das Opfer zur Duldung sexueller Übergriffe zu nötigen und der Täter dann den Entschluss zur Wegnahme erst nach Abschluss der sexuellen Übergriffe fasst (BGH, 3 StR 488/16, **RA 2017, 328**).
Zusätzlich: Raubspezifische Einheit (zeitlich-örtlicher Zusammenhang)	Weiterhin müssen die den Raub konstituierenden Elemente der Nötigungshandlung und der Wegnahme eine **raubspezifische Einheit** bilden und in einem **zeitlichen und örtlichen Zusammenhang** stehen. Sie dürfen nicht isoliert nebeneinanderstehen, sondern müssen das **typische Tatbild eines Raubes** ergeben. Eine solche raubspezifische Einheit von qualifizierter Nötigung und Wegnahme liegt regelmäßig lediglich dann vor, wenn es zu einer – in der Vorstellung des Täters nachvollzogenen – **nötigungsbedingten Einschränkung der Dispositionsfreiheit des Gewahrsamsinhabers über das Tatobjekt** gekommen ist. Nicht gefordert für den raubspezifischen Zusammenhang ist, dass der Ort der Nötigungshandlung und der Wegnahmehandlung identisch sind oder ein bestimmtes Maß an zeitlicher oder örtlicher Differenz zwischen Nötigung und Wegnahme nicht überschritten werden darf. Es entscheiden jeweils die Umstände des Einzelfalls. (Unbedingt lesen: BGH, 1 StR 398/15, **RA 2016, 381** = JA 2016, 632 = JuS 2016, 754 [wohl zu verneinen für den Fall, dass Täter zwischen Gewalt und Wegnahme duscht], 5 StR 98/16, **RA 2016, 553** [bejaht für den Fall, dass Täter das verletzte Opfer ins Krankenhaus begleitet und danach in die nunmehr „freie" Wohnung zurückkehrt] und 2 StR 85/19, **RA 2020, 106** [bejaht, wenn der Täter zunächst Schlüssel raubt, um dann mit diesen nach 20 Minuten Fahrt in eine Filiale einzudringen, um Geld aus dem Tresor wegzunehmen]).

Räuberischer Diebstahl, § 252

I. Tatbestand
1. Taugliche Vortat
2. Auf frischer Tat betroffen
3. Raubmittel
a) Gewalt gegen eine Person
b) Drohung mit gegenwärtiger Gefahr für Leib oder Leben
4. Vorsatz bzgl. 1. bis 3.
5. Besitzerhaltungsabsicht
II. Rechtswidrigkeit
III. Schuld

Taugliche Vortat: „Diebstahl“	**Taugliche Vortat ist bei § 252 der „Diebstahl“. Demgegenüber kann § 252 schon nach dem Wortlaut nicht an § 246 anknüpfen. Auch z.B. §§ 253, 263, 259, 266 scheiden als Vortat aus.** **(P): 249 als Vortat des 252** Nach BGH entspricht es dem „typischen Leitbild“ des Räubers, dass derjenige, der bereits Gewalt zur Erlangung der Sache eingesetzt hat, weitere Gewalt einsetzt, um im Besitz der Sache zu bleiben. Folglich werden nach Vollendung des Raubes folgende Gewalt-handlungen dem 249 zugerechnet. Wohl h.L. ordnet demgegenüber nach Vollendung des § 249 erfolgende Gewalthandlungen dem § 252 zu. (Die Vollendung der Wegnahme sei die Trennungslinie zwischen § 249 und § 252.) *Hintergrund des Streits ist primär die Frage nach der sukzessiven Verwirklichung einer Qualifikation (vgl. Näheres bei § 250).* Wenn Beutesicherungsabsicht vorliegt, entsteht nach Lit. ein Konkurrenzproblem zw. §§ 249 und 252, da der Täter nur einmal weggenommen hat.
Auf frischer Tat betroffen **Def.:** „Auf frischer Tat“ betroffen ist der Dieb dann, wenn er noch am *Tatort* oder in dessen *unmittelbarer Nähe* nach der Tatausführung wahrgenommen oder bemerkt wird.	Der **zeitliche Anwendungsbereich** endet nach h.M. mit der Beendigung der Vortat, danach findet § 240 Anwendung. Jedoch kann die Tat bereits vor der Beendigung nicht mehr „frisch“ sein. In **räumlicher** Hinsicht muss der Täter entweder am Tatort selbst oder in dessen unmittelbarer Nähe betroffen sein. *[Fall: T steckt im SB-Laden Waren in seinen Rucksack, verlässt das Geschäft, ohne zu bezahlen, und geht zur nahegelegenen Bushaltestelle. Inhaberin I nahm die Verfolgung auf und findet T an der Haltestelle. T wendet Gewalt an, um die Beute zu behalten.]* BGH, 5 StR 395/14, bejaht nach obigen Regeln die frische Tat. *[Fall: Täter bestiehlt Opfer im Nachtzug und deponiert die Beute im Gepäckwagen. Als er später die Beute holt, wird er vom Zugbegleiter gestellt und wendet gegen diesen Gewalt an, um die Beute zu sichern und um den Fahrpreis nicht entrichten zu müssen.]* BGH, 1 StR 378/12, verneint bzgl. der Beute die frische Tat, da es wegen der Deponierung im Gepäckabteil eine Zäsur gegeben habe. Eine „Sicherungserpressung“ scheitert daran, dass kein weiterer Schaden angerichtet wurde. Jedoch bejaht der BGH eine räuberische (Dreiecks-)Erpressung zum Nachteil der Bahn bzgl. des Fahrpreises.

	Betroffen ist der Täter jedenfalls stets dann, wenn er wahrgenommen wird, also durch Sehen oder Hören bemerkt worden ist, was auch vor Vollendung der Wegnahme geschehen kann. Wer den Täter betrifft, ob das Opfer oder ein Dritter, ist unerheblich. Irrelevant ist auch, ob der Täter als Tatverdächtiger wahrgenommen wird oder nicht. Ob ein Betroffensein auch vorliegt, wenn der Täter dem Betroffenwerden z.B. durch schnelles Zuschlagen **zuvorkommt**, also gar nicht wahrgenommen wird, ist streitig. Nach BGH ist ein sinnliches Wahrnehmen nicht erforderlich, genügen soll jedes raumzeitliche Zusammentreffen. Dies ist im Hinblick auf den Wortlaut kritisch zu sehen und muss der in Klausur sorgfältig begründet werden. **Beachte:** Der Diebstahl muss nicht mehr in dem Zeitpunkt „frisch“ sein, in dem der Dieb das qualifizierte Nötigungsmittel anwendet, sondern in dem Zeitpunkt, in dem er betroffen, also wahrgenommen, wird (BGH, 3 StR 112/15, **RA 2015, 672** = JuS 2015, 1043; als Klausur bei Brand/Freitag, JuS 2017, 235).
Tauglicher Täter	Täter des § 252 kann grundsätzlich nur derjenige sein, der am Diebstahl **(mit-)täterschaftlich** beteiligt war. Ob darüber hinaus auch ein **Gehilfe des § 242**, der sich inzwischen selbst im **Besitz** der entwendeten Sache befindet und diese für sich selbst sichern will, als Täter des § 252 in Betracht kommt, ist streitig. Auch wenn dieser Fall wohl vom Wortlaut noch erfasst wäre, dürfte dagegensprechen, dass § 252 – ebenso wie § 249 I – ein mehraktiges Delikt ist. Folglich kann hier – wie beim Raub – auch nur derjenige Täter sein, der bzgl. aller enthaltenen Akte die Voraussetzungen der Täterschaft erfüllt (Bosch, JURA 2018, 354, 362 f.). A.A. wohl BGH, 3 StR 373/14, **RA 2014, 661** für den Fall, dass sich der Diebstahlsgehilfe im Besitz der Diebesbeute befindet. Fall (BGH, 3 StR 373/14, **RA 2014, 661**): F nimmt aus eigenem Entschluss eine Sache weg. Als sie vom Eigentümer gestellt wird, schlägt M, der Freund der F, zu, damit der „einmal erlangte Gewahrsam nicht wieder verloren geht“. Wenn und weil zwischen M und F keine Mittäterschaft vorliegt und weil M auch (als Gehilfe) nicht im Besitz der Sache war, scheidet § 252 aus.
Besitzerhaltungs-absicht	**OLG Brandenburg, 28.11.2007 – 1 Ss 94/07** Die Absicht der Gewahrsamsbehauptung muss nicht der einzige oder dominierende Beweggrund des Täters gewesen sein; es reicht aus, wenn sie durch andere Motive, insbesondere die Fluchtabsicht begleitet wird, ohne von dieser verdrängt zu werden. Die Beute-sicherung muss aber mit Absicht im Sinne zielgerichteten Willens verfolgt werden. Achtung: Ist die Sicherung der Beute eine bloße „Begleiter-scheinung“ der beabsichtigten Flucht des Diebes vor seiner Fest-nahme, liegt keine Beutesicherungsabsicht vor. *[Fall: Täter T hat die Beute in die Hosentasche gesteckt und flieht vor dem Sicherheitspersonal. Während der Flucht kann er die Beute, da sie in der Hosentasche ist, schwerlich fallen lassen oder gar aus der Tasche herausholen und wegwerfen. Wenn T nur flieht, um seiner Festnahme zu entgehen, war bei erfolgreicher Flucht die Sicherung der Beute eine „notwendige Begleiterscheinung“, aber von T gerade nicht beabsichtigt.]* BGH, 1 StR 389/14: Ein vom Ladendetektiv festgenom-mener Dieb wollte „mitsamt seiner Diebesbeute fliehen“ und versuchte dabei, „den Detektiv zur Seite zu stoßen“. Der BGH hat die Verurteilung wegen § 252 aufgehoben und zur weiteren Aufklärung an das LG zurückverwiesen: Die Flucht unter (objektiver) Mitnahme der Beute begründet die für den Tatbestand des § 252 erforderliche Besitzerhaltungsabsicht nicht ohne weiteres, sondern legt sie allenfalls nahe.

	Der Wortlaut der Norm erfasst nur die Absicht, **sich selbst** im Besitz der Sache zu erhalten! Eine **Dritt**besitzerhaltungsabsicht ist gem. § 252 **nicht** strafbar und kann – wenn man dies annimmt – als Verstoß gegen das Analogieverbot gewertet werden! *[BGH, 3 StR 373/14,* ***RA 2014, 661****: A stiftet T an, eine Sache wegzunehmen. Nach Begründung der Gewahrsamsenklave stellt sich der Eigentümer in den Weg. A schlägt zu, um T den Besitz zu erhalten.]* Das Gesetz kennt keine Absicht, einem Dritten den Besitz der Sache zu erhalten. § 252 scheidet aus.

Qualifikation des § 250

(P): sukzessive Verwirklichung eines Qualifikationstatbestandes / Wie ist das Merkmal „bei der Tat" auszulegen? Klausur mit diesem (P) am Bspl. des § 244: Kraatz, JURA 2012, 994, 999	Nach BGH können die Qualifikationen der §§ 250, 251 auch noch nach der Vollendung des Grunddelikts verwirklicht werden. Nach Lit. kann in derartigen Fällen die Qualifikation nur bejaht werden, wenn ein neues Grunddelikt (§§ 249, **252**, 255) verwirklicht wird. ***Hintergrund:*** An dieser Stelle kann die **Abgrenzung 249/255** entscheidende Bedeutung erlangen. **Nach BGH** ist eine sukzessive Qualifikation unabhängig vom Grunddelikt (§ 249 oder § 255) möglich. **Nach Lit.** ergibt sich hingegen, dass nur bei einem vorangegangenen Raub nach dessen Vollendung das weitere Verbrechen § 252 mit Qualifikation vorliegen kann. Wenn die Vortat hingegen § 255 ist, können nach Vollendung verwirklichte Qualifikationen (§§ 250, 251) nicht über das Grunddelikt § 252 erfasst werden, da §§ 253/255 für § 252 keine taugliche Vortat sind (vgl. Wortlaut!). Die §§ 253, 255 liegen i.d.R. auch nicht „ein zweites Mal" vor, da die sog. „**Sicherungserpressung**" zu keinem weiteren Vermögensschaden führt, also bloß ein Fall des § 240 ist (BGH, 3 StR 180/10). **Dennoch schränkte der BGH die Möglichkeit der sukzessiven Qualifikation ein:** BGH, 5 StR 31/09; 5 StR 542/09; 08.04.2010, 2 StR; 2 StR 424/14, **RA 2015, 389:** Eine sukzessive Qualifikation setzt voraus, dass die Tathandlungen **weiterhin von Zueignungs- oder Bereicherungsabsicht** getragen sind, insbesondere der **Beutesicherung** oder der Erlangung weiterer Beute dienen. *(Diese restriktive Auslegung fußt auf dem Rechtsgedanken des § 252, dass nach bereits erlangtem Vermögensvorteil ein „Vermögens-Verbrechen" nur begangen werden kann, wenn der Täter mit der Absicht handelt, die Beute zu behalten.)* **Inzwischen dehnt der BGH seine Rspr. wieder aus.** In BGH, 4 StR 72/15 Rn 27, **RA 2016, 213, 217**, will es der BGH genügen lassen, wenn der Täter „zur **Flucht** oder Beutesicherung" handelt. In BGH, 2 StR 130/17, **RA 2017, 605** = JuS 2017, 1030 = JA 2018, 152, genügt ihm, dass die Gewaltakte nur noch dazu dienten, das „Opfer zum Schweigen zu bringen und dadurch eine **Entdeckung der Tat zu verhindern**", in BGH, 4 StR 602/20, **RA-Telegramm 2021, 32** = JA 2021, 258, dass aus **Wut** über die geringe Beute gehandelt wurde. ***Achtung:*** Damit werden „**Bestrafungs-Fälle**", in denen der Täter das Opfer nach Vollendung z.B. des Raubes zur Bestrafung für vorheriges „Fehlverhalten" misshandelt, **nicht mehr von den §§ 250, 251 erfasst** (so noch BGH, NStZ 1992, 589), wenn und weil es dem Täter in diesen Fällen an der Absicht der Beutesicherung [und auch der Fluchtsicherung] fehlt (offen gelassen von BGH, 2 StR 17/10, Rn 9).

	Konkurrenzen: Dient eine Körperverletzung der Beendigung des bereits vollendeten 255 (oder 249), so besteht insoweit Tateinheit, selbst wenn keine Beutesicherungsabsicht gegeben ist. Dies folgt aus dem engen räumlichen Zusammenhang und dem einheitlichen Handlungswillen (BGH, 3 StR 455/14). **(P): Sukzessive Mittäterschaft an einer Qualifikation** Die Zurechnung einer vom ursprünglichen Tatplan nicht umfassten Erfüllung eines Qualifikationsmerkmals kann auch dann noch erfolgen, wenn der qualifizierende Umstand nach der Tatvollendung noch vorliegt (z.B. Fesselung des Opfers) und von dem Hinzutretenden in dessen Kenntnis und unter Ausnutzung des Erschwerungsgrundes noch auf die Sicherung des Taterfolges gerichtete Handlungen vorgenommen werden (BGH, 4 StR 14/20, **RA 2020, 605**).
(P): Verwendung eines gefährlichen Werkzeugs Der Strafschärfungsgrund der gegenüber § 250 I Nr. 1a erhöhten Qualifizierung des Absatzes 2 Nr. 1 liegt darin, dass es **tatsächlich zum Einsatz** eines mitgeführten Werkzeugs **als Nötigungsmittel kommt**. Dabei ist zu fordern, dass das gefährliche Tatmittel **zur Verwirklichung der raubspezifischen Nötigung**, also zur Ermöglichung der Wegnahme, verwendet oder – nach Vollendung des Raubes – als Mittel zur Sicherung des Besitzes an dem gestohlenen Gut (mit Beutesicherungsabsicht) eingesetzt wird (BGH, 4 StR 403/11).	Der Begriff des gefährlichen Werkzeugs in § 250 II Nr. 1 ist identisch auszulegen wie in § 224 I Nr. 2 StGB. Maßgeblich ist nicht vorrangig die tatsächlich eingetretene Verletzungsfolge, sondern die potentielle Gefährlichkeit der konkreten Benutzung des Werkzeugs (BGH, 4 StR 538/14, **RA 2015, 336** = JA 2015, 471). Erfasst sind – wie bei § 224 I Nr. 2 – nur solche Gegenstände, die durch menschliche Einwirkung irgendwie gegen einen menschlichen Körper **in Bewegung gesetzt** werden können (BGH, 5 StR 574/12). Das Sprühen eines CS-Reizgassprays genügt insoweit (BGH, 1 StR 664/16). **Achtung:** *Der Streit zur Auslegung des Begriffs des gefährlichen Werkzeugs (hierzu oben bei § 244) spielt hier keine Rolle, weil der Täter das Werkzeug ja konkret verwendet. Insoweit ist die vom Gesetzgeber intendierte Verweisung auf die Definition aus dem Bereich der KV-Delikte auch wieder passend.* Ein **gefährliches Werkzeug** i.S.d. § 250 II Nr. 1 wird nach der Recht-sprechung des BGH nicht nur dann benutzt, wenn der Täter ein generell gefährliches Tatmittel einsetzt, sondern auch, wenn sich die objektive Gefährlichkeit eines an sich ungefährlichen (neutralen) Gegenstandes erst aus seiner konkreten Verwendung ergibt, weil diese geeignet ist, erhebliche Verletzungen zuzufügen; **die Gefährlichkeit kann sich gerade daraus ergeben, dass ein Gegenstand bestimmungswidrig gebraucht wird** (hier: Legen eines Kunst-stoffbandes um den Hals des Opfers). Der **Begriff des Verwendens** umfasst jeden zweckgerichteten Gebrauch. Nach der Konzeption der Raubdelikte bezieht er sich auf den Einsatz des Nötigungsmittels im Grundtatbestand, so dass das Verwenden immer dann zu bejahen ist, wenn der Täter zur Erlangung (§§ 249, 255) oder Verteidigung (§ 252) seiner Beute eine Waffe oder ein gefährliches Werkzeug gerade als Mittel entweder der Gewalt gegen eine Person oder der Drohung mit gegenwärtiger Gefahr für deren Leib oder Leben gebraucht (vgl. BGH, 3 StR 157/16). Erforderlich ist ein Einsatz der Waffe oder des gefährlichen Werk-zeugs im Zeitraum **zwischen Versuchsbeginn und Tatbeendi-gung**. Hierbei muss die Verwendung nicht bis zum Vollendungs-zeitpunkt andauern (kein „Teilrücktritt" von der Qualifikation, BGH, 5 StR 526/18, **RA 2019, 272**). Ein Verwenden lediglich im Vorbereitungsstadium reicht jedoch nicht aus (BGH, 4 StR 322/17). Die (vollendete) Verwendung eines Werkzeuges zur Drohung setzt voraus, dass das **Opfer** das Nötigungsmittel als solches **erkennt und** die Androhung seines Einsatzes **wahrnimmt**. Ob das Opfer das Werkzeug **sieht** oder z.B. im Rücken **spürt** (BGH, 2 StR 200/17, **RA-Telegramm 2018, 51** = JuS 2018, 393) oder z.B. **hört** (Durchladen) oder ob der Täter

	in der Dunkelheit mit dem Einsatz eines Messers **droht** (BGH, 3 StR 5/20, **RA 2020, 384** = JA 2021, 77) spielt keine Rolle. Bedient sich der Täter zur Drohung eines objektiv ungefährlichen Gegenstandes, so verwendet er ihn dann als gefährliches Werkzeug, wenn er ankündigt, ihn in einer Weise zu benutzen, die geeignet ist, erhebliche Verletzungen zu verursachen. Dabei kann die Drohung ausdrücklich oder konkludent geäußert werden. (BGH, 3 StR 190/10) **Bemerkt ein Geschädigter die Waffe oder das Werkzeug nicht**, so wurde das Tatmittel bei der Tat ihm gegenüber nicht als Drohmittel „verwendet". In Betracht kommt dann eine Strafbarkeit wegen (einfachen) schweren Raubes gem. § 250 I Nr. 1a, der eine Kenntnis des Opfers von der Existenz des gefährlichen Werkzeugs nicht voraussetzt (BGH, 1 StR 444/14; 3 StR 316/11) und wegen **Versuchs** der Verwendung, wenn das Täter einen entsprechenden Tatentschluss hatte.
§ 250 II Nr. 3a Schwere körperliche Misshandlung	Zur Bejahung des § 250 II Nr. 3a ist nicht der Eintritt einer schweren Folge i.S.v. § 226 oder einer schweren Gesundheitsschädigung i.S.v. § 239 III Nr. 2 erforderlich. Es ist jedoch notwendig, dass die körperliche Integrität des Opfers entweder mit erheblichen Folgen für die Gesundheit oder aber in einer Weise, die mit erheblichen Schmerzen verbunden ist, beeinträchtigt wird (BGH, 2 StR 562/15).

Vor allem für Referendare: Bei einer Verurteilung wegen § 250 II ist die Tat im **Urteilstenor** als „besonders schwerer Raub" zu bezeichnen, bei § 250 I als „schwerer Raub" (BGH, 3 StR 196/16).

	Erfolgsqualifikation des § 251
(P): Bezugspunkt zum Grunddelikt	Wie alle Erfolgsqualifikationen verlangt auch § 251, dass nicht nur der Ursachenzusammenhang im Sinne der Bedingungstheorie gegeben ist, sondern sich im Tod des Opfers tatbestandsspezifische Risiken verwirklichen, die typischerweise mit dem Grundtatbestand einhergehen (ungeschriebenes Merkmal: Unmittelbarkeitszusammenhang). Allgemein zu den Erfolgsqualifikationen oben im AT. Zur sukzessiven Qualifikation oben bei § 250. § 251 knüpft an die **Tathandlung** (Gewalt oder Drohung) des Grunddelikts an (BGH, 3 StR 189/19, **RA 2019, 657** [Opfer erstickt an Folgen der Fesselung]). Der qualifikationsspezifische Risikozusammenhang wird nicht dadurch unterbrochen, dass wegen einer wirksamen **Patientenverfügung** die Weiterbehandlung des moribunden Raubopfers abgebrochen wird (BGH, 3 StR 574/19, **RA 2020, 661** = JA 2021, 169 = JuS 2021, 86). § 251 kann auch dann gegeben sein, wenn der Täter die zum Tode führende Gewalt nicht mehr zur Ermöglichung der Wegnahme, sondern zur Flucht oder **Beutesicherung** anwendet, sofern sich in der schweren Folge noch die spezifische Gefahr des Raubes realisiert, und der Raub bzw. die räuberische Erpressung noch nicht beendet war (BGH, 4 StR 72/15, **RA 2016, 213, 217**). Der besondere **qualifikationsspezifische Zusammenhang** kann sich aber **nicht aber** mehr realisieren, wenn bei der zum Tode führenden Gewaltanwendung der Raub bzw. § 255 **bereits beendet** war. Dem steht es gleich, wenn der Raub bzw. § 255 **lediglich versucht und zum Zeitpunkt der tödlichen Gewalteinwirkung die Erlangung einer Tatbeute aus Sicht des Täters bereits endgültig gescheitert war** (BGH, 2 StR 469/18, **RA-Telegramm 2019, 114** = JuS 2019, 1219 = JA 2019, 950).

	Aber: Kein § 251, wenn der Tod des Opfers durch die Wegnahme bewirkt wird. Arg.: Es gibt keinen „Diebstahl mit Todesfolge".
(P): Leichtfertigkeit ***Def.:*** Leichtfertig handelt derjenige, der aus besonderer Gleichgültigkeit oder besonderem Leichtsinn die ihm mögliche Sorgfalt außer Acht lässt, wenn sich bei seinem Handeln der Todeseintritt geradezu aufdrängt.	„Wenigstens" leichtfertig stellt klar, dass die schwere Folge (erst recht) auch vorsätzlich herbeigeführt werden kann Hat bei einem Raub mit Todesfolge lediglich einer von mehreren Tatbeteiligten (Mittäter oder Teilnehmer) den qualifizierenden Erfolg verursacht, so sind die anderen gemäß § 251 nur strafbar, wenn sich ihr zumindest bedingter Vorsatz auf die Gewaltanwendungen erstreckt, durch welche der qualifizierende Erfolg herbeigeführt worden ist, und wenn auch ihnen in Bezug auf die Todesfolge wenigstens Leichtfertigkeit vorzuwerfen ist (BGH, 4 StR 72/15, **RA 2016, 213, 217**).

Freiheitsberaubung, § 239

§ 239 schützt die persönliche Fortbewegungsfreiheit eines Menschen. Fortbewegungsfreiheit meint die prinzipielle Freiheit zur Ortsveränderung, nicht aber die Freiheit, einen bestimmten Ort aufzusuchen (z.B. Aussperrung durch Streikposten) oder dort zu verweilen (z.B. Platzverweis). Auch greift § 239 nicht ein, wenn ein Fortbewegen – wenn auch unter erschwerten Bedingungen – möglich bleibt.

Der Schutzzweck des § 239 erfasst auch Einschränkungen der persönlichen Bewegungsfreiheit, durch die das Opfer gehindert wird, ein größeres Areal wie etwa das Gelände eines Krankenhauses oder einer geschlossenen Anstalt zu verlassen. Das Gebiet, aus dem sich das Opfer aufgrund der Tathandlung nicht entfernen kann, darf aber nicht beliebig weiträumig sein (z.B. Staatsgebiet von Syrien); ansonsten würde der Tatbestand in einer dem Schutzzweck der Norm widerstreitenden Weise überdehnt (BGH, 3 StR 410/14 = JuS 2015, 947).
(Übersichtsaufsatz: Bosch, JURA 2012, 604 ff.; Eidam, JuS 2010, 870 f.)

I. Tatbestand
 1. Tatobjekt: Mensch
 2. Tathandlung: Einsperren, oder auf andere Weise der Freiheit berauben
 3. Vorsatz
II. Rechtswidrigkeit
III. Schuld

Tatobjekt: Mensch	Nur, wer in der Lage ist, einen natürlichen Willen zur Ortsver-änderung zu bilden. (-) bei Säuglingen (+) wohl bei Kleinstkindern („krabbeln") (+) wohl bei Schlafenden und Bewusstlosen (potentielle Fortbewegungsfreiheit)
Def.: **Einsperren** ist das Verhindern des Verlassens eines umschlossenen Raumes durch äußere Vorrichtungen (z.B. Verschließen eines Ausgangs).	Nicht erfasst ist das Aussperren. *[Fall: Einbrecher steigt in Schlafzimmer ein und verschließt von innen die Tür, um in Ruhe nach Wertgegenständen suchen die können. Die Eigentümerin trommelt vom Flur aus gegen die Tür, kommt aber nicht ins Zimmer.]*
Def.: Die Freiheitsberaubung **auf andere Weise** umfasst dagegen jedes Tun oder Unterlassen, das einem anderen Menschen die Möglichkeit der	Grundsätzlich ist anerkannt, dass auch ein **bloßes Erschweren der Fortbewegung** tatbestandsmäßig sein kann. Dies ist aber für jeden Einzelfall danach zu beurteilen, was dem jeweiligen Opfer zumutbar ist, wobei an eine Unzumutbarkeit hohe Anforderungen zu stellen sind (BGH, 3 StR 10/18).

Fortbewegung vollständig nimmt.	239 (-) bei Wegnahme der Kleidung („Nacktbade-Fall“) 239 (+) bei Lebensgefahr (z.B. Sprung aus hochgelegenem Fenster) 239 (+) „Halt, oder ich schieße!“
Dauer der Freiheitsberaubung	RGSt 7, 259, 260: Dauer von einem „Vaterunser“ genügt. BGH, NStZ 2003, 371: A ergreift B und drückt ihn für wenige Sekunden an die Wand, um ihn zu fixieren und ihm so eine Ohrfeige geben zu können. Nach BGH § 239 (-).
Mittelbare Täterschaft (durch falsche Aussagen)	*[Fall: A beschuldigt O bewusst wahrheitswidrig einer schweren Straftat. Auf der Grundlage dieser Behauptungen erlässt der Ermittlungsrichter auf Antrag der Staatsanwaltschaft einen Haftbefehl (§§ 112 ff. StPO) und O befindet sich mehrere Wochen in Unter-suchungshaft, bis sich seine Unschuld herausstellt.]* Nach § 112 I StPO setzt die Anordnung der Untersuchungshaft dringenden Tatverdacht voraus, also eine hohe Wahrscheinlichkeit der Tatbegehung. Liegt auf Grund der Angaben des A ein solcher dringender Tatverdacht vor, so ist ein Haftbefehl bei Vorliegen der sonstigen Voraussetzungen (Haftgrund, keine Unverhältnismäßigkeit) rechtmäßig, obwohl er einen tatsächlich Unschuldigen trifft. Durch seine unwahren Angaben gegenüber den Strafverfolgungsbehörden beherrscht A das Vorstellungsbild des Richters kraft überlegenen Wissens und damit die (nur in der Person des Richters rechtmäßige) Freiheitsentziehung. A begeht also eine Freiheitsberaubung in mittelbarer Täterschaft (§§ 239, 25 I 2. Alt. StGB). Streitig, ob diese Lösung auf eine Falschaussage in der Haupt-verhandlung übertragen werden kann. Problem: § 261 StPO (Grundsatz der freien Beweiswürdigung) Ist der Richter bei der Urteilsfällung ein „Werkzeug“ in der Hand des Zeugen? Bejahend BGH, 2 StR 62/14.
Einverständnis	Das Einverständnis des Opfers schließt bereits den Tatbestand aus. Im Besteigen eines Beförderungsmittels wird ein konkludentes Einverständnis dahingehend gesehen, dass ein Ausstieg nur bei regulärem Halt möglich ist.
Rechtswidrigkeit	Beachte vor allem die amtlichen Befugnisse (z.B. Festnahme, Vollstreckung von Untersuchungs- und Strafhaft, Vorführung durch StA, Festhalten zur Blutentnahme etc.).

Erpresserischer Menschenraub und Geiselnahme, §§ 239a, b

I. Tatbestand
- **1. Entführungstatbestand, § 239a/b I 1. Fall**
  - **a) Tathandlung**
    - **aa) Entführen**
    - **bb) Sich-Bemächtigen**
  - **b) Vorsatz**
  - **c) Ausnutzungsabsicht**
- **2. Ausnutzungstatbestand, § 239a/b I 2. Fall**
  - **a) Schaffung einer Zwangslage durch Entführen oder Sich-Bemächtigen**
  - **b) Ausnutzen der Zwangslage**
  - **c) Vorsatz**

II. Rechtswidrigkeit

III. Schuld

IV. Tätige Reue, § 239a IV (bzw. § 239b II)

Def.: **Entführen** bedeutet das Verbringen eines anderen Menschen an einen Ort, an dem er	Neben einem Ortswechsel ist somit die Begründung physischer Herrschaftsgewalt des Täters über das Opfer erforderlich. Allerdings ist zu beachten, dass eine Entführung nicht zwingend (sofort) mit **körperlicher Gewalt** einhergehen muss. Zumindest in der Anfangsphase kann die Entführung auch durch **List** erfolgen. Auch eine 10-minütige Fahrt mit

dem uneingeschränkten Einfluss des Täters ausgesetzt ist.	vorgehaltenem Messer muss nicht als Entführung gewertet werden, wenn es dem Täter (für das Opfer ersichtlich) primär um die Sicherung seiner späteren Flucht geht (BGH, 4 StR 240/20, **RA 2021, 325**). Die Entführung muss ohne oder *gegen den Willen* des Betroffenen geschehen. Lässt sich das Opfer freiwillig oder nur zum Schein entführen, liegt ein tatbestandsausschließendes Einverständnis vor.
Def.: Das **Sich-Bemächtigen** setzt voraus, dass der Täter die körperliche Herrschaft über das Opfer erlangt.	Anders als bei der Entführung muss das Sich-Bemächtigen aber nicht zu einem Ortswechsel führen. Vielmehr ist ausreichend, wenn sich das Opfer im Rahmen seiner allgemeinen Handlungsfreiheit nicht mehr frei bewegen und entscheiden kann. Z.B. schon zu bejahen bei Bedrohung mit einer (Schein-)Waffe oder auch bei Fesselung, Schwitzkasten, etc. Abzulehnen beim „bloßen" Niederschlagen.
§ 239a I 1. Var.: Täter muss handeln, um die geschaffene Lage zu einer Erpressung (§ 253) auszunutzen. § 239b I 1. Var. lässt gar jede Handlung, Duldung oder Unterlassung genügen.	Die 1. Var. wird „**Entführungs**-" oder „**Bemächtigungstatbestand**" genannt. Es genügt für den Vorsatz, dass der Täter zumindest damit rechnet und es billigt, die beabsichtigte oder geäußerte Drohung könne von der bedrohten Person für ernst gehalten werden und in ihr Furcht vor ihrer Verwirklichung hervorrufen. Nicht notwendig ist dagegen, dass der Täter den Betroffenen von der Ernsthaftigkeit seiner Drohung überzeugen will. Denn schon Zweifel daran, ob die Drohung wahr gemacht wird, können die Willensfreiheit des Geschädigten beeinträchtigen. (BGH, 3 StR 210/10) **(P): Täter handelt „um zu rauben"** Nach BGH Fall des 239a, da 249 spezieller Fall des 253 ist (BGH, 3 StR 372/09; 2 StR 58/12). Nach wohl h.L. kommt nur 239b in Betracht, da 249/253 sich ausschließen. **(P): Merkmal „Ausnutzung"** *[Fall: Täter entführt das Opfer und führt eine „Scheinerschießung" durch. Der Täter will dem Opfer dadurch klarmachen, künftig „das Maul zu halten".]* Nach BGH ist es erforderlich, dass zwischen der Entführung eines Opfers und einer beabsichtigten Nötigung ein funktionaler und zeitlicher Zusammenhang derart besteht, dass der Täter das Opfer während der Dauer der Entführung nötigen will. Im Fall wollte der Täter das Opfer einschüchtern und es dadurch **künftig** zum Schweigen bringen. Damit waren seine Ziele auf ein Unterlassen in der Zukunft gerichtet, auf einen Zeitraum, zu dem das Opfer aus der Gewalt des Täters entlassen war. Damit erfüllt das Verhalten des Täters nur die Tatbestände der Freiheitsberaubung und der Nötigung. (BGH, 1 StR 444/14, **RA 2015, 281, 284;** 4 StR 240/20, **RA 2021, 325**) *[Fall: Täter entführt das Opfer und verlangt von diesem die Begehung eines Diebstahls. Erst nach Übergabe der Beute sollte das Opfer endgültig freigelassen werden.]* § 239a (+), da trotz vorübergehender räumlicher Trennung des Opfers vom Täter sich in dieser Zeit das vorausgegangene Sichbemächtigen in Form einer psychisch vermittelten Zwangslage weiter auf das Opfer ausgewirkt hat und die Handlung (Übergabe der Beute) nach Wiedererlangung der physischen Herrschaft über das Opfer erfolgen sollte (BGH, 3 StR 35/19, **RA-Telegramm 2019, 106**).
§ 239a I 2. Var. (ebenso § 239b I 2. Var.): Täter nutzt die zunächst geschaffene	Die 2. Var. wird „**Ausnutzungstatbestand**" genannt. Die 2. Var. ist vor allem einschlägig, wenn der Täter den Plan zur Ausnutzung erst später fasst, oder wenn dem Täter der ursprüngliche Plan zur Ausnutzung zumindest nicht nachgewiesen werden kann.

Entführung oder Bemächtigung aus	Für ein solches Ausnutzen ist es nicht ausreichend, dass der Täter mit einem der in § 239b I genannten Übel droht; er muss mit dieser Drohung auch einen nötigungsspezifischen Zweck verfolgen, das Opfer also gerade durch die Drohung zu einer Handlung, Duldung oder Unterlassen zwingen wollen (KG, 2 Ws 155/18-121, **RA 2018, 609**). **(P): Hinzutreten eines weiteren Beteiligten** Die Tatvariante des § 239a I 2. Alt. StGB kann nach ihrem eindeutigen Wortlaut **nicht** in der Weise verwirklicht werden, dass der Täter die **durch einen Dritten** mittels Entführung oder in sonstiger Weise begründete **Bemächtigungslage des Opfers lediglich** zu einer Erpressung **ausnutzt**. Befindet sich das Opfer bereits in der Gewalt von Dritten, die dieses entführt oder sich seiner in sonstiger Weise bemächtigt haben, so kann § 239a I 2. Alt. StGB dagegen anwendbar sein, wenn ein sich erst danach an dem Geschehen beteiligender Täter eigenständig Gewalt über das Opfer erlangt. Das kommt insbesondere in Betracht, wenn der Täter durch sein Eingreifen die Situation des Opfers qualitativ ändert und über das Fortbestehen der Bemächtigungslage nunmehr maßgeblich selbst bestimmt. (BGH, 3 StR 119/13 = JuS 2014, 368)
(P): §§ 239a, 239b restriktive Auslegung (vor allem) im 2-Personen-Verhältnis	Normen des Kernstrafrechts (§§ 249, 255, 178) drohen (vor allem bei Bemächtigungen im **2-Personen-Verhältnis**) bedeutungslos zu werden, weil alleine vom Wortlaut schon einer „normaler" Überfall unter §§ 239a, b subsumiert werden könnte. (Auch ist vom Wortlaut nahezu jede Vergewaltigung an sich ein Fall des § 239b.) Auslegung: (unvollkommen) **zwei**aktiges Delikt; ist die Tat nur einaktig, scheiden die §§ 239a/b aus; für die 2-Aktigkeit ist eine **„stabile Bemächtigungslage / Zwischenlage"** nötig (BGH, 4 StR 240/20, **RA 2021, 325**); i.d.R. (+) bei Entführungen. Im Normalfall (-) bei bloßer Bemächtigung; aber bejaht, wenn Täter mit dem genötigten Opfer zum Geldautomaten gehen, um dort Geld vom Konto des Opfers abzuheben (BGH, 5 StR 473/05, *Satzger*, JK 11/06, StGB § 239a/11 (lesenswert!); auch zu bejahen, wenn Täter Opfer in Abstellraum drängt, abschließt, das Opfer vergewaltigt und danach beraubt (BGH, 2 StR 558/12; vgl. auch BGH, NStZ 2007, 32).
(P): Erfolgsqualifikation des Abs. 3	Die schwere Folge muss **leichtfertig** und **durch die Tat** verursacht werden. Folglich muss sich die tatbestandsspezifische Gefahr des § 239a im Tod des Opfers verwirklichen (sog. **Unmittelbarkeits-zusammenhang**). Dies ist v.a. dann der Fall, wenn das Opfer infolge von Einwirkungen des Täters – sei es bei der Tathandlung oder wegen schlechter Behandlung während der Bemächtigungslage – ums Leben kommt. Ebenso kann es eine tatbestandstypische Gefahr darstellen, wenn bei einer längeren Bemächtigungslage infolge der Befürchtung, entdeckt zu werden, oder infolge sonstiger psychischer Belastungen des Täters bereits ein nichtiger Anlass oder ein Missverständnis auf Grund anspannungsbedingter Fehleinschätzung zu einem Gewalt-ausbruch gegenüber dem Opfer führt (BGH, 4 StR 72/15, **RA 2016, 213 ff.** im Kontext des Herausgabeverlangens einer PIN).
Tätige Reue, 239a IV, 239b II	Tätige Reue gemäß § 239a IV 1 liegt erst dann vor, wenn der Täter das Opfer in seinen Lebensbereich zurückgelangen lässt und zudem auf die erstrebte Leistung verzichtet; dazu muss er vollständig von der erhobenen Forderung Abstand nehmen. Diese Abstandnahme wird nicht stets, aber regelmäßig konkludent in der Freilassung des Opfers zu sehen sein (BGH, 1 StR 293/16).

Räuberischer Angriff auf Kraftfahrer, § 316a

I. Tatbestand
1. **Verüben eines Angriffs auf Leib, Leben oder Entschlussfreiheit des Opfers**
2. **Opfer ist Führer eines Kraftfahrzeugs oder Mitfahrer**
3. **Ausnutzung der besonderen Verhältnisse des Straßenverkehrs**
4. **Vorsatz**
5. **Absicht zur Begehung einer Tat gem. §§ 249, 252, 255**

II. Rechtswidrigkeit

III. Schuld

(P): Angriff auf den Führer eines Kraftfahrzeugs *__Def.:__* **Angriff** ist jede gegen Leib, Leben oder Entscheidungsfreiheit einer der geschützten Personen gerichtete feindselige Handlung des Täters. Ein Verletzungserfolg ist nicht erforderlich. *__Def.:__* **Führer eines Kraftfahrzeuges** i.S.v. § 316a I ist, wer das Fahrzeug in Bewegung zu setzen beginnt, es in Bewegung hält oder allgemein mit dem Betrieb des Fahrzeugs oder mit der Bewältigung von Verkehrsvorgängen beschäftigt ist.	Auch bei einem nicht verkehrsbedingten Halt bleibt der Fahrer, solange er sich in dem Fahrzeug aufhält und mit dessen Betrieb und/oder mit der Bewältigung von Verkehrsvorgängen beschäftigt ist, weiterhin Führer des Kraftfahrzeugs im Sinne des § 316a (BGH, 4 StR 506/17, **RA 2018, 388** = JuS 2018, 820). Dies ist allerdings regelmäßig dann nicht der Fall, wenn das Tatopfer sein Fahrzeug zum Halten gebracht und den Motor ausgestellt hat (BGH, 4 StR 592/16, **RA 2017, 386** = JuS 2017, 793). Es reicht für das Merkmal des „Angriffs" **nicht** aus, wenn auf den Führer eines Kraftfahrzeugs mit **List** eingewirkt wird, um ihn in eine Situation zu bringen, in der ein Raub durchgeführt werden soll. Dies ist etwa der Fall, wenn ein vermeintlicher Fahrgast gegenüber einem Taxifahrer ein falsches Fahrziel angibt; ebenso bei Vortäuschen eines Unfalls oder einer sonstigen Notlage, um einen Kraftfahrzeugführer zum Anhalten zu bewegen. **Hiervon abzugrenzen** sind Handlungen, welche auf den Führer eines Kfz eine objektiv **nötigungsgleiche Wirkung** haben. Es kommt hierfür nicht darauf an, ob diese Wirkung vorgetäuscht ist oder ob der objektiv Genötigte von einer Rechtswidrigkeit der Einwirkung ausgeht. Fälle einer **vorgetäuschten Polizeikontrolle** unterscheiden sich daher substanziell von bloßen Vortäuschungen allgemein motivierender Umstände (vorgetäuschte Panne; Anhalter; Taxifahrer wird gebeten, an eine einsame Stelle zu fahren); sie entsprechen vielmehr Fällen der **Straßensperre**. Denn dem Kraftfahrzeugführer ist bei der Einwirkung durch Haltezeichen durch Polizeibeamte kein Ermessen eingeräumt; er ist vielmehr bei Androhung von Geldbuße (§ 36 I i.V.m. §§ 49 III Nr. 1 StVO) verpflichtet, Haltezeichen Folge zu leisten, und befindet sich daher objektiv in einer (irrtümlich als gerechtfertigt angesehenen) Nötigungssituation. Auf die Entschlussfreiheit eines Kraftfahrzeugführers wird daher bereits dann eingewirkt, wenn vom Täter eines geplanten Raubs eine Polizeikontrolle vorgetäuscht wird und sich der Geschädigte dadurch zum Anhalten gezwungen sieht. BGH, 2 StR 104/14, JuS 2014, 1135, JA 2015, 235 und nach Verweisung BGH, 4 StR 607/14, **RA 2015, 393;** als Klausur bei Ibold, JA 2016, 505) Taugliches Tatopfer ist auch der bloße „**Mitfahrer**" (BGH, 4 StR 244/12, JuS 2013, 366).
(P): Ausnutzung der besonderen Verhältnisse des Straßenverkehrs	Danach ist erforderlich, dass der tatbestandsmäßige Angriff gegen das Tatopfer als Kraftfahrzeugführer unter Ausnutzung der spezifischen Bedingungen des Straßenverkehrs begangen wird. Das ist objektiv der Fall, wenn der Führer eines Kraftfahrzeugs im Zeitpunkt des Angriffs noch in einer Weise mit der Beherrschung seines Kraftfahrzeugs und/oder mit der Bewältigung von Verkehrsvorgängen beschäftigt ist, dass er gerade deshalb leichter zum Angriffsobjekt eines Überfalls werden kann (vgl. BGH, 4 StR 592/16, **RA 2017, 386** = JuS 2017, 793**;** 4 StR 563/15, **RA 2016, 385** = ZJS 2017, 115 = JA 2016, 707 = JuS 2016, 850).

Bei einem nicht verkehrsbedingten Halt müssen daher neben der Tatsache, dass der Motor des Kraftfahrzeuges noch läuft (Ausnahmen bei Start-Stopp-Automatik möglich!), weitere verkehrsspezifische Umstände vorliegen, aus denen sich ergibt, dass das Tatopfer als Kraftfahrzeugführer zum Zeitpunkt des Angriffs noch in einer Weise mit der Beherrschung des Fahrzeugs und/oder mit der Bewältigung von Verkehrsvorgängen beschäftigt war, dass es gerade deshalb leichter Opfer des räuberischen Angriffs wurde und der Täter dies für seine Tat ausnutzte (BGH, 4 StR 244/12, JuS 2013, 366). [*Anm.:* Nach *Geppert*, JK 7/08, StGB § 316a/8, laufen diese beiden vom BGH getrennten Aspekte „letztlich auf das Gleiche hinaus".] Diese Voraussetzungen liegen insbesondere vor, wenn der Fahrer das Automatikgetriebe auf Dauerbetrieb belässt und mit dem Fuß auf der Bremse bleibt, um das Weiterrollen des Fahrzeugs zu verhindern, oder wenn sich das Fahrzeug nach dem Anhalten mit laufendem Motor während der heftigen Gegenwehr seines angegriffenen Führers plötzlich in Bewegung setzt (BGH, 4 StR 506/17, **RA 2018, 388** = JuS 2018, 820).
§ 316a kann auch vorliegen, wenn der Fahrer des Kfz schon beim Einsteigen in das Fahrzeug überfallen und zum Einsteigen in das Fahrzeug gezwungen wird (BGH, 4 StR 338/07).

Subjektiv ist ausreichend, dass sich der Täter – entsprechend dem Ausnutzungsbewusstsein bei der Heimtücke nach § 211 II – in tatsächlicher Hinsicht der die Abwehrmöglichkeiten des Tatopfers einschränkenden besonderen Verhältnisse des Straßenverkehrs bewusst ist. Nicht erforderlich ist hingegen, dass er eine solche Erleichterung seines Angriffs zur ursächlichen Bedingung seines Handelns macht (vgl. BGH, 4 StR 563/15, **RA 2016, 385** = ZJS 2017, 115 = JA 2016, 707 = JuS 2016, 850).

Hehlerei, § 259

I. Tatbestand **1. Taugliches Tatobjekt** **2. Tathandlung (*alternativ*)** **a) Ankaufen** **b) Sich / einem Dritten verschaffen** **c) Absetzen** **d) Absetzenhelfen** **3. Vorsatz** **4. Bereicherungsabsicht** **II. Rechtswidrigkeit** **III. Schuld**	Zwei Strafgründe der Hehlerei: 1. Aufrechterhaltung der rechtswidrigen Vermögens- bzw. Besitzlage (Perpetuierung). 2. Hehler schafft Tatanreize für (potentielle) Täter.

Tatobjekt ist nur eine Sache, die selbst durch eine gegen fremdes Vermögen gerichtete rechtswidrige Tat erlangt wurde.	**Die Vortat muss feststehen.** Dass es insoweit bisher (nur) eine entsprechende Anklage gibt, genügt nicht (BGH, 3 StR 366/17). **Es gibt keine Ersatzhehlerei.** *[Fall: Täter raubt 100 €-Schein. Tauscht diesen bei der Bank in zwei 50er und schenkt F einen der 50er. F kennt die Vorgeschichte.]* Im Gutachten ist es wichtig, nicht vorschnell von einer straflosen Ersatzhehlerei auszugehen. Zu prüfen ist in jedem Fall, ob die Handlung, durch die der Vortäter das Surrogat erlangt hat, nicht vielleicht ihrerseits eine gegen fremdes Vermögen gerichtete Tat i.S.v. § 259 I darstellt. Sofern dies der Fall ist, ist in einem weiteren Schritt zu prüfen, ob die Ersatzsache auch wirklich die Beute des Vermögensdelikts darstellt, da nur in diesem Fall die Ersatzsache „durch gegen fremdes Vermögen gerichtete rechtswidrige Tat erlangt" wurde. Nur, wenn auch dies zu bejahen ist, ist auch das Surrogat unmittelbar durch eine taugliche Vortat erlangt und kommt als Tatobjekt für eine Hehlerei in Betracht. ⇨ *Gutachten: In der Regel ist diese Frage im Rahmen einer Inzidentprüfung zu klären, weil meist nur nach der Strafbarkeit der letzten Person in der Weiterleitungskette gefragt wird.*
„erlangt hat"	**Die Hehlereihandlung muss der rechtlich abgeschlossenen Vortat zeitlich nachfolgen.** Folglich können die Vortat und die Hehlerei als „Anschlusstat" nicht in einem Akt zusammenfallen. (BGH, 4 StR 112/11, JuS 2011, 1040) *Beispiel:* T hat eine Sache, die in fremdem Eigentum steht, in seinem Besitz. T hat sich insoweit bisher nicht strafbar gemacht. Er verkauft die Sache an den bösgläubigen K zu einem „guten Preis". Lösung: Erst durch den Verkauf begeht T eine Unterschlagung. Deshalb kann der Ankauf durch K nicht als Hehlerei gewertet werden, sondern nur als bloße Beihilfe zu § 246 (BGH, 2 StR 386/11).
„anderer"	**„Der Stehler ist kein Hehler."** Jedoch hindert eine zuvor (!) begangene Teilnahme an der Vortat nicht eine Bestrafung wegen Hehlerei (OLG München, 5 St RR 103/06). Auch ein vorheriges Ankaufen schließt eine spätere Strafbarkeit wegen Absetzens aus (BGH, 1 StR 150/14).
Die Tathandlungen der Hehlerei	Jede **Tathandlung** verlangt ein **einvernehmliches Zusammenwirken** zwischen dem Vortäter und dem Besitznachfolger. Deshalb scheidet eine Hehlerei aus, wenn sich der Vorbesitzer und der Besitznachfolger **nicht kennen** und dieses „objektive Strafbarkeitsmanko" auch nicht durch eine Zurechnung (z.B. gem. § 25 II) kompensiert werden kann. Am einvernehmlichen Zusammenwirken fehlt es auch bei einer **Wegnahme** und bei einer **Erpressung.** Streitig ist das durch **Betrug** herbeigeführte Einvernehmen. Nach wohl h.L. fehlt es hier am Tatanreiz

	für den Täter, weshalb § 259 ausscheide (Rengier, BT I, § 22 Rn 35 ff.). Nach a.A. liegt ein ausreichendes Einvernehmen vor, da § 259 kein kollusives Zusammenwirken verlange (BGH, 2 StR 564/17, **RA-Telegramm 2019, 55** = JA 2019, 548).
Def.: **Sichverschaffen** ist die Erlangung einer eigenen selbstständigen tatsächlichen Verfügungsgewalt über die Sache im Einvernehmen mit dem Vortäter. Einem Dritten verschafft der Täter die Sache, wenn er z.B. die Diebesbeute unmittelbar vom Vortäter an den Dritterwerber vermittelt.	BGH, 3 StR 364/12 Ankaufen ist ein spezieller Fall des Sichverschaffens. Ein Sichverschaffen liegt immer dann vor, wenn derjenige, der die Sache erhält, „im Ganovenmilieu" eine eigentümerähnliche Stellung eingeräumt bekommt, Kraft derer er dem Vorbesitzer keine Rechenschaft über den Verbleib der Sache mehr schuldet. Dies ist z.B. auch dann der Fall, wenn sich ein Bösgläubiger „heiße Ware" schenken lässt. **(P): Mitverzehr von Nahrungs- oder Genussmitteln** Wohl h.M. (-), wenn der zum Mitverzehr Eingeladene keine vom „Gastgeber" unabhängige Verfügungs- oder Mitverfügungsgewalt an der ihm dargebotenen Sache erlangt (BGH, NStZ 1992, 36; Fischer, § 259 Rn 12; Rengier, BT I, § 22 Rn 24). Nach a.A. ist das „Insichbringen" die stärkste Form des „Ansichbringens" (S/S-Stree/Hecker, § 259 Rn 22). (-) bei bloßer Aufbewahrung oder bei bloßem Transport.
Def.: **Absetzen** ist das Unterstützen des Vortäters bei der wirtschaftlichen Verwertung der Sache durch selbstständiges Handeln.	Vergleichbar einer „Verkaufskommission" im Ganovenmilieu. **(P): Erforderlichkeit des Absatzerfolges** Nach ***früherer*** BGH-Rspr. (-) wg. § 259 a.F. („Mitwirken zum Absatz"). Das Merkmal „zum" regelt eine bloße Absicht des Täters und verlange keinen Erfolg. Der Gesetzgeber habe durch die Neufassung nur klarstellen wollen, dass auch der Verkaufskommissionär unter § 259 falle, obwohl dieser nicht bloß „***mit***"wirke. Nach h.L. und aktueller BGH-Rspr. (+) wg. Wortlaut „absetzt" ; weiterhin ist sonst der „Versuch" in Abs. 2 in diesem Kontext schwer zu erklären (BGH, 1 StR 150/14; Anfragebeschluss 3 StR 69/13, **RA 2013, 702**). Auf diesen (erledigten?!) Streit kommt es nicht an, wenn alleine Absatzbemühungen ggü. einem **Verdeckten Ermittler** durchgeführt werden. In diesem Fall liegt ohnehin ein untauglicher Absatzversuch vor (BGH, 4 StR 341/13). **Folge-(P):** Abgrenzung des Merkmals „absetzt" vom Merkmal „einem Dritten verschafft". Nach BGH, 2 Ars 299/13, liegt es nahe, die beiden Varianten danach zu differenzieren, in wessen „Lager" der Täter objektiv und subjektiv steht. **(P): Mehrere Absatzhandlungen** Besteht zwischen mehreren Absatzhandlungen ein enger zeitlicher Zusammenhang und beruhen diese Teilakte auf einem einheitlichen Willen, die Sache abzusetzen, so liegt nur eine Tathandlung des (versuchten) Absetzens vor (BGH, 4 StR 341/13).
Def.: **Absetzenhelfen** ist das weisungsabhängige, unselbstständige Unterstützen des Vortäters bei dessen Absatz der Sache.	**(P): Absatzhilfe und Beihilfe zu 259** Absatzhilfe schließt Strafbarkeitslücken, wenn die Haupttat fehlt, weil der „Stehler" selbst absetzt (BGH, 3 StR 402/07). Das Problem, ob eine Absatzerfolg nötig ist, stellt sich hier in gleicher Weise (OLG Köln, 1 RVs 137/17, JuS 2017, 1128).

Subjektiver TB: Vorsatz und Bereicherungsabsicht	Der Tatbestand der Hehlerei setzt neben der Absicht, sich oder einen Dritten zu bereichern, den zumindest bedingten Vorsatz des Täters unter anderem dahin voraus, dass die Sache durch eine gegen fremdes Vermögen gerichtete Vortat erlangt ist. Hierzu zählen z.B. nicht der Versicherungsbetrug und der Versicherungsmissbrauch. Das alleinige Bewusstsein, dass die Sache aus irgendeiner rechtswidrigen Tat stammt, genügt demgegenüber nicht (BGH, 3 StR 364/12). **(P): Kann der „andere" auch „Dritter" sein?** Hierbei geht es um die Frage, ob der Vortäter (der „andere") auch die durch die Hehlereihandlung begünstigte Person (der „Dritte") sein kann. Wohl h.M. (BGH) (-), da in diesem Fall eine Begünstigung gegeben sei und sonst beide Delikte nicht mehr abgegrenzt werden könnten. Hiernach kommt eine Absatzhilfe nur in Betracht, wenn der Helfende handelt, um sich selbst zu bereichern, oder um den Erwerber zu bereichern. Sofern er den Dieb selbst bereichern will, läge § 257 vor. a.A. (+), da die Begriffe „anderer" und „Dritter" nur dem üblichen Sprechgebrauch des StGB folgen. Hiernach kann im Fall der Absatzhilfe parallel § 257 vorliegen.
(P): Wahlfeststellung	Eine Wahlfeststellung ist möglich, wenn zwischen den Tatbeständen eine **rechtsethische und psychologische Vergleichbarkeit** besteht (BVerfG, 2 BvR 167/18; BGH, GSSt 1/17, **RA 2017, 557** = JA 2017, 870). Diese ist gegeben zwischen § 259 auf der einen Seite und z.B. §§ 242, 246, 266 und 263 auf der anderen Seite. **Nicht** aber z.B. zwischen § 242 und § 253 (BGH, 2 StR 545/17, **RA 2018, 332** = JA 2018, 549 = JuS 2018, 1009) oder § 259 und §§ 249, 253, 255 (wegen des zusätzlichen Angriffs auf die Willensentschließungsfreiheit). Allerdings kommt eine Reduktion des § 249 auf § 242 in Betracht. Auch kann in §§ 253, 255 eine Unterschlagung enthalten sein. Die Wahlfeststellung geht der Anwendung eines Auffangtatbestandes – z.B. § 246 – vor (BGH, 2 StR 545/17, **RA 2018, 332** = JA 2018, 549 = JuS 2018, 1009). ***Vor allem für Referendare:*** Eine Verurteilung auf wahldeutiger Tatsachengrundlage im Wege echter ungleichartiger Wahlfeststellung setzt voraus, dass beide Sachverhaltsalternativen Gegenstand des Verfahrens sind. Eine Wahlfeststellung zwischen einer angeklagten und einer nicht angeklagten verfahrensrechtlich selbstständigen Tat ist nicht zulässig. Mangelt es der Anklage schon an der Darstellung des Sachverhalts zu einem der alternativ in Frage kommenden Delikte und ist dieses vom Eröffnungsbeschluss nicht umfasst, so besteht ein Verfahrenshindernis. Die Entscheidung über die Einstellung des Verfahrens nach § 206a I StPO trifft das Revisionsgericht insoweit selbst. (OLG Köln, 1 RVs 204/15)

Begünstigung, § 257

Sicherung der erlangten Vorteile	Die Begünstigung ist nur strafbar, soweit dem Vortäter dadurch die **unmittelbaren Vorteile der Tat** gesichert werden sollen, die er zur Zeit der Begünstigungshandlung noch innehaben muss. Um „die" Vorteile der Tat handelt es sich nicht mehr, wenn dem Vortäter sich erst aus der Verwertung der Tatvorteile ergebende wirtschaftliche Werte zugewendet oder gesichert werden sollen. Danach ist der **Erlös aus einem Verkauf des Erlangten kein** unmittelbarer Vorteil mehr, der Gegenstand der

	Begünstigung i.S.d. § 257 I sein kann (BGH, 2 StR 406/12). **Demgegenüber** soll aber der im Voraus an einen **Tatbeteiligten gezahlte Tatlohn** ein „unmittelbarer Vorteil der Tat" sein (BGH, 2 StR 302/11, JuS 2012, 566 ff.). § 257 unterscheidet insoweit nicht zwischen Vorteilen „für" und Vorteilen „aus" der Tat. Vielmehr muss der erlangte Vorteil lediglich (unmittelbar) im Zusammenhang mit der Tatbeteiligung stehen. Im Klartext: Surrogate des originären Vorteils (z.B. Umtausch oder Veräußerung der Beute) fallen als „Ersatzvorteile" nicht unter § 257. **Achtung**: Im Unterschied zu § 259 will der BGH aber die **Wertsummentheorie bei Geld** im Rahmen des § 257 anwenden (z.B. Wechselgeld, Umleitung von Bargeld über Bankkonten)! Vgl. hierzu BGH, NStZ 1987, 22; BGHSt 36, 277; *Geppert*, JK 5/09, StGB § 257/6.

Strafvereitelung, § 258

Strafvereitelungs-erfolg **Plot im Gutachten:** Prozessuale Fragen müssen inzident im Tatbestand des § 258 geprüft werden.	Unter Strafe versteht § 258 jede Art von Strafe, insbes. auch Nebenstrafen wie das Fahrverbot (§ 44). Mangels Strafcharakter fallen Disziplinarmaßnahmen, Geldbußen wegen Ordnungswidrigkeiten (§ 13 OWiG), Auflagen und Weisungen nach §§ 56b, 56c oder § 153a StPO, Ordnungsgeld bzw. Ordnungshaft (§§ 177, 178 GVG), Prozessstrafen (§§ 888, 890 ZPO) sowie Sanktionen (§§ 9, 13 JGG) nicht hierunter. Auch Nebenfolgen (§§ 45 ff. StGB; § 24 BRRG, § 48 BBG, § 46 SG) werden nicht erfasst (a.A. Fischer, § 258 Rn 5) Erfolgsdelikt; bloße Gefährdung genügt nicht Bei Strafverfolgungsvereitelung ist eine um 14 Tage (str.) verzögerte Durchsetzung des staatlichen Strafanspruchs ausreichend (BGH, 4 StR 205/16). **(P): Verhalten des Verteidigers im Prozess** Leitlinie: Prozessual zulässigen Verhaltens des Strafverteidigers. Der Verteidiger darf nicht aktiv Beweismittel verfälschen oder Dritte aktiv hierzu animieren oder dabei unterstützen. Nicht darf er die Beschlagnahme von Geschäftsunterlagen, für die kein Beschlagnahmeverbot besteht, vereiteln indem er absichtlich oder wissentlich falsche Angaben zu seinem Besitz an diesen macht (BGH, 2 ARs 121/18). Ebenso wenig darf er seinen Mandanten dazu anhalten, falsche Angaben zum Sachverhalt zu machen und sich „eine gute Story" auszudenken (OLG Nürnberg, 1 St OLG Ss 274/11). Hingegen darf der Verteidiger jedes prozessuale Recht wahrnehmen, solange er dabei weder nötigt noch täuscht. Aus diesem Grund ist es dem Verteidiger grundsätzlich weder verwehrt, ein aussichtsloses Rechtsmittel einzulegen, noch wider besseren Wissens einen Verfahrensfehler unter Berufung auf ein unrichtiges Hauptverhandlungsprotokoll zu rügen. Zwar erfolgt diese Rüge missbräuchlich (BGHSt 51, 88, 93), ihr kann jedoch mit einer Berichtigung des Hauptverhandlungsprotokolls die Grundlage entzogen werden (BGHSt 51, 298, 304 ff.). Der behauptete Missbrauch ist in § 258 nicht strafbewehrt (LG Augsburg, 3 KLs 400 JS 110961/10).
Abs. V	Nach § 258 V wird nicht wegen Strafvereitelung bestraft, wer durch die Tat ganz oder zum Teil vereiteln will, dass er selbst bestraft wird. Dabei ist entscheidend, wie der Täter seine Situation selbst einschätzt. Die Selbstbegünstigung ist daher auch dann straflos, wenn die Befürchtung eigener Strafverfolgung unbegründet ist (BGH, 4 StR 205/16).

Urkundenfälschung, § 267

Def.: Eine **Urkunde** ist jede verkörperte menschliche Gedankenerklärung, die zum Beweis im Rechtsverkehr geeignet und bestimmt ist und ihren Aussteller erkennen lässt.

Def.: Eine **zusammengesetzte Urkunde** ist gegeben, wenn eine verkörperte menschliche Gedankenerklärung mit einem Augenscheinsobjekt fest zu einer Beweismitteleinheit verbunden ist und ihren Aussteller erkennen lässt.

Def.: Eine **Gesamturkunde** ist gegeben, wenn mehrere Einzelurkunden fest zu einer Beweismitteleinheit verbunden sind und dadurch eine Aussage entsteht, welche über die Aussagen der jeweiligen Einzelurkunden hinausgeht.

Der Begriff ist nicht identisch mit der Urkunde i.S.d. StPO. Im prozessualen Sinne setzt eine Urkunde deren Verlesbarkeit voraus. Damit reicht keine irgendwie verkörperte Gedankenerklärung aus; diese muss vielmehr auch „verlesbar" sein. Anders als beim materiellen Urkundenbegriff muss umgekehrt jedoch kein Aussteller erkennbar sein.

(P): Durchschriften (etwa mittels Kohlepapier) verkörpern regelmäßig die Originalerklärung des Ausstellers und sollen im Rechtsverkehr gerade neben dem Original Beweis erbringen.

(P): Fotokopie
Grundsätzlich ist eine Fotokopie keine Urkunde, weil es an der Erkennbarkeit des Ausstellers fehlt und weil keine Gedankenerklärung verkörpert wird, sondern bloß eine Wiedergabe der im Original verkörperten Erklärung erfolgt.
Eine **beglaubigte Fotokopie** ist demgegenüber eine Urkunde. Der Beglaubigende erklärt die inhaltliche Übereinstimmung zwischen dem Original und der von ihm angefertigten Kopie.
Als zweiter Ausnahmefall wird die Konstellation behandelt, dass die **Kopie „als Original"** in den Rechtsverkehr gegeben wird. Aktuell ist eine **Verschärfung der Anforderungen** in dieser Fallgruppe zu beobachten. Bisher wurde diese Fallgruppe eher subjektiv aus der Sicht des Täters verstanden. So z.B. OLG Stuttgart, 1 Ss 13/06, JuS 2006, 855) Eine Verurteilung wegen Urkundenfälschung sei nicht schon deshalb ausgeschlossen, weil die Kopien – zumindest für das geschulte Auge der Polizisten – als solche erkennbar waren. Für die Urkundenqualität von Kopien komme es nicht entscheidend auf die Qualität der Kopie an, sondern *auf den Willen des Fälschers*, die Kopien als bloße Kopie oder als vorgetäuschtes Original in den Rechtsverkehr zu bringen. Der Qualität der Kopie komme insoweit lediglich eine Indizwirkung zu. Deutlich **strenger BGH, 5 StR 488/09**: **Die Reproduktion muss einer Originalurkunde so ähnlich sein, dass die Möglichkeit einer Verwechslung nicht ausgeschlossen werden kann** (bestätigt durch BGH, 2 StR 428/10, 5 StR 380/11; 3 StR 398/12, **RA 2013, 277**).

Verfälscht der Täter aber mittels eines **Computers** eine **eingescannte** Urkunde, so ist deren Ausdruck keine inhaltlich falsche Kopie, sondern eine unechte Urkunde (BGH, 5 StR 433/19, **RA 2020, 666**).

Die Fernkopie (= **Telefax**) ist wie eine normale Fotokopie zu behandeln. Die Tatsache, dass der Ausdruck beim Empfänger erfolgt, rechtfertigt keine andere rechtliche Bewertung (OLG Oldenburg, Ss 389/08; BGH, 5 StR 488/09). Das gilt auch dann, wenn das Fax eine **Absenderkennung** enthält (a.A: S/S-Heine/Schuster, § 267 Rn 43). BGH, a.a.O., begründet dies damit, dass die Absenderkennung nicht die inhaltliche Richtigkeit des Schriftstücks bestätigt, sondern allenfalls dokumentiert, von welchem Gerät das Fax ausgegangen ist. Dies reicht nicht als Garantieerklärung für die Identität des Ausstellers, weshalb auch keine Parallele zur beglaubigten Kopie gezogen werden kann.

(P): Unkenntlichkeit des Ausstellers
Manipuliert der Täter eine Urkunde dergestalt, dass er den Aussteller unkenntlich macht, so liegt keine Urkunde im Sinne des § 267 mehr vor (OLG Frankfurt, 3 Ss 350/19, **RA 2020, 218** [Überkleben eines Kfz-Kennzeichens mit gelb-schwarzer Folie]). Deshalb kommt § 274 I Nr. 1 in Betracht.

	(P): Ausstellererkennbarkeit und seine tatsächliche Existenz Die tatsächliche Existenz des Ausstellers (hier: "Freie Stadt Danzig") ist weder für die Frage der Ausstellererkennbarkeit noch für die Frage der Täuschung über die Ausstelleridentität Voraussetzung des Urkundenbegriffs. Etwas anderes gilt nur dann, wenn der scheinbare Aussteller überhaupt nicht existiert, es sich also gleichsam um einen als solchen ohne weiteres erkennbaren Phantasienamen handelt (OLG Bamberg, 3 Ss 50/14). **(P): Beweiszeichen und Kennzeichen** Um ein sog. „Beweiszeichen" handelt es sich, wenn die Gedankenerklärung nicht in Schriftform gefasst ist, sondern auf sonstigen Zeichen basiert (z.B. Striche auf Bierdeckel im Lokal, Motor- und Fahrgestellnummer eines Kfz, Poststempel, Künstlerzeichen auf einem Kunstwerk). **Beweiszeichen sind Urkunden.** Bloße **Kennzeichen** diesen lediglich als Herkunfts- und Unterscheidungsnachweis und stellen gerade **keine Urkunden** dar (z.B. Firmenname auf Warentonne, Fabriknummern auf Erzeugnissen). **(P): Zusammengesetzte Urkunde** Zusammengesetzte Urkunden können auch durch Auswechseln ihres Bezugsobjekts verfälscht werden. Dies setzt jedoch voraus, dass auch die neue in der Verbindung von Bezugsobjekt und Beweiszeichen liegende Gedankenerklärung den Anschein erweckt, sie rühre unverändert von dem ursprünglichen Aussteller her. Auch bei der neu zusammengesetzten Urkunde muss daher eine feste und dauerhafte, wenn auch nicht untrennbare Verbindung zwischen Beweiszeichen und Bezugsobjekt zu einer Beweiseinheit bestehen. Z.B.: Preisschild, welches fest mit der Ware verbunden ist, Ausweise mit eingeklebten Lichtbildern, mit dem Kfz fest verbundene Nummernschilder, Verkehrsschild i.V.m. dem zugeordneten Straßenraum (str.) Nicht hinreichend fest ist aber das Aufstecken eines Anschlussschlauchs auf eine Schlauchtrommel (OLG Karlsruhe, 1 Rv 3 Ss 691/18, **RA 2019, 602**). **(P): Gesamturkunde** Handakte der StA, Krankenakte im Krankenhaus, Handelsbuch eines Kaufmanns, Bierlieferungsbuch, Personalakte (str.)
Def.: Eine gefertigte Urkunde ist **unecht**, wenn sie nicht von demjenigen stammt, der aus ihr als Aussteller hervorgeht.	Es wird der Anschein erweckt, ihr Aussteller sei eine andere Person als diejenige, von der sie herrührt (h.M.; sog **Geistigkeitstheorie**). Es wird also über die Identität des Ausstellers (nicht über seinen Namen) getäuscht. [**wahrer und erkennbarer Ersteller sind nicht identisch**] Dies ist nach der Geistigkeitstheorie nicht der Fall, wenn der Unterzeichnende einen „von fremder Hand geschriebenen Text" mit Übernahmewillen als für sich verbindlich übernimmt. Dabei muss er den Inhalt nicht zur Kenntnis genommen haben. Es genügt, wenn er wusste, dass er rechtsgeschäftlich handelt und z.B. nicht bloß ein Autogramm gibt. Ob die Urkunde z.B. wegen fehlender Eigenhändigkeit des Testaments gem. § 2247 I BGB zivilrechtlich unwirksam ist, spielt strafrechtlich keine Rolle (OLG Hamm, 10 U 83/15). Die Täuschung über einen **Aliasnamen** genügt nicht (BGH, 2 StR 358/20). Fälle sog **Namenstäuschung** werden von § 267 nicht erfasst, d.h. bei der Verwendung von Decknamen oder Pseudonymen besteht keine Unsicherheit über die Person des Ausstellers, weil dieser bekannt ist, wie es auch Fälle geben kann, in denen der wahre Name für alle Beteiligten bedeutungslos ist. Anders ist es jedoch, wenn die Unterschrift gerade zur Täuschung über die Person des Ausstellers selbst benutzt

	werden sollte, z.B. wenn bei einer Prüfung eine andere Person als der Prüfling erscheint, sich für diesen ausgibt, die Prüfungsarbeit anfertigt und mit dessen Namen unterschreibt. Ein unwahrer Inhalt berührt dagegen die Echtheit der Urkunde nicht; sog. **schriftliche Lügen** werden von § 267 I nicht erfasst. Bei Verwendung von ungestempelten oder entstempelten **Kennzeichenschildern** lässt die mit der Anbringung des Kennzeichens am Fahrzeug verbundene Erklärung den Aussteller nicht (mehr) erkennen, sodass es an der Urkundenqualität fehlt und eine Strafbarkeit wegen Urkundenfälschung aus-scheidet (OLG Koblenz, 2 OLG 4 Ss 158/15, JA 2017, 231). Eine Urkundenfälschung liegt nicht vor, wenn ein **abgelaufenes Versicherungskennzeichen** am Fahrzeug angebracht wird, weil dem Versicherer keine andere Erklärung untergeschoben hat als dieser tatsächlich abgegeben hat (OLG Koblenz, 2 OLG 4 Ss 158/15, JA 2017, 231). **(P): „Blankettfälschung“** Wird ein nicht vollständig inhaltlich ausgefülltes **Blankett**, welches aber bereits unterzeichnet ist, entgegen dem Willen des Unterzeichners ausgefüllt, entsteht eine unechte Urkunde. Es fehlt an der Vertretungsmacht, weshalb derjenige, welcher das Blankett absprachewidrig ausgefüllt hat, tatsächlicher Aussteller ist. Ein Verfälschen kommt in diesen Fällen nicht in Betracht, da vor dem Ausfüllen mangels hinreichender Angaben noch keine Urkunde bestand.
Def.: Unter dem **Verfälschen einer echten Urkunde** versteht man jede nachträgliche Veränderung des gedanklichen Inhalts der Urkunde, durch die der Eindruck hervorgerufen wird, der Aussteller habe die Erklärung von Anfang in der Weise abgegeben, die sie nach der Manipulation aufweist.	*[Fall: T ändert den vom Schuldner ausgestellten Schuldschein von 100 auf 1.000 €.]* Wird dagegen eine fremde Unterschrift beseitigt, durch die eigene ersetzt und macht sich der Täter damit die Erklärung zu eigen oder wird die Urkundsqualität komplett aufgehoben, kommt lediglich § 274 I Nr 1 in Betracht. Die Beeinträchtigung der Lesbarkeit einer Urkunde fällt ebenfalls nicht unter § 267 I Alt. *[2. Fall: Besprüht der Täter etwa ein Kfz-Kennzeichen mit farblosem Speziallack, damit der Blitzer geblendet wird, so wird der Erklärungsinhalt nicht verändert. Anders aber, wenn das Kennzeichen mit einem „Klebefolien-Kennzeichen“ überklebt wird (Wiese, JA 2016, 426).]* **Der Aussteller selbst** kann nach h.M. ebenfalls die Urkunde verfälschen, sobald er seine Verfügungsgewalt über die Urkunde verloren hat, z.B. der **Prüfling nach Abgabe der Klausur**. Achtung: In diesem Fall wird ausnahmsweise eine echte Urkunde verfälscht, ohne dass gleichzeitig eine unechte Urkunde hergestellt wird. **Konkurrenzen:** § 274 I Nr. 1 2. Var. tritt hinter § 267 I 2. Var. zurück (Konsumtion), da das Verfälschen der Urkunde zu ihrer zeitgleichen Beschädigung führt (BGH, 3 StR 7/19, JA 2020, 310).
Def.: Unter dem **Gebrauchen** einer unechten oder verfälschten Urkunde ist zu verstehen, dass die Urkunde dem zu Täuschenden mit der Möglichkeit der	Eine tatsächliche Kenntnisnahme ist jedoch nicht erforderlich. Das Berufen auf eine im eigenen Besitz vorhandene Urkunde reicht genauso wenig aus, wie die erklärte Bereitschaft, die Urkunde vorzulegen oder das bloße Beisichtragen eines gefälschten Führer-scheins. Die Rspr lässt sogar eine **mittelbare Wahrnehmung** (Fall des „mittelbaren Gebrauchmachens“) zu, wenn die **Fotokopie** einer unechten oder verfälschten Urkunde in Kenntnis der Unechtheit des Originals verwendet wird und die Kopie auch als solche erscheinen soll. In diesem

Wahrnehmung zugänglich gemacht wird.	Fall „scheint die Fälschung durch die Kopie hindurch“ und wird dadurch mittelbar gebraucht (BGH, 5 StR 548/03). *(Achtung: Dies ist natürlich kein Fall mittelbarer Täterschaft!)*
Konkurrenzen	Die 1. und die 2. Variante haben zur 3. Var. das folgende Konkurrenzverhältnis: • Sofern der Täter fälscht oder verfälscht **in konkreter Gebrauchsabsicht**, so stellen die 1. (bzw. die 2.) Var. und die 3. Var. überhaupt nur **eine einzige Urkundenfälschung** dar (also nicht zwei Urkundenfälschungen in Tateinheit!). (BGH, 4 StR 510/12) Dadurch werden mit der 1. Var. zusammenfallende Delikte (z.B. ein Betrug an einem Kunden durch einen Provisionsvertreter) und mit der 3. Var. zusammenfallende Delikte (z.B. Betrug an der Firma, welche die Provision zahlt) zu einer Tateinheit (§ 52) verbunden. Gleiches gilt, wenn eine verfälschte Urkunde **mehrfach gebraucht** wird und dieser mehrfache Gebrauch von vornherein dem ursprünglichen Tatplan des Täters entspricht (BGH, 5 StR 365/18). • Sofern der Täter „**auf Vorrat**“ fälscht und sich dann später zu einem konkreten Gebrauch entscheidet, steht die 3. Var. in **Tatmehrheit**, § 53.

Urkundenunterdrückung, § 274

I. Tatbestand
1. **Tatobjekt: meist Urkunde i.S.d § 267, die dem Täter nicht oder nicht ausschließlich gehört**
2. **Tathandlung: Vernichtung, Beschädigung oder Unterdrückung**
3. **Vorsatz**
4. **Nachteilszufügungsabsicht**

II. Rechtswidrigkeit
III. Schuld

Tatobjekt / „gehören“ Maßgebend ist nicht die Eigentumslage, sondern wem das Beweisführungsrecht zusteht und deshalb die Herausgabe oder Vorlage verlangen kann.	**Pässe, Personalausweise und Führerscheine** werden nicht erfasst, weil sie ausschließlich dem Inhaber „gehören“. Beachte insoweit aber § 273. Eine Klausur gehört nach der Abgabe sowohl dem Prüfling als auch dem Prüfer. Deshalb kann sich der Prüfling an sich gem. § 274 strafbar machen, wenn er sich seine eigene Klausur nach der Abgabe nochmals verschafft und inhaltliche Änderungen vornimmt. Zu beachten ist aber immer das Merkmal der Nachteilszufügungsabsicht.
Tathandlungen	Das **Vernichten** entspricht dem Zerstören bei § 303 und bewirkt, dass die Brauchbarkeit zu Beweiszwecken aufgehoben wird. **Beschädigen** beinhaltet, dass Veränderungen vorgenommen werden, die die Brauchbarkeit zu Beweiszwecken beeinträchtigen. **Unterdrückt** wird eines der in Abs. 1 Nr. 1 genannten Beweismittel, wenn es dem Berechtigten in Form des Vorenthaltens oder Entziehens unmöglich gemacht wird, dieses als Beweismittel zu benutzen, wobei Dauerhaftigkeit oder Heimlichkeit nicht vorausgesetzt werden. **Kontaktloses bezahlen mit fremder Girocard (NFC): § 274 I Nr. 2 (+)**, da die Transaktionsdaten hinsichtlich der Logdateien verändert worden seien (so OLG Hamm, 4 RVs 12/20, **RA 2020, 440** = JA 2020, 710).

Nachteilszufügungs-absicht Diese beinhaltet das Bewusstsein des Täters, dass der Nachteil die notwendige Konsequenz seines Handelns darstellt (dolus directus 2. Grades).	Unter Nachteil ist dabei jede Beeinträchtigung fremder Beweisführungsrechte zu verstehen. Der Nachteil braucht nicht einzutreten, muss nicht vermögensrechtlicher Natur sein und muss nicht den Beweisführungsberechtigten treffen. Keinen Nachteil stellt die **Vereitelung des staatlichen Straf- und Bußgeldanspruchs** dar. Denn der Nachteil liegt insoweit nicht innerhalb des Schutzbereichs der Norm (Angriff auf die Beweisposition des an dem Beweismittel Berechtigten). Der staatliche Straf- und Bußgeldanspruch darf mit Blick auf strafverfahrensrechtliche Wertentscheidungen, insbesondere nemo tenetur, nicht kurzerhand mit privaten oder anderweitigen öffentlich-rechtlichen Interessen gleichgesetzt werden. Zu beachten ist, dass der Täter (nach bisher h.M.) beabsichtigen muss, die Benutzung gerade des gedanklichen Inhalts der Urkunde in einer **aktuellen Beweissituation** zu vereiteln. Überaus bedenklich daher BGH, 2 StR 430/09: Es genüge, dass der Urkunde eine *potentielle* Beweisbedeutung innewohne, die sich jederzeit realisieren könne. Der BGH tut dadurch einen großen Schritt in Richtung dolus eventualis (Satzger, JK 9/10, StGB § 274/47).

Mittelbare Falschbeurkundung, § 271

I. Tatbestand
- **1. Tatobjekt: meist öff. Urkunde i.S.d § 415 ZPO**
- **2. inhaltliche Unrichtigkeit / erhöhte Beweiskraft**
- **3. Tathandlung: Bewirken**
- **4. Vorsatz**

II. Rechtswidrigkeit
III. Schuld

Rechtsnatur der Norm	§ 271 stellt ein Auffangdelikt im Verhältnis zu § 348 dar, der erforderlich ist, da sonst bei der Beeinflussung eines gutgläubigen Amtsträgers derjenige, der die unrichtige Erklärung in der Urkunde mit überlegenem Wissen bewirkt, mangels vorsätzlicher Haupttat des Amtsträgers nicht wegen Anstiftung (Akzessorietät der Teilnahme) und wegen des Charakters von § 348 als Sonderdelikt auch nicht wegen mittelbarer Tatbegehung nach allgemeinen Grundsätzen strafbar sein kann.
Tatobjekt	Die öff. Urkunde muss – sowohl bei § 271 als auch bei § 348 – geeignet und bestimmt sein, Beweis für und gegen jedermann zu erbringen.
inhaltliche Unrichtigkeit / erhöhte Beweiskraft	• Enthält die Urkunde eine inhaltlich unrichtige Erklärung? • Wenn ja: „falsch“ i.S.d. § 271 ist öff. Urkunde nur, wenn sich die erhöhte Beweiskraft auch auf unrichtige Angabe erstreckt. *So soll z.B. durch eine protokollierte Zeugenaussage vor Gericht nicht das wahre Alter der eitlen Zeugin bewiesen werden.* Die Rechtsprechung tendiert dazu, auch in dem Bereich, auf den sich der öffentliche Glaube an sich bezieht, die §§ 348, 271 dahingehend eingeschränkt auszulegen, dass der öffentliche Glaube nicht immer auch darauf erstreckt wird, dass die in der Urkunde bescheinigten Umstände tatsächlich vorliegen bzw. diese zu Recht erteilt wurde, sondern dass eine Beweiskraft nur hinsichtlich der Erstellung der Urkunde bzw. des Erlasses eines Verwaltungsaktes (sei es zu Recht oder auch zu Unrecht) als solcher/n angenommen wird. Beispiel:

	*Die **Zulassungsbescheinigung Teil II** (Fahrzeugbrief) ist hinsichtlich der darin enthaltenen Angaben zur Person keine öffentliche Urkunde im Sinne des § 348. Sie beweist weder zu öffentlichem Glauben, dass die Eintragungen zur Person richtig sind, noch dass die eingetragene Person Verfügungsberechtigter oder Halter des Fahrzeugs ist, auf das sich die Zulassungsbescheinigung bezieht (BGH, 1 StR 31/14, JA 2015, 310).* Man könnte auch formulieren: Die verwaltungsrechtliche Unterscheidung zwischen Wirksamkeit und Rechtmäßigkeit eines Verwaltungsaktes wird gewissermaßen in das Strafrecht transportiert, sodass die öffentlichen Urkunden nur beweisen, dass ein entsprechender Verwaltungsakt (oder eine andere Erklärung) vorliegt, nicht jedoch, dass er zu Recht erteilt wurde (bzw. die Erklärung inhaltlich zutreffend ist).
Bewirken	**(P): § 271 – echte mittelbare Täterschaft?** *Beispiel: Der Beurkundende ist bösgläubig, wird aber vom Bewirkenden für gutgläubig gehalten.* g.h.M.: (-), da generelle Schließung von Strafbarkeitslücken intendiert und Wortlaut „bewirkt“ ein Kausalitätsbegriff ist, der keine mittelbare Täterschaft ausdrückt. Im Bsp. § 271 daher vollendet. Absolute M.M.: (+) wg. Überschrift „*mittelbare* Falschbeurkundung“. Im Bsp. § 271 daher versucht. §§ 348, 26: Der grundsätzlich mögliche Erst-Recht-Schluss vom Täterwillen auf den Teilnehmerwillen ist hier nicht möglich. Grund: Strafrahmen der Täterschaft (§ 271) ist milder als derjenige der Teilnahme an § 348.
Konkurrenzen	Das Verhältnis zwischen dem Bewirken einer falschen Beurkundung (§ 271 I) und dem anschließenden Gebrauch (§ 271 II) der falschen Beurkundung bestimmt sich nach denselben Regeln, die für das Verhältnis zwischen dem Herstellen einer unechten Urkunde und dem späteren Gebrauch des Falsifikats im Rahmen der Urkundenfälschung gemäß § 267 gelten (BGH, 2 StR 400/17; siehe hierzu oben am Ende von § 267).

Fälschung technischer Aufzeichnungen, § 268

selbsttätig bewirkt	Entscheidend ist für eine tA, dass das technische Gerät eine Aufzeichnung hervorbringt, die einen neuen Informationsgehalt aufweist, d.h. der „Output“ gegenüber dem „Input“ einen Informationszuwachs enthält. Also werden elektrische Schreibmaschinen, Stechuhren, reine Film- und Fotoaufnahmen, gescannte Daten und Fotokopien nicht erfasst.
Darstellung von Daten und Messwerten:	Darstellung bedeutet die dauerhafte Fixierung von Informationen durch das technische Gerät in einem von dem Gerät abtrennbaren Stück oder Teil. Anders als bei der Urkunde ist eine Sprachbezogenheit nicht erforderlich, weshalb fotographische, akustische und elektronische Darstellungen erfasst sein können. Wegen der vorausgesetzten Dauerhaftigkeit fallen sich verändernd angezeigte Mess-, oder Zählwerte nicht darunter wie bspw. Waage, Kilometer-zähler, Gasuhr.
Beispiele für techn. A	Fahrtenschreiberscheibe, Röntgenbild (als Produkt eines Röntgengerätes) NICHT die „Gegenblitzanlage“, da Foto nur einen weißen Fleck zeigt und folglich nicht zum Beweis im Rechtsverkehr geeignet ist. Mithin wird nicht auf das „Ergebnis“ eingewirkt, sondern bloß auf die Entstehung der Aufzeichnung, was für § 268 gerade nicht genügt (LG Flensburg, NJW 2000, 1664; die Annahme von § 303 durch OLG München, NJW 2006, 2132 f. kann nicht überzeugen).

Fälschung beweiserheblicher Daten, § 269

Es geht um die Fälschung einer „**Datenurkunde**“. Das Delikt entspricht § 267 und ersetzt nur die mangelnde Verkörperung. Hypothese: Wenn die Daten ausgedruckt werden würden, müsste das Ergebnis ein Fall des § 267 sein. Wäre dies der Fall, liegt die dem § 267 entsprechende Fallvariante des § 269 vor.	Fotokopien sind grundsätzlich keine Urkunden. Parallel hierzu liegt z.B. auch keine „Datenurkunde“ vor, wenn der Täter am PC z.B. schwarz-weiße Scans von Ausweispapieren manipuliert. Da die s/w-Kopie keine Urkundseigenschaft hätte, ist auch die digitale Version keine „Datenurkunde“. (-) bei Zusammenstellung verschiedener Dokumente (**Collage**) durch Einscannen und späterer Versendung der so erstellten Datei als Mailanhang zum Beleg des scheinbar vorhandenen Originaldokuments (OLG Hamburg, 2 Rev 74/18). (+), wenn eine auf „Null“ abtelefonierte **Telefonkarte** vom Täter durch ein „Aufladegerät“ wieder aufgeladen wird. (+), wenn eine leere „Gutscheinkarte“ wieder aufgeladen wird. (+), wenn der Täter zum Beleg der angeblichen Auslieferung eines Pakets einen falschen digitalen Ablieferungsbeleg herstellt, indem er mit einem Stift auf der Benutzeroberfläche eines elektronischen Lesegeräts die Unterschrift des vermeintlichen Empfängers der Sendung vermerkt. (OLG Köln, 1 RVs 191/13) § 267 greift mangels Herstellung einer verkörperten Gedankenerklärung nicht ein, sofern die Empfangsbestätigung sofort digital archiviert wird. Taugl. Tatobjekt ist auch z.B. das Handy-SMS-Ticket des ÖPNV. Wohl auch das Online-Ticket der DB, weil das PDF-Dokument alleine zur Fahrt berechtigt. Dass man auf dem Ticket aufgefordert wird, dieses auszudrucken, dient nur der Sicherheit im Fall, dass z.B. das Laptop bei leerem Akku die PDF nicht mehr anzeigen kann. Tatobjekte sind auch **Codekarten**, die in ihren Magnetstreifen Zugangsberechtigungen zu bestimmten Leistungen enthalten wie bspw. die im Bankautomatenverkehr üblichen EC- und Kreditkarten und wohl auch Phishing-E-Mails. **Kontaktloses bezahlen mit fremder Girocard (NFC):** Mangels PIN-Abfrage fehle es an einer Identifikation des Ausstellers der Gedankenerklärung. Allein der unmittelbare Besitz an der Girocard vermöge eine solche nicht zu bewirken. Im Ergebnis seien die Transaktionsdaten keine Datenurkunde (so OLG Hamm, 4 RVs 12/20, **RA 2020, 440** = JA 2020, 710). A.A. Christoph/ Dorn-Haag, NStZ 2020, 676, 677, da beim Einsatz der Girocard eine hinreichend gesicherte Zurechnung der Gedankenerklärung zum berechtigten Karteninhaber auch ohne gesonderte Authentifizierung durch eine PIN-Eingabe erfolgen könne. **eBay-Fall:** Schon die **Anmeldung** eines Accounts bei eBay unter falschem Namen stellt eine falsche Datenurkunde dar. Zwar erwachsen aus dieser Anmeldung dem Nutzer nicht schon unmittelbar Leistungspflichten, er verpflichtet sich aber, in Zukunft Gebühren an eBay zu zahlen, falls es zu Abschlüssen mit ihm auf der Verkaufsplattform kommt. Interessanter ist aber die Frage, ob die **Erklärungen**, die der Plattformnutzer nun unter dem von ihm gewählten Nickname auf der Verkaufsplattform abgibt, unechte Datenurkunden sind. E.A. (+), Arg.: Jede Erklärung, die der Nutzer unter Angabe des Nicknames abgibt, bedeutet also, dass der – wirkliche oder fiktive – Inhaber des Klar-namens der Aussteller ist (Puppe, JuS 2012, 961, 963 f.). A.A. (-), da das Verfahren der Identifizierung bei eBay zu unsicher sei und es nicht die Aufgabe der Rechtsordnung sei, ein unsicheres Geschäftsmodell zu schützen (Jahn, JuS 2009, 662, 664; ablehnend auch KG, NStZ 2010, 576, 577).

Aussagedelikte, §§ 153 ff.	
Zeuge	*[Fall: Der spätere Zeuge wird vom Täter zu § 153 angestiftet.]* Stellung als Zeuge ist kein besonderes persönliches Merkmal, weshalb **§ 28 I nicht** angewendet wird.
(P): falsche Aussage	Nicht erfasst sind falsche Aussagen bei Polizei gem. § 163 I 3 StPO und StA gem. § 161a I 3 StPO. h.M. objektive Theorie (Arg.: nur ein obj. richtiger SV führt zum richtigen Urteil und dadurch zum Rechtsfrieden) M.M. subjektive Theorie: Eine Aussage ist falsch, wenn die Aussage des Zeugen von seiner Erinnerung abweicht. (Arg.: Eidesformel, § 64 StPO)
(P): Versuch und Vollendung	§ 153 ist erst vollendet, wenn die Aussage abgeschlossen ist, also keiner mehr Fragen an den Zeugen (oder Sachverständigen) hat. Prozessuales Indiz: Beschlussfassung bzgl. Vereidigung, § 59 StPO. Zeuge leistet „Nacheid". Versuch beginnt mit dem Sprechen der Eidesformel. Vollendung mit dem vollständigen Ausspruch der Eidesformel. Bei Rücktritt vom versuchten § 154 an Vollendung des § 153 und § 158 (tätige Reue) denken!
(P): Prozessuale Fehler bei der Vernehmung	*[Fall: Die Verlobte des Angeklagten leistet einen Meineid, wurde aber nicht gem. § 52 III 1 StPO über ihr Recht, das Zeugnis nach § 52 I Nr. 1 StPO zu verweigern, belehrt.]* Wenn bei der Vernehmung oder Vereidigung des Zeugen prozessuale Fehler gemacht werden, stellt sich die Frage, ob der Tatbestand des § 153 bzw. § 154 überhaupt verwirklicht ist. Der BGH bejaht dies und berücksichtigt den prozessualen Fehler im Rahmen der Strafzumessung zugunsten des Täters. Vor allem beim Verstoß gegen ein Vereidigungsverbot (§ 60 StPO) spricht einiges für die Gegenauffassung, die dann bloß § 153 anwenden will.
(P): Garanten*stellung* *und -pflicht* zur Verhinderung des Eides	*[Fall: Angeklagter stiftet Zeugen zu § 153 an. Keiner rechnet mit Vereidigung. Als dann doch Beschluss zur Vereidigung gefasst wird, sieht Zeuge den Angeklagten hilfesuchend an. Dieser schaut weg. Zeuge leistet Meineid. Ist Angeklagter strafbar wegen Beihilfe durch Unterlassen (§§ 27, 13)?]* e.A.: (+), wenn er den Zeugen in eine dem Prozess nicht mehr eigentümliche, also inadäquate besondere Gefahr der Falsch-aussage oder des Meineides gebracht hat [Fall der Ingerenz] a.A.: (-), wg. Selbstverantwortlichkeit des Zeugen und nemo-tenetur-Grundsatz [zumindest im Strafprozess vorzugswürdig]
(P): § 160 – echte mittelbare Täterschaft?	h.M.: (-), da generelle Schließung von Strafbarkeitslücken intendiert; nötig aber auch ausreichend ist, dass der Täter den Aussagenden subjektiv für gutgläubig hält vertretbare M.M.: (+) wg. Wortlaut „verleitet" (beachte insoweit den Wortlautunterschied im Vergleich zu § 271!) (Zum nicht möglichen Erst-Recht-Schluss vom Täter- auf den Teilnehmervorsatz vgl. bereits oben zu § 271.) *[Fall: Der Aussagende ist bösgläubig, wird vom „Verleitenden" aber für gutgläubig gehalten.]* Lösung: Aussagender § 153 bzw. § 154. Verleitender: Keine Anstiftung, da wegen des milderen Strafrahmens von § 160 im Vergleich zur Teilnahme im Vorsatz zur Täterschaft gerade nicht als Minus der Vorsatz zur Teilnahme liegt. Deshalb nach h.M. § 160 vollendet, nach M.M. ist § 160 versucht (Versuch der mittelbaren Täterschaft).

(P): § 164 – Falsche Verdächtigung § 164 dient nicht nur dem Schutz von Behörden vor Irreführung, sondern will auch den Einzelnen vor Maßnahmen irregeführter Behörden schützen.	KG, (5) 1 Ss 329/05:: Die Verdächtigung muss dem Denunzierten ein bestimmtes, durch individuelle Merkmale konkretisiertes Verhalten zur Last legen, das den Verdacht einer Straftat oder Dienstpflichtverletzung begründen kann. Die bloß pauschale Behauptung, ein Polizist habe einen Zeugen „beeinflusst“ genügt nicht. Die strafprozessuale Selbstbelastungsfreiheit steht einer Strafbarkeit wegen falscher Verdächtigung nicht entgegen, wenn der Angeklagte im Verfahren eine bis dahin unverdächtige Person wahrheitswidrig bezichtigt, eine Straftat begangen zu haben (BGH, 1 StR 488/14, **RA 2015, 277**). Überaus **fragwürdig** ist die Entscheidung OLG Stuttgart, 2Ss 94/15. Wer als Täter T einer Verkehrsordnungswidrigkeit eine an dieser Tat unbeteiligte Person U absprachegemäß dazu veranlasst, sich gegenüber der Bußgeldbehörde zu Unrecht der Tatbegehung zu bezichtigen, soll sich hiernach wegen falscher Verdächtigung in mittelbarer Täterschaft strafbar machen. Die falsche Selbstbezichtigung sei als Beihilfe zu dieser Haupttat einzustufen. Hiergegen spricht schon, dass U jederzeit selbst die Behörden über den wahren Sachverhalt hätte aufklären können, T den U also nicht beherrscht hat. Das OLG hat die gem. §§ 145d II Nr. 1, 258 I straflose Selbstbezichtigung über die §§ 164 II, 27 I zur strafbaren Handlung erklärt (zutreffend Hecker, JuS 2016, 82, 84; ablehnend jetzt auch ein anderer Senat: OLG Stuttgart, 1 Ws 42/17, JuS 2017, 795 = JA 2017, 632). Zur Straflosigkeit führt auch, wenn eine nicht existierende Person die Tat auf sich nimmt, da es sich insoweit um keinen „anderen“ handelt (OLG Stuttgart, 4 Rv 25 Ss 982/17, JuS 2018, 591). **(P): Kann man den wahren Täter durch das Legen falscher Spuren „falsch verdächtigen“?** Nach BGH (-), da die Ermittler auf keine falsche Fährte gelockt werden. Nach a.A. (+), da auch der Täter ein Recht habe, nur aufgrund wahrer Tatsachen verdächtigt zu werden. **(P): Kann § 164 auch durch die Schaffung von Beweistatsachen verwirklicht werden?** *[Fall: Taschenlampe mit Fingerabdrücken des Täters wird vor Wohnungsdurchsuchung in der Wohnung deponiert.]* (+), da nur Abs. 2 die Beschränkung auf „Behauptungen tatsächlicher Art“ enthält, hingegen Abs. 1 gerade nicht. **(P): „Absicht“** ist – weil „Schädigungstendenz“ – so auszulegen, dass dass sichere Wissen ausreichend ist (BGH, 3 StR 536/18, **RA 2020, 213**). **Konkurrenzen:** Wiederholt der Angeklagte bei einer zweiten polizeilichen Vernehmung lediglich die falsche Verdächtigung aus einer vorherigen polizeilichen Vernehmung und zielte er auf dasselbe Verfahren ab, dessen Herbeiführung er bereits bei seiner ersten Vernehmung angestrebt hatte, liegt nur eine Tat im Rechtssinne vor. Der Umstand, dass die zweite Aussage bei einer anderen Polizeidienststelle erfolgte, ändert daran nichts, solange kein neues Verfahren in Gang gesetzt wurde. Ist die falsche Verdächtigung jedoch darauf gerichtet, zwei Personen mit einem Ermittlungsverfahren zu überziehen, ist von einer falschen Verdächtigung in zwei tateinheitlichen Fällen auszugehen. (BGH, 4 StR 427/12)

Brandstiftung, §§ 306 ff.

Def.: Ein **Gebäude** ist ein durch Wände und Dach begrenztes, mit dem Erdboden fest verbundenes Bauwerk, das zum Betreten-werden durch Menschen bestimmt und geeignet ist. Eine **Hütte** ist ein Gebäude, wenngleich von kleinerem Ausmaß und geringerer Festigkeit.	Bau- und Marktbuden sind Hütten, wenn sie durch ihr Eigengewicht auf dem Boden ruhen, nicht jedoch, wenn sie mit Rädern ausgestattet und jederzeit bewegbar sind (BGH, 4 StR 170/18); Büro- und Lagercontainer; Wohnwagen, wenn auf Stein oder Holz gestellt (OLG Karlsruhe NStZ 1981, 482); Jagdhochsitze (BGH, 6 StR 174/21, JA 2021, 1044). **Nicht** Buswartehäuschen; Unterstände; Wohnwagen auf Rädern; Wohnmobile (anders aber bei § 306a I Nr. 1: BGH, 3 StR 456/09).
Def.: Die tauglichen Tatobjekte sind **in Brand gesetzt**, wenn ein wesentlicher Teil derart vom Feuer erfasst ist, dass er aus eigener Kraft (d.h. ohne Fortwirken des Zündstoffes) weiter brennt.	Ob es sich um einen für die bestimmungsgemäße Benutzung **wesentlichen Teil** handelt, hängt nicht von § 94 II BGB, sondern von der Verkehrsauffassung, insbesondere vom jeweiligen Zweck des Objekts im Einzelfall ab. Von Bedeutung ist, ob die fragliche Sache jederzeit entfernt werden kann, ohne dass das Bauwerk selbst beeinträchtigt wird. Beim **Gebäude**: Fenster- und Türrahmen, Fußboden, Treppe, Zimmerwand, Stützbalken (BGH, 5 StR 276/17). – **Nicht**: Fußbodensockelleiste, Holzwände, die einzelne Kellerabteile trennen, Tapete, Wandregal, Einbauschrank. Eine Deckenverkleidung nur, wenn sie so mit der Decke verbunden oder in sie eingearbeitet ist, dass sie als Bestandteil der Decke nicht entfernt werden kann, ohne dass hierdurch das Bauwerk selbst beeinträchtigt wird (BGH, 3 StR 336/13). Ein Bauwagen ist eine **Hütte,** wenn er durch sein Eigengewicht auf dem Boden ruht, nicht jedoch, wenn er mit Rädern ausgestattet und jederzeit bewegbar ist (BGH, 4 StR 170/18, **RA 2018, 665**).
Def.: **Brandlegung** setzt dem Wortlaut und Schutzzweck nach nicht zwingend voraus, dass überhaupt etwas in Brand geraten ist. Ausreichend ist bereits die Versuchshandlung, bei der das Brandmittel den Zerstörungs-vorgang auslöst.	Unechtes Unternehmensdelikt (Gleichstellung von Versuch und Vollendung, ohne dass der Begriff des „Unternehmens“ gem. § 11 I Nr. 6 verwendet wird.) Es muss sich ein in der Brandlegung typischerweise geschaffenes Risiko im Zerstörungserfolg verwirklicht haben, wozu auch sog **Löschwasserschäden** zu rechnen sind (BGH, 5 StR 222/17; str.). • (+), wenn nur Inneneinrichtung brennt, die Hitze aber das Gebäude mind. teilw. zerstört. • (+), wenn das Brandmittel explodiert (oder verpufft) und dadurch das Gebäude mind. teilw. zerstört wird, ohne dass es zum eigentlichen Brand kommt (BGH, 5 StR 222/17).
Versuchsbeginn	Maßgeblich ist, ob es der Täter nach seiner Vorstellung für möglich hält und billigend in Kauf nimmt, dass sich die Flammen auf wesentliche Gebäudeteile ausbreiten und diese ohne Fortwirken des Brandmittels selbstständig weiter brennen könnten (BGH, 3 StR 210/14). Bei Verwendung von **Zeitzündern** liegt der Versuchsbeginn vor, wenn der Täter nach dem Ingangsetzen der Zeitzündevorrichtung den Installationsort verlässt und damit dem weiteren Geschehensablauf seinen Lauf lässt (BGH, 1 StR 578/12, **RA 2013, 386, 388**).

fremd (§ 306)	Trotz seiner systematischen Stellung im 28. Abschn. (Grund hierfür: § 306 ist Grunddelikt für §§ 306b und c) ist § 306 ein besonderes Sachbeschädigungsdelikt, obwohl auch der Schutz vor Gemeingefahren bezweckt ist. Nach g.h.M. hat Eigentümer folglich auch Dispositionsbefugnis („fremd") und kann mithin rechtfertigend einwilligen.
Wohn- und Aufenthaltsräumlichkeit (§ 306a I Nr. 1) (ausführl.: Kraatz, JuS 2012, 691 ff.)	**Wohnung** ist der Ort, den eine Person zum Mittelpunkt ihres Lebens gemacht hat. Ob dies der Fall ist, bestimmt sich nach den tatsächlichen Umständen des Einzelfalles. Indizien für eine Wohnnutzung können hierbei neben der Gebrauchsdauer z.B. das regelmäßige Übernachten und Zubereiten von Speisen sowie die postalische Erreichbarkeit sein (BGH, 1 StR 95/11). Da Wohnen mehr ist als sich nur Aufhalten, kann selbst eine Vielzahl von Besuchen in einem Gebäude, die ausschließlich der Vornahme von Instandhaltungsarbeiten, der Hausreinigung oder der Gartenpflege dienen, nicht zur Begründung eines – auch nur vorübergehenden – räumlichen Lebensmittelpunktes führen (BGH, 1 StR 95/11). Die tatsächliche (Wohn-)Zweckverwendung endet, wenn sie von den berechtigten Bewohnern aufgegeben wird (**Entwidmung**). Die Entwidmung ist ein *Realakt*. Willensmängel sind unbeachtlich, und sie muss nicht ausdrücklich erklärt werden; ausreichend ist eine *objektive Manifestationshandlung*, die – handelt der Bewohner – auch im In-Brand-Setzen bestehen kann (BGH, 2 StR 267/08). **(P): § 306a I bei gemischt-genutztem Gebäude** Zur Lösung muss zwischen den beiden Tathandlungen differenziert werden (BGH, 4 StR 659/10; 1 StR 578/12, **RA 2013, 386, 391**): **1. Var.: in Brand setzt** Entscheidend ist, ob der in Brand gesetzte (nicht unter § 306a I fallende) Gebäudeteil mit dem von § 306a I erfassten Gebäudeteil ein einheitliches Gebäude bildet und nicht auszuschließen ist, dass das Feuer übergreift. Insoweit genügt es nicht, wenn eine Räumlichkeit „angebaut" ist, unmittelbar angrenzt oder sich in räumlicher Nähe befindet. Erforderlich ist, dass zwischen den verschiedenen Gebäudeteilen eine Verbindung besteht, beispielsweise durch ein gemeinsames Treppenhaus, einen gemeinsamen Flur oder ineinander übergehende Räume. Gegen ein einheitliches Gebäude kann das Vorhandensein einer Brandmauer oder besonderer sonstiger Brandschutzvorrichtungen sprechen. **2. Var.: ganz oder teilweise zerstört** Restriktiv der BGH: Aus dem auf das Wohnen bezogenen Schutzzweck des § 306a I Nr. 1 folgt, dass ein teilweises Zerstören eines gemischt-genutzten Gebäude erst dann verwirklicht ist, wenn zumindest ein zum selbstständigen Gebrauch bestimmter Teil des Wohngebäudes, d.h. eine zum Wohnen bestimmte abgeschlossene Untereinheit, durch die Brandlegung für Wohnzwecke unbrauchbar geworden ist (BGH, 5 StR 222/17). Nicht ausreichend ist, dass das Feuer auf zu Wohnzwecken genutzte Teile des Gebäudes hätte übergreifen können; in diesem Fall fehlt es gerade am erforderlichen Erfolgseintritt. Streitig ist vor allem, ob die vom BGH gemachte Differenzierung zw. beiden Varianten überzeugt. Für die 1. Var. setzt der BGH nämlich deutlich geringere Anforderungen. **(P): Kontrollgang bei § 306a I** (teleologische Reduktion?) (-), wenn Gewissheit, dass keine Gefährdung eintreten kann; nach BGH allenfalls bei einräumiger und kellerloser Hütte (BGH, 3 StR 336/13)

Teilweises Zerstören ***Def.:*** Wenn einzelne wesentliche Teile eines Objekts, die seiner tatbestandlich geschützten Zweckbestimmung entsprechen, unbrauchbar geworden sind oder eine von mehreren tatbestandlich geschützten Zweckbestimmungen brandbedingt aufgehoben ist. Für die Unbrauchbarkeit genügt dabei grundsätzlich die Beeinträchtigung der bestimmungsgemäßen Nutzbarkeit für eine nicht nur unerhebliche Zeit.	**Wohnräume** sind erst dann teilweise zerstört, wenn eine zu Wohnzwecken bestimmte „Untereinheit" aus der Sicht eines verständigen Wohnungsinhabers für eine beträchtliche Zeitspanne nicht mehr benutzbar ist. Auf eine Verletzung der Sachsubstanz kommt es dabei nicht an; die Unbenutzbarkeit kann auch Folge einer starken Verrußung sein. (-), wenn lediglich das Mobiliar zerstört wurde (BGH, 4 StR 20/08). (-), wenn bloß das Kinderzimmer für 4 Wochen nicht mehr nutzbar ist (BGH, 3 StR 276/09). (+), bei einem Zimmer in einer Flüchtlingsunterkunft (BGH, 3 StR 408/19, JA 2020, 312); ebenso könnte ein Zimmer in einer WG oder ein untervermietetes Zimmer zu behandeln sein (Kudlich, JA 2020, 312, 314). (+), wenn die **Unbenutzbarkeit eines Zimmers** die Nutzung des Wohnhauses in unzumutbarer Weise beeinträchtigt (BGH, 3 StR 336/13). Eine teilweise Zerstörung ist auch möglich, wenn die betroffene Wohnung bereits wegen einer **vorangegangenen Brandstiftung** nicht nutzbar war. Eine weitere Beeinträchtigung der Sachsubstanz kann ebenso eintreten wie eine abstrakte Leibesgefahr (BGH, 3 StR 247/21, **RA 2022, 50**). Ein **gewerblich genutztes Gebäude** ist i.S.d. §§ 306 I, 306a I, II StGB dann teilweise zerstört, • wenn das Gebäude für eine nicht unbeträchtliche Zeit wenigstens für einzelne seiner Zweckbestimmungen unbrauchbar gemacht wird oder • wenn ein für die ganze Sache zwecknötiger Teil unbrauchbar gemacht wird oder • wenn einzelne Bestandteile des Gebäudes, die für den selbstständigen Gebrauch bestimmt oder eingerichtet sind, wie etwa eine einzelne Abteilung des Gebäudes, gänzlich vernichtet werden (BGH, 4 StR 344/11).
(P): Konkurrenzen bei § 306	Da die Brandstiftung auf die Verletzung von Gesamtheiten abstellt und keine höchstpersönlichen Rechtsgüter schützt, führt eine handlungseinheitliche Beeinträchtigung mehrerer Tatobjekte durch sie selbst dann nicht zu einer mehrfachen Verwirklichung des Tatbestands, wenn verschiedene Rechtsgutsträger geschädigt worden sind. Wird ein zum Schutzgut gehörendes Tatobjekt beschädigt und die Schädigung weiterer Objekte nur versucht, ist der Tatbestand nur einmal verwirklicht (BGH, 4 StR 487/15).
§ 306a II: konkretes Gefährdungsdelikt ***Def.:*** Die Sicherheit einer bestimmten Person muss nach objektiv-nachträglicher Prognose so stark beeinträchtigt sein, dass das Eintreten oder Ausbleiben einer Gesundheitsgefährdung nur noch vom Zufall abhängt. **(BGH, 10.10.2013, 2 StR 64/13)**	Sog. gesundheitsgefährdende Brandstiftung § 306a II kann auch dann anzunehmen sein, wenn lediglich nicht zu Wohnzwecken genutzte Räume (z.B. Kellerräume) durch die Brandlegung in Mitleidenschaft gezogen werden. Denn der gesetzgeberische Zweck der Auffangregelung in § 306a II besteht gerade darin, auch bei Brandlegungen mit geringen Objektschäden im Fall einer konkreten Gesundheitsgefährdung für Menschen dieselbe Strafandrohung auszusprechen wie sie in § 306a I bereits für eine abstrakte Gefährdung angeordnet ist. Daher reicht es aus, wenn zwar kein Wohnbereich, aber ein anderer funktionaler Gebäudeteil für nicht unerhebliche Zeit nicht bestimmungsgemäß gebraucht werden kann und wenn durch die typischen Folgen der Brandlegung zugleich eine konkrete Gesundheitsgefährdung bewirkt wird. (BGH, 2 StR 399/10; hierzu Kraatz, JURA 2012, 627 ff.)

(P): Konkurrenz zwischen § 306 und § 306a	BGH: § 306 ist subsidiär hinter § 306a, weil der Begriff der „Brandstiftung“ nicht *fremden* Sachen vorbehalten ist. Sonst auch „Doppelung“ des Begriffs der Brandstiftung im Tenor. a.A.: § 52 zur Klarstellung bzgl. „fremd“
§ 306b I: Eingetretene Grundheitsschädigungen	**Schwere Gesundheitsschädigung eines anderen Menschen:** (+) jedenfalls bei Fällen des § 226 (+) Fälle einer ähnlich (wie bei § 226) gravierenden Beeinträchtigung des Körpers, z.B. eine erhebliche Beeinträchtigung der Arbeitskraft. **(Einfache) Gesundheitsschädigung einer großen Zahl von Menschen:** BGH bei „jedenfalls 14 Personen“ (BGH, NJW 1999, 299, 300). Weitere (willkürlich anmutende) Mindestzahlen: Die Spanne reicht von drei (Wessels/Hettinger/Engländer, BT 2, Rn 971) über „die Grenze des zweistelligen Bereichs“ (S/S/W-Wolters, § 306b Rn 4) bis zu 20 Personen (Fischer, § 306b Rn 5).
§ 306b II Nr. 1: „einen anderen Menschen durch die Tat in die Gefahr des Todes bringt“	Die Tathandlung muss über die ihr innewohnende latente Gefährlichkeit hinaus im Hinblick auf einen bestimmten Vorgang in eine kritische Situation für das geschützte Rechtsgut geführt haben; in dieser Situation muss die Sicherheit einer bestimmten Person so stark beeinträchtigt worden sein, dass es nur noch vom Zufall abhing, ob das Rechtsgut verletzt wurde oder nicht. Allein der Umstand, dass sich Menschen in enger räumlicher Nähe zur Gefahrenquelle befinden, genügt noch nicht zur Annahme einer konkreten Gefahr. Umgekehrt wird die Annahme einer Gefahr aber auch nicht dadurch ausgeschlossen, dass ein Schaden ausgeblieben ist, weil sich der Gefährdete noch in Sicherheit bringen konnte. **Erforderlich ist ein Geschehen, bei dem ein unbeteiligter Beobachter zu der Einschätzung gelangt, dass „das noch einmal gut gegangen sei“.** (BGH, 5 StR 409/16; 4 StR 401/13) Geht ein Brandstifter davon aus, das Brandgeschehen beherrschen zu können, so liegt kein **Gefährdungsvorsatz** i.S.v. § 306b II Nr. 1 vor (BGH, 4 StR 512/15, JuS 2016, 1041).
§ 306b II Nr. 2: „um eine andere Straftat zu ermöglichen“ Die Absicht bezieht sich nicht auf den Deliktserfolg, sondern auf die Verknüpfung von Brandstiftung und anderer Tat (BGH, 18.06.2008, 2 StR 141/08).	**(P): Restriktive Auslegung nötig? / Ist der geplante Betrug an der Versicherung eine zu ermöglichende Straftat?** a.A.: wg. Strafrahmen restriktive Auslegung: unmittelbarer räumlicher und zeitlicher Zusammenhang zwischen Brandlegung und der zu ermöglichenden Straftat erforderlich (Folge: § 263 ggü. Versicherung scheidet aus). **BGH: Keine restriktive Auslegung** (BGH, 4 StR 512/15, JuS 2016, 1041); Arg.: Die erhöhte Verwerflichkeit der Tat ergibt sich aus der Bereitschaft des Täters, zur Durchsetzung krimineller Zwecke das Verbrechen der Brandstiftung zu begehen. Außerdem: Wortlautvergleich mit Mordmerkmal der Ermöglichungsabsicht. (Folge: § 263 ggü. Versicherung kommt als zu ermöglichende Straftat in Betracht.) § 306 II Nr. 2 kommt aber nur in Betracht, wenn aus Sicht des Täters kein Anspruch auf die Versicherungssumme besteht. Besteht nämlich ein Anspruch auf Auszahlung, wird schon nicht über einen nicht existenten Anspruch getäuscht, ferner fehlt es an einem Vermögensschaden der Versicherung sowie an der Rechtswidrigkeit der erstrebten Bereicherung. Nach **§ 81 VVG** ist der Anspruch auf die Versicherungsleistung nur ausgeschlossen, wenn der Versicherungsnehmer vorsätzlich den Versicherungsfall herbeiführt. Die Brandstiftung Dritter kann dem Versicherten nur zugerechnet werden, wenn dieser sog. **Repräsentant** ist. Repräsentant ist, wer auf Grund eines tatsächlichen Vertretungsverhältnisses die Befugnis besitzt, selbstständig und in nicht ganz unbedeutendem Umfang für den Versicherten in dem Geschäftskreis zu handeln, dem das versicherte Risiko angehört. Zudem wird überwiegend gefordert, dass der

	Repräsentant gerade auch die Rechte des Versicherten als Versicherungsnehmer wahrnehmen muss. Erfasst werden z.B. bei Unternehmen Personen mit wesentlichen Leitungsaufgaben wie Prokuristen oder Verwalter. Die bloße familiäre Verbundenheit, die Angehörigeneigenschaft sowie die reine Überlassung der Obhut über die versicherte Sache genügen hingegen nicht (BGH, 4 StR 512/15, JuS 2016, 1041). **(P): „andere“ Tat** Beachte aber: Es muss eine **„andere“ Straftat** ermöglicht werden. Daran fehlt es, wenn die Tathandlung mit derjenigen der Brandstiftung identisch ist, z.B. bei §§ 265, 303, 305 (BGH, 3 StR 454/06). (Es geht also immer um die andere *Handlung*, nicht bloß um einen anderen Paragrafen!) **(P): Fall des § 28 II** Die Absicht i.S.d. § 306b II Nr. 2 ist ein **strafschärfendes besonderes persönliches Merkmal i.S.d. § 28 II** (BGH, 4 StR 659/10). **(P): Prozessuale Tat** Die Brandstiftung mit der Absicht, die Versicherung zu betrügen und der (versuchte) Betrug durch die Schadensmeldung stellen, trotz Tatmehrheit, § 53, **eine prozessuale Tat** dar (BGH, 1 StR 95/11).
§ 306b II Nr. 2: „um eine andere Straftat zu verdecken“	Fall, dass der Täter die schwere Brandstiftung begeht, um das Opfer etwa als einzigen Zeugen einer zuvor begangenen Straftat auszuschalten, er also die Gefährlichkeit der Brandstiftungshandlung für deliktische Zwecke instrumentalisiert. Gleiches gilt, wenn der Täter handelt, um Spuren zu beseitigen, die auf eine andere Straftat als die von ihm begangene Brandstiftung hindeuten. (Auch hier ist streitig, ob eine **restriktive Auslegung** im Sinne einer Ausnutzung „allgemeiner Verwirrung“ durch den Brand nötig ist, was der BGH – wie bei der Verdeckungsabsicht – verneint.
§ 306b II Nr. 3: Erschweren des Löschens des Brandes	Der Tatbestand des § 306b II Nr. 3 StGB ist angesichts der Höhe der angedrohten Freiheitsstrafe restriktiv auszulegen. Er kann zwar auch erfüllt werden, indem ein Täter einen Rauchmelder unbrauchbar macht oder abschaltet. Voraussetzung ist aber stets, dass die anderenfalls bestehenden Chancen auf ein erfolgreiches Löschen des Brandes nicht unerheblich verschlechtert worden sein müssen, insbesondere das Löschen zeitlich relevant verzögert worden ist (BGH, 5 StR 124/13, **RA 2013, 647, 648**).
Unmittelbarkeits-zusammenhang bei § 306c	Es muss sich im Tod die brandspezifische Gefahr für das Rechtsgut Leben realisiert haben. Hierbei kann auf die Gefährlichkeit der **Tathandlung** (geworfener Molotow-Cocktail) [deshalb auch „erfolgsqualifizierter Versuch“ möglich] als auch auf die Gefährlichkeit des **Taterfolges** abgestellt werden. Der Tod von **freiwilligen Rettern** wird dem Täter jedenfalls dann zugerechnet, wenn er ein „verständiges Rettungsmotiv“ geschaffen hat. Es liegt an sich kein Fall von Zurechnung ausschließender Selbstgefährdung vor, wenn jemand Zivilcourage zeigt. (M.M.: Zurechnung nur, wenn der freiwillige Helfer gem. § 323c zur Hilfeleistung verpflichtet war.) Mit Rettungsbemühungen von **Berufsrettern** muss der Täter grundsätzlich rechnen. Allerdings führt grob sach- und pflichtwidriges Verhalten jedes Retters zu einem Zurechnungsausschluss wegen eigenverantwortlicher Selbstgefährdung. (Vgl. BGH, 4 StR 19/20, **RA-Telegramm 2022, 7** = JA 2022, 168 = JuS 2021, 1194, für einen Fall fahrlässiger Brandstiftung.)
Fahrlässige Brandstiftung, § 306d	§ 306d I 3. Var. ist eine Vorsatz-Fahrlässigkeits-Kombination. Sie gilt gem. § 11 II als Vorsatzdelikt.

Straßenverkehrsdelikte, §§ 316, 315c, 315b, 315d

Trunkenheit im Verkehr, § 316

Schema:

I. Tatbestand
1. Führen eines Fahrzeugs
2. Im Verkehr
3. Im fahruntüchtigen Zustand
4. Vorsatz oder Fahrlässigkeit
II. Rechtswidrigkeit
III. Schuld

Führen eines Fahrzeugs (§§ 316, 315c)	Zu bejahen ab: Anrollen der Räder. Nicht verlangt das Gesetz ein „Kraftfahrzeug“, weshalb auch Fahrräder taugliche Tatmittel sind; aber nicht, beim bloßen Schieben (LG Freiburg, 11/21 10 Ns 530 Js 30382/20).
Fahrzeugführer (§§ 316, 315c)	Fahrzeugführer ist dabei diejenige Person, die sich selbst aller oder wenigstens eines Teils der *wesentlichen technischen Einrichtungen des Fahrzeugs bedient*, die für seine Fortbewegung bestimmt sind, und das Fahrzeug in Bewegung setzt oder es während der Fahrtbewegung lenkt. ⇨ **eigenhändiges Delikt** (Ein Fahrlehrer, der nur Fahranweisungen gibt, führt kein Fahrzeug [BGH, 1 StR 340/14, JuS 2015, 370], wer ein abgeschlepptes Kfz steuert hingegen schon.)
Def.: **Straßenverkehr: Öffentlich** ist der Straßenverkehr, wenn der Verkehrsraum entweder ausdrücklich oder mit stillschweigender Duldung des Verfügungsberechtigten für jedermann oder wenigstens allgemein für bestimmte Gruppen von Personen (d.h. für einen zufälligen Personenkreis) – wenn auch nur vorübergehend oder gegen Gebühr – zur Benutzung zugelassen ist.	In Betracht kommen damit grundsätzlich auch allgemein zugängliche Privatparkplätze, Kundenparkplätze, oder Parkhäuser. Ob auf einem privaten Betriebsgelände öffentlicher Verkehr stattfindet, hängt maßgeblich von den Umständen des Einzelfalles ab (allgemein zulässige Zufahrt oder aber Absperrung und nur individuelle Zufahrtberechtigung, vgl. BGH, NJW 2004, 1965). Die Zugehörigkeit einer Fläche zum öffentlichen Verkehrsraum endet mit einer eindeutigen, äußerlich manifestierten Handlung des Verfügungsberechtigten, die unmissverständlich erkennbar macht, dass ein öffentlicher Verkehr nicht (mehr) geduldet wird (z.B. schließen einer Schranke, BGH, 4 StR 527/12, **RA 2013, 219**). Eine Verkehrsfläche kann somit zeitweilig „öffentlich” und zu anderen Zeiten „nicht-öffentlich” sein. Nicht „öffentlich“ ist ein im privaten Eigentum stehender Privatparkplatz, bei dem die **Schranke** bereits seit geraumer Zeit **außer Betrieb** ist, und der deshalb von der Öffentlichkeit genutzt wird (OLG Zweibrücken, 1 OLG 2 Ss 77/19). Weiterhin wird die Anwendbarkeit der Strafvorschrift des **§ 315b** nicht schon dadurch ausgeschlossen, dass die konkrete Gefahr oder gar der Schaden außerhalb des öffentlichen Verkehrsraums eintritt, etwa, wenn der Täter sein Opfer bereits von der öffentlichen Straße aus mit dem Fahrzeug verfolgt, aber erst außerhalb des öffentlichen Verkehrsraums erfasst. Voraussetzung dafür ist jedoch, dass sich das Opfer in dem Zeitpunkt, in dem der Täter zur Verwirklichung des Tatbestandes der Straßenverkehrsgefährdung durch zweckwidrigen Einsatz des Fahrzeugs als Waffe oder Schadenswerkzeug unmittelbar ansetzt, noch im öffentlichen Raum befindet, die abstrakte Gefahr also noch im öffentlichen Verkehrsraum entsteht. Hält sich das Opfer zu diesem Zeitpunkt außerhalb des öffentlichen Verkehrsraums auf, fehlt es an einer Beeinträchtigung der Sicherheit des Straßenverkehrs und damit an einer tatbestandlichen Voraussetzung für die Anwendbarkeit des § 315b StGB (BGH, 4 StR 401/11).

Rauschbedingte Fahruntüchtigkeit (§§ 316, 315c)	Bei Alkohol: **absolut**: Kraftfahrer: **1,1‰** (Radfahrer etwa 1,6 ‰) **relativ**: **0,3 ‰** *(nicht darunter!)* **plus (!) Ausfallerscheinungen** Als Ausfallerscheinungen kommen z.B. in Betracht: Eine auffällige, sei es regelwidrige, sei es besonders sorglose oder leichtsinnige Fahrweise, ein unbesonnenes Benehmen bei Polizeikontrollen, aber auch sonstiges Verhalten, das alkoholbedingte Enthemmung und Kritiklosigkeit erkennen lässt. Insbesondere ungewöhnliche Fahr-fehler lassen den Schluss auf Fahruntüchtigkeit zu. Eine gefährliche und rasante Fahrweise allein ist für die Annahme alkoholbedingter Ausfallerscheinungen nicht ausreichend (OLG Oldenburg, 1 Ss 53/16). Beachtlich ist ein Fahrfehler allerdings nur, wenn das Gericht die Überzeugung gewinnt, dass er dem Fahrer ohne alkoholische Beeinträchtigung nicht unterlaufen wäre. Hierbei ist auf den konkreten Fahrer abzustellen und nicht auf den „durchschnittlichen" Führer eines Kfz (OLG Oldenburg, 1 Ss 53/16, JuS 2016, 1136).

Gefährdung des Straßenverkehrs, § 315c

Schema:

I. Tatbestand
1. **Führen eines Fahrzeugs im fahruntüchtigen Zustand (Nr. 1)**
2. **Grob verkehrswidriges und rücksichtsloses Verhalten (Nr. 2)**
3. **Im Straßenverkehr**
4. **Gefährdung der genannten Rechtsgüter**
5. **Zurechnungszusammenhang**
6. **Vorsatz bzgl. 1 – 5.**

[7. Fahrlässigkeit bzgl. Gefährdung, wenn kein entspr. Vorsatz (§ 315c III Nr. 1)]

II. Rechtswidrigkeit

III. Schuld

3-stufiger Tatbestand	(Der Tatbestand gilt als dreistufig:) Es wird verlangt, dass • durch eine der genannten Tathandlungen (*1. Stufe*) • eine abstrakte Gefahr geschaffen wird (*2. Stufe*), • die sich dann zur konkreten Gefahr „verdichtet" [„Beinahe-Unfall"] (*3. Stufe*).
Fahruntüchtigkeit infolge geistiger oder körperlicher Mängel (§ 315c)	*Dauerhafte:* z.B. Amputationen, Schwerhörigkeit, nicht kompen-sierbare Fehlsichtigkeit, Anfallsleiden wie Epilepsie, altersbedingte psychofunktionale Leistungsdefizite und Übermüdung *Vorübergehende:* z.B. Fieber, Heuschnupfen oder Medikamenteneinwirkung; Entzugserscheinungen eines Rauschgiftkonsumenten [nötig sind hier aber Ausfallerscheinungen].
grob verkehrswidrig (§ 315c)	*Grob verkehrswidrig* handelt, wer *objektiv besonders schwer*, d.h. typischerweise besonders gefährlich, gegen eine Verkehrsvorschrift verstößt.
rücksichtslos (§ 315c)	*Rücksichtslos* handelt, wer sich aus *eigensüchtigen Gründen* über die ihm bewusste Pflicht zur Vermeidung unnötiger Gefährdung anderer (§ 1 StVO) hinwegsetzt oder aus *Gleichgültigkeit* Bedenken gegen sein Verhalten von vornherein nicht aufkommen lässt. Abzustellen ist insoweit auf Beweggründe und Motivation des Fahrzeugführers *in der konkreten Verkehrssituation.*
Die „7 Todsünden des Straßenverkehrs" (§ 315c I Nr. 2)	**Nr. 2 b):** Wer an anderen verkehrsbedingt haltenden Fahrzeugen, über den Bordstein auf dem Gehweg vorbeifährt und dabei dort befindliche Fußgänger gefährdet, erfüllt den Tatbestand und „überholt" (BGH, 4 StR 90/16).

	(P): „Geisterfahrt“ **Nr. 2 e):** Das **Rechtsfahrgebot** trifft seinem Sinn nach denjenigen Verkehrsteilnehmer nicht, der entgegen der vorgeschriebenen Fahrtrichtung fährt. Das folgt aus Nr. 2 f), der das Fahren entgegen der vorgeschriebenen Fahrtrichtung unter Strafe stellt, allerdings beschränkt auf Autobahnen und Kraftfahrstraßen. Diese Beschränkung würde durch die Subsumtion einer „Geisterfahrt“ auf einer sonstigen Straße mit nur einer Fahrtrichtung unter Nr. 2 e) umgangen (OLG Köln, III-1 RVs 225/15, **RA 2016, 162, 163**).
Konkreter Gefährdungserfolg (§ 315b und c) ***Def.:*** Die Sicherheit einer bestimmten Person oder Sache ist erst dann konkret gefährdet, wenn durch die Tathandlung ein so hohes Verletzungs- oder Schädigungsrisiko begründet worden ist, dass es nur noch vom Zufall abhängt, ob es zu einer Rechtsgutsverletzung kommt. Kritische Verkehrssituationen erfüllen diese Voraussetzungen im Allgemeinen nur, wenn sie sich aus der Perspektive eines objektiven Beobachters als ein **"Beinahe-Unfall"** darstellen. Es muss zu einer hochriskanten, praktisch nicht mehr beherrschbaren Verkehrssituation gekommen sein. (BGH, 4 StR 61/17)	(-) bei komplexeren Abwehrreaktionen des Betroffenen (BGH, 4 StR 517/18, **RA-Telegramm 2019, 86** [schützendes Vor-Sich-Werfen einer Mülltonne]). Die Wertgrenze für die fremde Sache von bedeutendem Wert liegt nach BGH bei **750 €** (BGH, 4 StR 581/16). A.A.: 1.300 € (Fischer, § 315 Rn 16a; S/S-Heine/Bosch, Vor § 306 ff. Rn 15) Bei der Prüfung, ob einer fremden Sache von bedeutendem Wert auch ein bedeutender Schaden gedroht hat, sind stets zwei durch entsprechende Feststellungen gestützte Prüfungsschritte erforderlich. Zunächst ist zu klären, ob es sich bei der gefährdeten Sache um eine solche von bedeutendem Wert handelte. Ist dies der Fall, so ist in einem zweiten Schritt zu prüfen, ob ihr auch ein bedeutender Schaden gedroht hat, wobei ein tatsächlich entstandener Schaden geringer sein kann als der maßgebliche Gefährdungsschaden (BGH, 4 StR 408/09, NStZ 2010, 216). Bei Eintritt eines tatsächlichen, wenn auch hinter der Wertgrenze von 750,- € zurückbleibenden Schadens, ist grundsätzlich vom vorgelagerten Vorliegen einer konkreten Gefahr auszugehen. Diese ist nur dann als unbedeutend einzustufen, wenn aufgrund einer Prognose von vornherein lediglich der tatsächlich eingetretene, geringe Schaden gedroht hat, also kein „unverbrauchter Eskalationsrest“ vorhanden war. Ansonsten ist von einem überschießenden Gefährdungsschaden und einem Realisationsdefizit bezüglich der konkreten Gefahr auszugehen (LG Heilbronn, 8 Qs 39/17, **RA 2018, 106** = JA 2018, 74). **Nicht** unter § 315c fallen das **Kfz, welches der Täter führt**, da dieses das Tatmittel ist (BGH, 4 StR 45/12; 4 StR 435/12), und der **Teilnehmer**, da sein Schutz sonst die Haupttat für seine eigene Teilnahme begründen würde (BGH, 4 StR 45/12; 4 StR 435/12).
Zurechnungszusammenhang (§ 315c) **„und dadurch“**	Tatbestandlich sind nur solche Fälle, in denen die Gefährdung bei einem ordnungsgemäßen Verhalten (z.B. bei einem Fahren im fahrtüchtigen Zustand) nicht eingetreten wäre. Es handelt sich hier um eine besondere Ausgestaltung des insbesondere aus der Fahrlässigkeitsdogmatik bekannten allgemeinen Erfordernisses des *„Pflichtwidrigkeitszusammenhangs“*. Außerdem werden unter diesem Prüfungspunkt die Fälle der **Selbstgefährdung** behandelt. **(P): Bestimmung des pflichtgemäßen Alternativverhaltens** BGH, 4 StR 369/12, **RA 2013, 209,** JuS 2013, 466: Das oben bei der Fahrlässigkeit dargestellte Problem, ob auf eine „der Alkoholisierung angemessene Geschwindigkeit“ abzustellen ist, stellt sich hier nicht. Das

	Merkmal „und dadurch" führt hier zwingend dazu, dass geprüft werden muss, ob die Gefahr auch ohne die alkoholbedingte Fahruntüchtigkeit eingetreten wäre (El-Ghazi, ZJS 2014, 23, 23).
Rechtswidrigkeit / Einwilligung	Nach BGH schützt § 315c ein einheitliches Rechtsgut dessen Schwerpunkt die Sicherheit des Straßenverkehrs ist. Insoweit besteht keine Dispositionsbefugnis. Nach a.A. ist das Rechtsgut „teilbar". Werde z.B. bloß ein Mitfahrer gefährdet, der von der Trunkenheit des Täters wisse, so könne er in seine eigene Gefährdung einwilligen. Es bleibe in diesem Fall bloß eine Strafbarkeit gem. § 316.

Gefährliche Eingriffe in den Straßenverkehr, § 315b

Schema § 315b:

I. Tatbestand
- **1. Verkehrsfremder Eingriff**
- **2. Beeinträchtigung der Sicherheit des Straßenverkehrs**
- **3. Gefährdung der genannten Rechtsgüter**
- **4. Kausalität / Zurechnungszusammenhang**
- **5. Vorsatz bzgl. 1 – 4.**
- **[6. FLK bzgl. Gefährdung, wenn kein entspr. Vorsatz (§ 315b IV) o. reine FLK gem. Abs. 5]**

II. Rechtswidrigkeit

III. Schuld

Beeinträchtigung der Sicherheit des Straßenverkehrs *__Def.:__* Eine solche ist anzunehmen, wenn der Eingriff eine Steigerung der normalen Betriebsgefahr hervorgerufen hat und der Verkehr folglich in seinem ungestörten Ablauf gefährdet wurde.	Für den Fall des „**verkehrsfeindlichen Inneneingriffs**" (dazu unten Näheres) hat der BGH (4 StR 401/11) klargestellt: Nicht jede Tathandlung, die vom öffentlichen Straßenraum ausgeht, erfüllt den Tatbestand des § 315b. Vielmehr ist Voraussetzung, dass sich das Opfer in dem Zeitpunkt, in dem der Täter zur Verwirklichung des § 315b durch zweckwidrigen Einsatz des Kfz als Schädigungswerkzeug (z.B. zum Überfahren) unmittelbar ansetzt, noch im öffentlichen Raum befindet, sodass die abstrakte Gefahr noch im öffentlichen Verkehrsraum entsteht. Der konkrete Gefährdungserfolg kann hingegen durchaus auch erst außerhalb des Straßenverkehrs eintreten. So genügt es z.B. für § 315b I Nr. 3, wenn der Täter das Opfer noch auf der Straße beginnt „zu jagen" und es aber erst außerhalb des öffentlichen Verkehrsraums „erwischt".
Nr. 1 (Fahrzeug oder Anlagen beschädigen, zerstören oder beseitigen)	**Anlagen** sind alle dem Verkehr dienenden Einrichtungen. *__Beispiele__: Verkehrszeichen, Ampeln, Absperrungen, aber auch die Straße selbst nebst ihrem dem Verkehr dienenden Zubehör (Gullydeckel).* **Fahrzeuge** sind alle Beförderungsmittel ohne Rücksicht auf die Antriebsart. *__Beispiele__: Straßenbahnen, Omnibusse, sonstige Kfz, Fahrräder, Inline-Skates, Ski, Rodelschlitten und fahrbares Kinderspielzeug (z.B. Tretroller).* Z.B., wenn bei einem parkenden PKW der Bremsschlauch zerschnitten wird. (-), wenn der von der Brücke auf das Auto geworfene Stein die Fensterscheibe durchschlägt, weil es dann an der „gedanklichen Trennbarkeit" fehlt (hierzu näher beim Merkmal „und dadurch").
Nr. 2 (Hindernis bereiten)	*__Beispiele__: Werfen eines großen Astes oder eines Autoreifens auf die Fahrbahn; Treiben von Tieren auf die Fahrbahn.*

Def.: Ein Hindernis wird durch jede Einwirkung auf den Straßenkörper bereitet (Nr. 2), die geeignet ist, den reibungslosen Verkehrsablauf zu hemmen oder zu stören.	Das plötzliche Abbremsen, um einen Auffahrunfall zu provozieren, stellt grundsätzlich das Bereiten eines Hindernisses dar. Ob in diesen Fällen auch eine konkrete Gefährdung eingetreten ist, hängt von der Verkehrssituation, vor allem von der Fahrgeschwindigkeit ab (BGH, 4 StR 507/11).
Nr. 3 (ebenso gefährlicher Eingriff) ***Def.:*** Einen ähnlichen ebenso gefährlichen Eingriff stellen nur solche Verhaltensweisen dar, die unmittelbar auf einen Verkehrsvorgang einwirken und den in Nr. 1 und 2 genannten Tathandlungen der Art und Gefährlichkeit nach gleichwertig sind.	*Beispiele:* *Anbringen eines Einbahnstraßenschildes in entgegengesetzter Richtung;* *Abziehen des Zündschlüssels durch den Beifahrer während der Fahrt, wenn dies die Lenkradsperre auslöst und so die Steuerungslosigkeit des Fahrzeugs bewirkt;* *das Herabwerfen von Gegenständen von einigem Gewicht von einer Brücke auf fahrende Kfz.*
„und dadurch" (§ 315b)	(Der Tatbestand gilt – ebenso wie § 315c – als dreistufig:) Es wird verlangt (vgl. BGH, 4 StR 334/17), dass • durch eine der genannten Tathandlungen (*1. Stufe*) • eine abstrakte Gefahr geschaffen wird (*2. Stufe*), • die sich dann zur konkreten Gefahr „verdichtet" (*3. Stufe*). Eine zeitliche Zäsur zwischen der abstrakten und der konkreten Gefahr ist nicht nötig. Es genügt, dass beide **„gedanklich trennbar"** („logische Sekunde") sind (seit BGHSt 48, 119; bestätigt BGH, 4 StR 411/08).
Konkrete Gefährdung der genannten Individual-Rechtsgüter **Zum zumindest nötigen „Beinahe-Unfall" siehe zu § 315c.**	**§ 315b I Nr. 1** (Beschädigung eines Fahrzeugs): Die bloße Inbetriebnahme eines Fahrzeuges, dessen Bremsanlage beschädigt worden ist (**Durchschneiden des Bremsschlauchs**), reicht für die Annahme einer konkreten Gefahr nicht aus. Das dadurch begründete besondere Unfallrisiko stellt sich nur als eine – wenn auch möglicherweise erhebliche – Steigerung des allgemeinen Unfallrisikos dar, ohne dass sich die darin liegende abstrakte Gefahr bereits im Sinne von § 315b zu einer konkreten Gefahr „verdichtet" hat. (BGH, 4 StR 340/11) Es genügt nicht, dass das Gericht feststellt, ein nicht angeschnallter Beifahrer habe sich infolge des Anstoßes von hinten mit den Händen am Armaturenbrett abstützen müssen, um nicht gegen die Windschutzscheibe geschleudert zu werden, wenn dem andere Feststellungen entgegenstehen (BGH, 4 StR 145/13, **RA 2013, 813**). Unter einer konkreten Gefahr können nur **verkehrsspezifische Gefahren** verstanden werden. Dies sind nur solche, die, jedenfalls auch, auf die Wirkungsweise der für Verkehrsvorgänge typischen Fortbewegungskräfte (Dynamik des Straßenverkehrs) zurückzuführen sind; bestätigt BGH, 4 StR 411/08). Daran fehlt es, wenn **Schüsse** die Karosserie durchschlagen, ohne jedoch die Fahrsicherheit zu beeinträchtigen und der Schaden ausschließlich auf der durch die Pistolenschüsse freigesetzten Dynamik der auftreffenden Projektile beruht. In Betracht kommt aber ein Versuch, wenn der Täter billigt, dass es infolge der Schüsse zu einem Beinahe-Unfall kommt (BGH, 4 StR 349/17; 4 StR 117/15).

(P): Abgrenzung § 315b und 315c („verkehrsfeindlicher Inneneingriff“) **Unbedingt lesen:** BGH, 4 StR 121/18, **RA 2018, 612 (Fall taugt als Vorlage für Examensklausur!)**	Hierbei geht es um die Frage, unter welchen Voraussetzungen ein Täter, der **am** Straßenverkehr teilnimmt, dennoch gem. § 315b wegen Eingriffs **in** den Straßenverkehr bestraft werden kann. Die Lehre verlangt insoweit einen Einsatz des „**Kfz als Waffe**“ und „verkehrsatypische **Pervertierung**“ eines Verkehrsvorgangs. Nach BGH muss *hinzukommen*, dass das Kfz mit mindestens bedingtem ***Schädigungs*****vorsatz** – etwa als Waffe oder Schadenswerkzeug – missbraucht wird. (BGH, 4 StR 334/17, **RA 2018, 163;** 4 StR 145/13, **RA 2013, 813**). ⇨ *Gutachten: Sie sollten hieraus keinen Gegensatz (oder gar Meinungsstreit) konstruieren, sondern unter Verwendung aller drei Begriffe darlegen, ob bzw. dass ein „verkehrsfeindlicher Inneneingriff“ vorliegt. Pervertierungen ohne Schädigungsvorsatz dürften selten sein.* Beispiele: § 315b bei: Kfz als Tötungsmittel; Kfz als „Rammbock“ um Straßensperre zu durchbrechen; nicht aber allein durch scharfes Abbremsen (BGH, 4 StR 1/16) § 315c bei Verfolgungsjagd, weil hier die Fortbewegung als primärer Zweck im Mittelpunkt stehe Auch ein besonders gefährliches, über die eigentliche Fortbewegung hinaus Unterhaltszwecken dienendes Fahrverhalten (hier: **Fahrt mit einem Motorrad allein auf dessen Hinterrad**) stellt für sich noch keinen verkehrsfremden Eingriff in den Straßenverkehr im Sinne des § 315b dar. Eine andere Beurteilung hätte letztlich zur Folge, dass eine Vielzahl bewusst risikoreicher, teilweise geradezu groteskabsurder Fahrmanöver im täglichen Straßenverkehr der vergleichsweise hohen Strafdrohung und -erwartung des § 315b unterfielen. Dies mag aus generalpräventiven Gesichtspunkten zur mäßigenden Einwirkung auf das Verhalten im Straßenverkehr zwar geboten erscheinen. Eine solche Betrachtung verbietet sich aber, da nach dem Willen des Gesetzgebers abstrakt besonders gefährliche Verkehrsverstöße enumerativ von § 315c I Nr. 2 StGB erfasst sind (AG Lübeck, 61 GS 125/11). Achtung: Der Schädigungsvorsatz als besonders verkehrsfeindliche Gesinnung muss bei „normalen“ **Außeneingriffen** (z.B. Steinwurf von Autobahnbrücke) zur Bejahung von § 315b natürlich **nicht** vorliegen (BGH, 4 StR 505/18, **RA 2019, 161**; *Jahn*, JuS 2007, 89, 90). **(P): Beifahrer** Täter i.S.v. § 315b I kann jeder – auch der Beifahrer – sein, der das tatbestandsmäßige Geschehen im Sinne der Nrn 1 bis 3 beherrscht; dies gilt auch im Fall des sogenannten verkehrsfremden Inneneingriffs (OLG Hamm, 4 RVs 159/16, **RA 2017, 217** = JuS 2017, 563). *[Fall: Plötzliches Öffnen der Beifahrertür eines fahrenden Pkws, um einen neben dem Pkw befindlichen Radfahrer „auffahren“ zu lassen.]* Nach verbreiteter Auffassung gelten die zum verkehrsfeindlichen Inneneingriff entwickelten restriktiven Grundsätze auch für den Beifahrer, der eigenmächtig in das Steuer greift oder die Handbremse zieht (Eisele, BT I, Rn 1152; Rengier, BT II, § 45 Rn 33; offen gelassen BGH, 13.06.2006, 4 StR 123/06 Rn 5). Konsequenz dieses Standpunkts ist, dass der Beifahrer § 315b I Nr. 3 nur erfüllt, wenn er das Fahrzeug in verkehrsfeindlicher Absicht – mit Schädigungsvorsatz – seinem Zweck als Verkehrsmittel entfremden will. Nach der Gegenauffassung vermag jedoch nicht zu überzeugen, den Beifahrer, dem im Hinblick auf den Steuerungsvorgang des Fahrzeugs überhaupt keine Funktion zukomme,

Autor: Dr. Dirk Schweinberger

	generell an der strafrechtlichen Privilegierung des Fahrzeugführers teilhaben zu lassen. Greife der Beifahrer in Steuerungsvorgänge ein, so stelle dies eine externe Störung des Fahr- und Verkehrsablaufs dar, die nicht vom Schutzbereich des § 315c I Nr. 2 erfasst werde. Derartige Eingriffe seien somit als verkehrsfremde Außeneingriffe zu qualifizieren, so dass es der Feststellung einer Pervertierungsabsicht nicht bedürfe (Hecker, JuS 2017, 563, 564 f.).

Verbotene Kraftfahrzeugrennen, § 315d

Schema:

I. Tatbestand Grunddelikt, § 315d I
1. **Im Straßenverkehr**
2. **Tathandlung Abs. 1 Nr. 1 - 3**
   - **a) Nr. 1: Ausrichtung oder Durchführung nicht erlaubten Kfz-Rennens**
   - **b) Nr. 2: Teilnahme als Kfz-Führer an nicht erlaubtem Kfz-Rennen**
   - **c) Nr. 3: das „Rasen“**
3. **Vorsatz bzgl. 1 – 2**
4. **Nr. 3: Rücksichtslose Tatbegehung**
5. **Nr. 3: Absicht, höchstmögliche Geschwindigkeit zu erreichen**

II. Tatbestand Qualifikation, § 315d II
1. **In Fällen des Abs. 1 Nr. 2, 3: Konkrete Gefährdung von Leib oder Leben eines anderen Menschen oder fremder Sachen von bedeutendem Wert**
2. **Zurechnungszusammenhang**
3. **Vorsatz bzgl. 1 – 2**

[4. Fahrlässigkeit bzgl. Gefährdung, wenn kein entspr. Vorsatz (§ 315d IV)]

III. Tatbestand Erfolgsqualifikation gem. § 315d V
1. **In Fällen des Abs. 2: Verursachung des Todes oder einer schweren Gesundheitsschädigung eines anderen Menschen oder eine Gesundheitsschädigung einer großen Zahl von Menschen**
2. **Wenigstens fahrlässige Herbeiführung (§ 18)**
3. **Unmittelbarkeitszusammenhang**

IV. Rechtswidrigkeit
V. Schuld

Im Straßenverkehr	Der Begriff entspricht demjenigen bei §§ 316, 315c.
Abs. 1 Nr. 1 (Ausrichtung oder Durchführung nicht erlaubten Kfz-Rennens) ***Def.:*** Ein **nicht genehmigtes** Kraftfahrzeugrennen liegt vor, wenn eine Genehmigung nach § 46 II 1, 3 StVO fehlt.	Die Vorschrift ist durch das negative Tatbestandsmerkmal „**nicht genehmigt**“ verwaltungsakzessorisch. Der Tatbestand ist trotz Genehmigung erfüllt, wenn von der Genehmigung abgewichen wird, indem etwa das Rennen an einem anderen Ort stattfindet, so dass keine entsprechenden Vorsichtsmaßnahmen getroffen werden können. Auf die Rechtmäßigkeit der Genehmigung kommt es nicht an, wohl aber sind nach § 44 VwVfG nichtige Genehmigungen oder nicht der Behörde zurechenbare Akte nicht tatbestandsausschließend. Ausschlaggebend für das Vorhandensein eines **Rennens** ist das jeweilige Streben nach der höheren Geschwindigkeit bzw. Schnelligkeit. Ob das Rennen als „wildes Spontanrennen“ stattfindet oder vorab geplant und verabredet wird, ist ohne Belang. Auch der **konkludent** gefasste Entschluss, **spontan** ein Rennen auszutragen, genügt (BGH, 4 StR

Def.: **Kraftfahrzeuge** sind nach der Legaldefinition des § 248b IV solche Fahrzeuge, die durch Maschinenkraft bewegt werden. ***Def.:*** Ein **Rennen** ist ein Wettbewerb zur Erzielung von Höchstgeschwindigkeiten oder höchsten Durchschnittsgeschwindigkeiten oder der schnellsten Beschleunigung mit mind. zwei teilnehmenden Kraftfahrzeugen über eine nicht unerhebliche Wegstrecke, wobei es einer vorherigen Absprache der Beteiligten nicht bedarf. Dabei müssen die Fahrer nicht gleichzeitig fahren. Es genügt, wenn nacheinander gefahren und z.B. die Zeit gestoppt wird (BGH, 4 StR 511/20, **RA 2022, 101**). ***Def.:*** **Ausrichter** ist, wer als geistiger und praktischer Urheber, Planer und Veranstalter die Veranstaltung (hier: das Rennen) vorbereitet, organisiert oder eigenverantwortlich ins Werk setzt.	511/20, **RA 2022, 101**; Zieschang, JA 2016, 721, 723 f.). Auf die Art des Starts (gemeinsamer Start, Gruppen- oder Einzelstart) kommt es ebenfalls nicht an. **Ausrichter** ist derjenige, welcher die Organisation übernimmt, indem er etwa die Strecke plant, Teilnehmer anwirbt oder Startbedingungen und Regeln festlegt, Startgeld entgegennimmt, das Preisgeld auszahlt, den Sieger ehrt und als Ansprechpartner für die Teilnehmenden auftritt. Insoweit stellt das Tatbestandsmerkmal des Ausrichtens sicher, dass auch derjenige, der als Organisator im Hintergrund bleibt, erfasst wird. Die Alternative des **Durchführens** stellt darüber hinaus sicher, dass auch der vor Ort Tätige den Straftatbestand verwirklichen kann. **(P): Rennen hat noch nicht begonnen / steht nicht unmittelbar bevor** Eine Strafbarkeit kommt erst mit dem Bestehen einer abstrakten Gefahr in Betracht. Die Phase der Gefährdung beginnt erst, wenn etwa andere Personen in Pläne eingeweiht werden oder für das Rennen angeworben werden, nicht aber beispielsweise beim Aufzeichnen einer Route auf einem Stadtplan. Die nach außen tretende Organisation des Rennens führt zu gruppendynamischen Prozessen, die es als erforderlich erscheinen lassen, diese vorgelagerte Handlung zu pönalisieren. Wer zusagt, als Fahrer an einem Rennen teilzunehmen, steht unter Druck und kann nur noch schwer davon Abstand nehmen, ohne innerhalb der Szene einen Ruf zu verlieren oder sich eine Blöße zu geben
Abs. 1 Nr. 2 (Teilnahme als Kfz-Führer an nicht erlaubtem Kfz-Rennen)	Die „Teilnahme“ als Kraftfahrzeugführer beschreibt nicht die Beteiligungsform im Sinne des Allgemeinen Teils nach § 28 II, wo Teilnehmer als Anstifter oder Gehilfe legal definiert ist. Teilnehmer gem. 315d I Nr. 2 kann vielmehr nur ein Kraftfahrzeugführer sein und nicht etwa ein Streckenposten oder Startzeichengeber und regelmäßig mithin nicht der Beifahrer. Deshalb handelt es sich um ein sog. **eigenhändiges Delikt** (BGH, 4 StR 511/20, RA 2022, 101). **Mittelbare Täterschaft** und **Mittäterschaft** scheiden mithin aus, wenn nicht tatsächlich beide das Fahrzeug zu gleichen Teilen beherrschen. Ansonsten kommt nur **Nebentäterschaft** in Betracht (BGH, 4 StR 511/20, RA 2022, 101;

	Zieschang, JA 2016, 721, 724 f.; a.A. Gerhold/Meglalu, ZJS 2018, 321, 321). Wer kein Fahrzeugführer ist, kann nur wegen Beihilfe und Anstiftung bestraft werden. Unklar ist, ab wann die „Teilnahme“ gegeben ist, ob also z. B. das Bereitstehen an einer Startlinie genügt (bejahend Zieschang, JA 2016, 721, 725; verneinend Preuß, NZV 2017, 105, 109). Auch ist das Merkmal des „Kraftfahrzeugführers“ wohl kein besonderes persönliches Merkmal i.S.v. § 28 I, weil der Fahrzeugführer dem geschützten Rechtsgut nicht nähersteht als jeder beliebige Dritte und es sich folglich bei § 315d nicht um ein Sonderpflichtdelikt handelt (Gerhold/Meglalu, ZJS 2018, 321, 325; a.A. Zieschang, JA 2016, 721, 725).
Abs. 1 Nr. 3 (das „Rasen“) Faktisch stellt die Nr. 3 die **„achte Todsünde“ des Straßenverkehrs** dar. Die ersten sieben Todsünden finden sich bei § 315c II Nr. 2. Mit diesem abstrakten Gefährdungsdelikt sind auch die **„Alleinraser“** erfasst.	Nr. 3 regelt Fälle, in denen nur ein einziger Fahrer objektiv und subjektiv ein Kraftfahrzeugrennen nachstellt. Das Führen des Kraftfahrzeugs muss mit nicht angepasster Geschwindigkeit erfolgen. Damit ist ein zu schnelles Fahren gemeint, das Geschwindigkeitsbegrenzungen verletzt oder der konkreten Verkehrssituation zuwiderläuft. Die Geschwindigkeit ist insbesondere den Straßen-, Sicht- und Wetterverhältnissen anzupassen. Die Formulierungen **grob verkehrswidrig und rücksichtslos** orientieren sich an § 315c I Nr. 2. Die Absicht, eine **höchstmögliche Geschwindigkeit** zu erreichen, verlangt die Absicht, nach seinen Vorstellungen auf einer nicht ganz unerheblichen Wegstrecke die nach den situativen Gegebenheiten (z.B. Motorisierung, Verkehrslage, Streckenverlauf, Witterungs- und Sichtverhältnisse) maximal mögliche Geschwindigkeit zu erreichen. Die beabsichtigte Erzielung der Höchstgeschwindigkeit muss dabei kein Endziel oder Hauptbeweggrund des Handelns sein, sondern es genügt, dass der Täter das Erreichen der situativen Grenzgeschwindigkeit als aus seiner Sicht **notwendiges Zwischenziel** anstrebt, um ein weiteres Handlungsziel (z.B. **Flucht vor der Polizei**) zu erreichen (BGH, 4 StR 225/20, **RA-Telegramm 2021, 67** = JA 2021, 777 = JuS 2021, 700). Dies wird kritisiert, da hiernach z.B. auch die Absicht, pünktlich zur Arbeit zu erscheinen, ausreichen würde (Hecker, JuS 2021, 700, 702). Jedoch wäre in diesen Fällen das Erreichen der Höchstgeschwindigkeit nicht Ziel, sondern Mittel des Täters (Hoven, NJW 2021, 1176). Bloße Geschwindigkeitsüberschreitungen sind hingegen nicht von der Strafbarkeit umfasst, auch wenn sie erheblich sind.
Abs. 2: Qualifikation in den Fällen des Abs. 1 Nr. 2 und 3 durch Herbeiführung einer konkreten Gefahr	⇨ Ausführungen zur konkreten Gefahr zu § 315c gelten entsprechend Auch hier ist ein konkreter Erfolg in Gestalt einer kritischen Situation („beinahe Unfall“) erforderlich, bei der es rückblickend „gerade noch einmal gut gegangen ist“. Nicht geschützt sind das von Täter geführte Fahrzeug und Teilnehmer. Geht es aber um die **Gefährdung des anderen Fahrzeugführers**, kommt es auf sein diesbezüglich gefährdendes Verhalten nicht an, da er selbst denselben Verstoß durch das Gesamtgeschehen, durch die Teilnahme am Rennen, begeht. Der konkurrierende Fahrzeugführer ist daher jedenfalls nicht vom Schutzzweck des § 315d II erfasst. Überdies käme ein Ausschluss über die Figur der eigenverantwortlichen Selbstgefährdung in Betracht, wenn man davon ausgeht, dass der Fahrer Tatherrschaft hat (Jansen, NZV 2017, 214, 218).

	(P): Zurechnung der Gefährdung Unbeteiligter Fraglich ist, inwiefern eine Zurechnung an den anderen Fahrer erfolgen kann, wenn ein Unbeteiligter durch einen der Fahrzeugführer gefährdet wird. Da es sich beim Grunddelikt gem. § 315d I Nr. 2 um ein **eigenhändiges Delikt** handelt, kann dem Täter eine qualifizierende Gefahr i.S.v. § 315d II nicht zugerechnet werden, wenn sie alleinige Folge des Handelns eines anderen Rennteilnehmers ist. Allerdings kann eine **Nebentäterschaft** vorliegen, wenn ein und derselbe Gefährdungserfolg von mehreren Rennteilnehmern herbei-geführt wird. Dies setzt aber voraus, dass sich die Rennteilnehmer in derselben Rennsituation befinden und zwischen den jeweiligen Mitverursachungsbeiträgen und dem konkreten Gefährdungserfolg ein örtlicher und zeitlicher Zusammenhang besteht (BGH, 4 StR 511/20, **RA 2022, 101**). Bei **Fahrlässigkeit** bzgl. der Gefährdung gem. Abs. 4 kommt eine Unterbrechung des Zurechnungszusammenhangs durch das dazwischen-tretende Handeln des „primären“ Verursachers in Betracht. Jedoch: Der konkurrierende Fahrzeugführer, der nicht selbst einen „Beinahe-Unfall“ baut, verletzt eine Sorgfaltspflicht, indem er entgegen § 315d I Nr. 2 an einem Rennen teilnimmt. Dabei entstehende Gefahren können für ihn vorhersehbar und vermeidbar sein. Weiterhin ist auch der Schutzbereich der Norm betroffen. **(P): Zurechnungszusammenhang:** Wie bei § 315c dürfte es auch bei § 315d notwendig sein, dass die konkrete Gefahr gerade durch das pönalisierte Verhalten eintritt. Daran fehlt es, wenn es auch ohne das verbotene Kraftfahrzeugrennen zur konkreten Gefahr gekommen wäre. Ausreichend ist, wenn das Fahrverhalten des anderen in der konkreten Gefährdungssituation in einem renntypischen Zusammenhang mit der die Gefährdung unmittelbar herbeiführenden Tathandlung steht. So z.B., wenn zwar der Überholende die konkrete Gefahr herbeiführt, aber der Überholte durch weitere Beschleunigung den Überholvorgang verhindern wollte und so zum längeren Verbleiben des Überholenden auf der Gegenfahrbahn beigetragen hat (BGH, 4 StR 511/20, **RA 2022, 101**).
Abs. 4: Qualifikation in den Fällen des Abs. 1 Nr. 2 und 3 durch Herbeiführung einer konkreten Gefahr als Vorsatz-Fahrlässigkeits-Kombination	Nötig: Vorsatz bzgl. Tathandlung als auch bzgl. des Gefährdungserfolgs. Handelt Täter bzgl. Gefährdungserfolg bloß fahrlässig ⇨ § 315d IV. Für diese Vorsatz-Fahrlässigkeitskombination findet § 11 II Anwendung.
Abs. 5: Erfolgsqualifikation in den Fällen des Abs. 2	§ 315d V stellt ein erfolgsqualifiziertes Delikt dar, für das § 18 gilt, so dass in Bezug auf die schwere Folge wenigstens Fahrlässigkeit erforderlich ist. Als schwere Folge kommen in Betracht: Der Tod, eine schwere Gesundheitsschädigung oder eine Gesundheitsschädigung einer großen Zahl von Menschen. (Zur Auslegung der letzten beiden Punkte vgl. oben zu § 306b I.)

	Die Erfolgsqualifikation greift also insbesondere dann, wenn der Teilnehmer eines Rennens andere Verkehrsteilnehmer bei dem Rennen übersieht oder die Kontrolle über sein Fahrzeug verliert und dadurch eine der Folgen herbeiführt. Tatbeteiligte werden hier ebenso wie bei § 315 c nicht erfasst. Auch hier stellen sich die Probleme der Zurechnung bei fahrlässiger Verursachung der schweren Folge.

Unerlaubtes Entfernen vom Unfallort, § 142

Schema § 142:

I. Tatbestand
1. **Unfall im Straßenverkehr**
2. **Unfallbeteiligter (§ 142 V)**
3. **Abs. 1: Sich-Entfernen vom Unfallort, bevor**
   a) **Nr. 1: Täter bei anwesenden feststellungsbereiten Personen seine Vorstellungs- und Anwesenheitspflicht erfüllt hat**
   b) **Nr. 2: bei nicht anwesenden feststellungsbereiten Personen die Wartefrist abgelaufen ist**
4. **Abs. 2: Sich-Entfernt-Haben vom Unfallort *[nur prüfen, wenn Abs. 1 (-)]***
   a) **Nr. 1: nach Ablauf der Wartefrist**
   b) **Nr. 2: berechtigt oder entschuldigt**
   c) **und Verletzung des Gebots, die Feststellungen unverzüglich nachträglich zu ermöglichen**
5. **Vorsatz bzgl. 1 – 4.**

II. Rechtswidrigkeit

III. Schuld

Schutzgut ist (trotz der verfehlten systematischen Einordnung bei den „Straftaten gegen die öffentliche Ordnung") die Sicherung der zivilrechtlichen Ansprüche der anderen Unfallbeteiligten (Vermögensgefährdungsdelikt).

„Unfall im Straßenverkehr" ***Def.:*** Hierbei handelt es sich um ein plötzliches Ereignis im öffentlichen Verkehr, das mit dessen Gefahren in ursächlichem Zusammenhang steht und zu einem nicht völlig belanglosen Personen- oder Sachschaden führt. „Völlige Belanglosigkeit" liegt nur vor, wenn für Schäden dieser Art (bei objektiver ex-ante-Betrachtung) üblicherweise keine Ersatzansprüche geltend gemacht werden.	**Straßenverkehr**: Wie bei §§ 315b, c, 316. Keine Anwendung auf Bahn-, Schiffs- und Luftverkehr und auch nicht bei Unfällen auf Skipisten. (-), wenn das Schadensereignis schon nach seinem äußeren Erscheinungsbild nicht die Folge allgemeinen Verkehrsrisikos, sondern einer deliktischen Planung ist, wie die mittels eines Kfz begangene vorsätzliche Körperverletzung oder Sachbeschädigung (BGH, NJW 2002, 626; OLG Jena, 1 Ss 191/07). (+) auch bei Kollision zweier Fußgänger oder zwischen Inline-Skater und Fußgänger (str.) i.d.R. (+) bei „verkehrstypischen" **Ein- und Ausladeunfällen** auch im ruhenden Verkehr; z.B. wegrollender Einkaufswagen auf Aldi-Parkplatz (OLG Düsseldorf, 1 RVs 62/11; LG Berlin, 526 Qs 162/06; a.A. LG Düsseldorf, 29 Ns 3/11, da dies einerseits vom Wortlaut des Begriffs „Straßenverkehr" und andererseits auch vom Schutzzweck des § 142 nicht erfasst sei) (+) auch nach OLG Köln, 1 RVs 138/11, wenn der Führer eines auf öffentlicher Straße geparkten LKW beim Ladevorgang ein Blech statt auf die Ladefläche versehentlich gegen die Seitenwand des LKW wirft und ein anderes Fahrzeug durch das abprallende Metallteil beschädigt wird (a.A. Hecker, JuS 2011, 1038, 1039, da sich hier keine Gefahr realisiere, die aus einem „Fortbewegungsvorgang" resultiere).

Unfallbeteiligter: Legaldefinition in Abs. 5	echtes Sonderdelikt kein Fall des § 28 I eigenhändiges Delikt, also § 25 I 2. Var. nicht möglich Nicht nur Fahrer eines Fahrzeugs, sondern u.U. durchaus auch der Beifahrer, der den Fahrer abgelenkt hat. Einschränkend wird man jedoch zumindest eine *Anwesenheit am Unfallort zur Unfallzeit* voraussetzen müssen. Achtung: Bei Subsumtion nicht das Wort „kann" betonen und sich nicht in SV-Spekulationen ergehen! Konkret: An sich „kann" natürlich ein Beifahrer immer einen Beitrag zum Unfall geleistet haben. Es kommt aber darauf an, ob die konkreten Umstände des Falles hierauf einen Hinweis geben. Wenn nein, ist der Beifahrer auch kein Unfallbeteiligter.
Sichentfernen ***Def.:*** Für das Sichentfernen ist eine *Ortsveränderung* erforderlich (aber auch ausreichend), die über den Bereich des Unfallortes hinausgeht. Der Täter muss sich dabei so weit von der Unfallstelle abgesetzt haben, dass ein Zusammenhang mit dem Unfall nicht mehr ohne weiteres erkennbar ist.	Die Bewegung des Unfallbeteiligten vom Unfallort weg ist als einheitlicher Vorgang zu begreifen. Insoweit ist eine **sukzessive Beihilfe** möglich (OLG Karlsruhe, 2 Rv 10 Ss 581/16, **RA 2017, 665** = JuS 2017, 1125). Nicht ausreichend ist dagegen, wenn der Täter lediglich eine Ortsveränderung im Bereich der Unfallstelle vornimmt und dadurch die Feststellungen erschwert, also sich etwa unter die Menge mischt und so als Unfallbeteiligter nicht zu erkennen ist. Das Entfernen kann auch als **unechtes Unterlassen** strafbar sein, wenn der Unfallbeteiligte etwa als Mitfahrer vom Unfallort entfernt wird, ohne versucht zu haben, den Fahrer zum Anhalten zu bewegen.
Pflichten des Abs. 1 Nr. 1 § 142 I Nr. 1 setzt nicht voraus, dass der Feststellungsberechtigte noch am Unfallort anwesend ist, wenn sich der Täter von dort entfernt. Erforderlich ist nur, dass sich der Täter entfernt, ‚bevor' er die gebotenen Feststellungen ermöglicht hat. Hierfür ist es jedoch ohne Bedeutung, in welcher Reihenfolge die Unfallbeteiligten den Unfallort verlassen und ob der Täter im Zeitpunkt seines Sich-Entfernens die Pflicht noch gegenüber einer	**Anwesenheits- und Vorstellungspflicht** Dagegen muss der Unfallbeteiligte *nicht seinen Namen nennen* oder sich ausweisen und auch keine Angaben dazu machen, ob er ein beteiligtes Fahrzeug geführt hat, wie er sich dabei verhalten hat etc. Sofern jedoch **falsche Personalien** angegeben werden, soll darin eine Verletzung der **Anwesenheitspflicht** liegen. Gleiches gilt, wenn der Täter den Unfallort erst nach der letzten feststellungsberechtigten Person verlässt, sofern er zuvor seine Vorstellungspflicht verletzt hat (BGH, 4 StR 583/17). Der Unfallbeteiligte, der die Feststellung seiner Personalien ver-weigert, muss das **Eintreffen** der herbeigerufenen **Polizei abwarten**. Die Anwesenheitspflicht, entfällt, wenn der Geschädigte darauf verzichtet, die Polizei herbeizurufen, obwohl der Unfallbeteiligte nur bereit ist, seine Personalien von der Polizei feststellen zu lassen und weitere nach § 142 I Nr. 1 zu treffende Feststellungen nicht mehr erforderlich sind; dann hat der Geschädigte die Nichterfüllung seines Feststellungsinteresses selbst zu vertreten (OLG Hamburg, 2 Rev 35/17).

anwesenden Person hätte erfüllen können (**BGH, 11.04.2018, 4 StR 583/17**, JuS 2018, 1011 = JA 2018, 709).	**(P): Flucht vor Blutentnahme gem. § 81a StPO** Nach e.A. Verletzung der Anwesenheitspflicht, da es bei der Alkoholisierung um die Feststellung der „Art der Beteiligung" gehe. Anders nach a.A., da die Flucht vom „nemo-tenetur-Prinzip" gedeckt sei. Die Blutentnahme diene nämlich der Ermittlung möglicher Straftaten. **(P): „Verzicht" des Geschädigten** Der „Verzicht" auf Feststellungen wird teils als Tatbestandsausschließungsgrund, wohl überwiegend aber nur als Rechtfertigungsgrund verstanden.
Voraussetzungen des Abs. 2 Nr. 2	Berechtigt vom Unfallort entfernt sich, wer andernorts eigene belangvolle Verletzungen behandeln lassen muss (BGH, 4 StR 259/14, JK 2015, S. 542). In Betracht kommen §§ 34, 35 StGB. Die Auslegung des § 142 II Nr. 2, die auch das **unvorsätzliche** - und nicht nur das berechtigte oder entschuldigte - Sich-Entfernt-Haben vom Unfallort unter diese Norm subsumiert (seit BGH, NJW 1979, 434), ist mit dem möglichen Wortsinn der Begriffe „berechtigt oder entschuldigt" nicht vereinbar und verstößt gegen Art. 103 II GG (BVerfG, JuS 2007, 689). Allerdings eröffnet das Urteil ein „Hintertürchen" hinsichtlich einer möglichen „großzügigeren" Auslegung des Begriffs des Unfallorts im Rahmen des Abs. 1 (Schlagwort: „**beweglicher Unfallort**"). Abgelehnt von OLG Düsseldorf, 2 Ss 142/07-69/07 III, bei einer Distanz von 3 Kilometern zum Ort des „eigentlichen" Unfalls. Grundsätzlich ablehnend BGH, 4 StR 413/10; OLG Hamburg, 3-13/09, da der objektive Begriff des Unfallortes nicht vom Zeitpunkt des Tätervorsatzes abhängen könne.
„unverzügliche Nachholung"	Die Unverzüglichkeit fehlt, wenn der Täter sich erst schlafen legt und die Polizei am nächsten Morgen verständigen will.

Totschlag, § 212

Grundlagen	Der Tatbestand des Totschlags folgt den Regeln des vollendeten vorsätzlichen Begehungsdelikts. Die Abgrenzung von Eventual-(tötungs-)vorsatz und bewusster Fahrlässigkeit ist oben im AT am Ende der Fahrlässigkeitsdelikte dargestellt.
§ 213	Maßgeblich für das Hingerissensein zur Tat i.S.v. § 213 ist nicht, ob sich die Tat als Spontantat darstellt; vielmehr kommt es darauf an, ob der durch die Provokation hervorgerufene Zorn noch angehalten und den Angeklagten zu seiner Tat hingerissen hat (BGH, 2 StR 176/16).

Mord, § 211

I. Tatbestand
1. **Tötung eines anderen Menschen**
2. **Mordmerkmale der 2. Gruppe**
3. **Vorsatz bzgl. 1. und 2.**
4. **Mordmerkmale der 1. und 3. Gruppe**

II. Rechtswidrigkeit
III. Schuld

Def.: **Heimtückisch** tötet, wer die Arglosigkeit und die gerade infolge der Arglosigkeit vorhandene Wehrlosigkeit des Angegriffenen bewusst zur Begehung der Tat ausnutzt und dabei in feindlicher Willensrichtung handelt.

Arglos ist, wer sich *zur Zeit des Beginns der Tötungshandlung* keines Angriffs von Seiten des Täters versieht.
Die **Wehrlosigkeit** resultiert beim Heimtückemord aus der gerade aufgrund von Arglosigkeit eingeschränkten oder ausgeschlossenen Verteidigungsmöglichkeit (BGH, NJW 2007, 3587, 3589).

Arg- und Wehrlosigkeit müssen zwingend kumulativ vorliegen.

(P): Maßgeblicher Zeitpunkt der Arglosigkeit
Beginn des ersten mit Tötungsvorsatz geführten Angriffs, also der Eintritt in das **Versuchsstadium**.

1. Ausnahme: Locken in einen Hinterhalt/Falle; Es kommt dann nicht mehr darauf an, ob das Opfer bei Versuchsbeginn arglos ist, wenn der Täter eine bis zur Tatausführung fortwirkende günstige Gelegenheit zur Tötung schafft. Voraussetzung ist aber, dass der Täter bereits in dem Zeitpunkt in welchem er das Opfer in die Falle lockt, mit Tötungsvorsatz handelt (BGH, 4 StR 134/19, JA 2020, 867; 4 StR 416/14, **RA 2015, 213, 214**).

2. Ausnahme: Wenn der einen Tötungsplan verfolgende Täter listig in den Schutzbereich des Opfers eindringt, wo dieses wehrlos seiner Übermacht ausgesetzt ist (BGH, 5 StR 296/18, **RA-Telegramm 2018, 96** = JuS 2019, 80 = JA 2019, 72; T überwältigt Kind, nimmt diesem Schlüssel ab und dringt so in Wohnung der Mutter ein, die das Kind erwartet hatte.).

(P): Feindselige Auseinandersetzung
Die Arglosigkeit fehlt i.d.R. bei einer vorausgegangenen **feindseligen Auseinandersetzung**. Verbale Streitigkeiten stehen, selbst wenn sie der Tötungshandlung unmittelbar vorausgehen, der Heimtücke aber nicht generell entgegen. Eine tatsächlich vorhandene Arglosigkeit wird nicht dadurch ausgeschlossen, dass das Opfer nach den Umständen mit einem tätlichen Angriff hätte rechnen müssen. Wendet das Opfer dem Täter den Rücken zu, um sich zu entfernen, ist diese **Preisgabe von Verteidigungsmöglichkeiten** ein gewichtiges Indiz für seine erhalten gebliebene Arglosigkeit (BGH, 5 StR 338/17, **RA-Telegramm 2018, 26** = JuS 2018, 721).

(P): Vorwarnungen, latente Angst, etc.
Eine auf früheren Aggressionen beruhende **latente Angst des Opfers** hebt seine Arglosigkeit erst dann auf, wenn es deshalb im Tatzeitpunkt mit Feindseligkeiten des Täters rechnet. Ein Wegfall der Arglosigkeit ist erst dann in Betracht zu ziehen, wenn für das Opfer ein akuter Anlass für die Annahme bestand, dass der ständig befürchtete schwerwiegende Angriff auf sein Leben oder seine körperliche Unversehrtheit nun unmittelbar bevorsteht (BGH, 5 StR 259/15).
Ein berufs- bzw. rollenbedingtes „generelles Misstrauen" führt als solches noch nicht zum dauerhaften Ausschluss der Arglosigkeit (BGH, StB 9/17 [Soldaten in Afghanistan]).

Die auf Arglosigkeit beruhende Wehrlosigkeit des Opfers eines Tötungsdelikts kann auch dann bestehen, wenn der Täter ihm zwar offen entgegentritt, die **Zeitspanne** zwischen dem Erkennen der Gefahr und dem unmittelbaren Angriff aber so kurz ist, dass keine Möglichkeit bleibt, dem Angriff irgendwie zu begegnen (BGH, 1 StR 250/05 [„Geli, es ist soweit"]; 1 StR 32/20, **RA-Telegramm 2020, 122**). Hierbei liegt ein „Angriff" aber nicht erst dann vor, wenn z.B. der Stich selbst geführt wird, sondern schon bereits in der unmittelbar davor liegenden Phase (BGH, 3 StR 223/11).

Ebenso (BGH, 1 StR 113/06), wenn der Täter das Opfer 20 Sekunden mit Körperverletzungsvorsatz würgt und erst dann den Entschluss zu Tötung fasst. In diesem Fall dauert der Überraschungseffekt bis zum Zeitpunkt des tödlichen Angriffs an. Ebenso bei „im letzten Moment" unternommenen Abwehrversuchen (BGH, 1 StR 403/07).

Anders (BGH, 5 StR 341/05), wenn der Tat eine vom Opfer bemerkte längere Verfolgung vorausgeht und sich das Opfer schon seit Wochen bedroht fühlte (krit. *Küper*, JZ 2006, 608, 609).

Anders (BGH, 5 StR 468/06), wenn der Täter nach einem heftigen Streit ankündigt: „Ich komme jetzt zu dir ins Restaurant und mach dich platt." Derjenige, der heimtückisch handeln wolle, pflege seine Tat nicht kurz zuvor anzukündigen. Ähnlich BGH, 3 StR 21/14, wenn das Opfer die vorgehaltene Waffe irrig für Spielzeug hält. Ähnlich BGH, 1 StR 86/13, wenn der Täter das Opfer auffordert, ins Freie zu treten. Dies bedeute regelmäßig den Beginn einer körperlichen Auseinandersetzung, welche die Arglosigkeit des Tatopfers ausschließe. Ähnlich BGH, 2 StR 605/13, bei einem verabredeten Kampf „Mann gegen Mann".

Anders (BGH, 3 StR 223/11), wenn der Täter den Entschluss, das zweite Opfer zu töten, erst spontan zu einem Zeitpunkt fasst, als dieses aufgrund der Beobachtung des vorangegangenen Geschehens (der Tötung des ersten Opfers) die Gefahr erkannte und somit nicht mehr arglos war (ähnlich BGH, 2 StR 459/16, JA 2017, 473).

Anders (BGH, 3 StR 120/16), wenn der Täter nach der heimtückischen Abgabe von mehreren Schüssen innerhalb weniger Sekunden auf andere Opfer nur Sekunden später ebenfalls in Tötungsabsicht auf ein weiteres Opfer einen Schuss abgibt, dieses aber trotz sehr kurzen Zeitabstands die Gefahr noch erkennen und – erfolgreich – fliehen konnte. Insoweit ist dann nur noch von versuchtem Totschlag auszugehen.

(P): konstitutionelle Arglosigkeit
Bei **konstitutionell arglosen Personen** (z.B. Kleinkinder oder Schwerst-Pflegefälle) ist auf die Arglosigkeit **schutzbereiter Dritter** (z.B. Eltern, Babysitter, Angehörige, Krankenhauspersonal) abzustellen. Schutzbereiter Dritter ist jede Person, die den Schutz eines Besinnungslosen vor Leib- und Lebensgefahr dauernd oder vorübergehend übernommen hat und diesem im Augenblick der Tat entweder tatsächlich ausübt oder es deshalb nicht tut, weil sie dem Täter vertraut (BGH, 2 StR 132/20, JuS 2021, 183). Der potentiell schutzbereite Dritte muss nicht „zugegen" sein. Schutzbereiter Dritter ist vielmehr jede Person, die den Schutz eines Kleinkindes vor Leib- und Lebensgefahr dauernd oder vorübergehend übernommen hat und diesen im Augenblick der Tat entweder tatsächlich ausübt oder dies deshalb nicht tut, weil sie dem Täter vertraut. Der schutzbereite Dritte muss auf Grund der Umstände des Einzelfalls den Schutz allerdings auch wirksam erbringen können, wofür eine gewisse räumliche Nähe erforderlich ist (BGH, 2 StR 309/12, JuS 2013, 364). Allerdings muss der Täter die Arg- und Wehrlosigkeit des Dritten nicht herbeigeführt haben (BGH, 1 StR 340/14, JuS 2015, 370).
Str., bei den „***Breifällen***": für Heimtücke BGH, NJW 1955, 1524; S/S-*Eser/Sternberg-Lieben*, § 211, Rn 25c; dagegen *Rengier*, BT II, § 4 Rn 28; *Eisele*, BT I, Rn 95.

(P): Chantage (Tötung eines Erpressers)
Der Erpresser, welcher in einer von ihm gesuchten Konfrontation mit dem Erpressten und in dessen Angesicht im Begriff ist, seine Tat zu vollenden (Geldübergabe oder -wegnahme), ist nicht arglos im Sinne des Mordmerkmals der Heimtücke. Das gilt auch dann, wenn er mit einer Gegenwehr seines Opfers nicht rechnet und von dieser überrascht ist.

	Der Erpresser ist der wirkliche Angreifer. Dem Erpressten gesteht die Rechtsordnung das Notwehrrecht zu. Mit dessen Ausübung muss jeder Angreifer in solcher Lage grundsätzlich rechnen. (BGH, NJW 2003, 1955 = JuS 2003, 716; zust. *Widmaier*, NJW 2003, 2791; *Rengier*, NStZ 2004, 233, 236; krit. *Quentin*, NStZ 2005, 128) **(P): Bewusstes Ausnutzen** Für das **bewusste Ausnutzen** (sog. **Ausnutzungsbewusstsein**) von Arg- und Wehrlosigkeit genügt es, dass der Täter sich bewusst ist, einen durch seine Ahnungslosigkeit gegenüber einem Angriff schutzlosen Menschen zu überraschen (BGH, 4 StR 53/21, **RA 2022, 45**). Dabei kommt es nicht darauf an, ob der Täter die Arglosigkeit herbeiführt oder bestärkt (BGH, 2 StR 117/14). Hieran kann es z.B. in Fällen fehlen, in denen Erregung, Spontaneität und alkoholbedingte Enthemmung in einer Gemengelage vorliegen (BGH, 4 StR 403/20, **RA 2021, 213** = JA 2021, 521 [„Kamikaze-Unfall" mit Suizidabsicht]). Ein überlegtes und die auf Arglosigkeit beruhende Wehrlosigkeit bewusst einplanendes Vorgehen ist nicht erforderlich (BGH, 1 StR 336/12). **(P): Feindselige Willensrichtung** Keine **feindliche Willensrichtung**, wenn der Täter „zum vermeintlich Besten des Opfers" handelt, z.B.: Mitnahmeselbstmord und Mitleidstötung. Grundsätzlich muss die Tötung dem ausdrücklichen Willen des Getöteten entsprechen oder – aufgrund einer objektiv nachvollziehbaren und anzuerkennenden Wertung – mit dem mutmaßlichen Willen des zu einer autonomen Entscheidung nicht fähigen Opfers geschehen (BGH, 5 StR 128/19, **RA 2019, 493** = JA 2918, 791 = JuS 2019, 1124 [nicht, wenn ein Mann seiner Frau ein Leben im finanziellen Ruin ersparen will]). **(P): restriktive Auslegung der Heimtücke** *<u>Gutachten</u>: Dieses Problem darf erst angesprochen werden, wenn die Grunddefinitionen der Heimtücke sauber subsumiert und bejaht wurden.* **BGH: „Rechtsfolgenlösung";** es bleibt bei „Heimtücke", jedoch kommt eine analoge Anwendung von § 49 I Nr. 1 in Betracht. In der Praxis erfordert dies Entlastungsmomente in Form außergewöhnlicher mildernder Umstände (BGH, 5 StR 219/20, JuS 2021, 464). Dies ist aber der „letzte Ausweg", weshalb alle anderen Möglichkeiten der Strafmilderung vorher geprüft werden müssen (z.B. Irrtum gem. § 35 II beim „Tyrannenmord", BGHSt 48, 255, 263). Nach wohl h.L.: zusätzlich **besonders verwerflicher Vertrauensbruch** nötig; h.L. dürfte abzulehnen sein, da damit das Mordmerkmal „in die Familie getragen" wird und „Meuchelmörder" und Auftragskiller nicht erfasst werden können. Folge: Heimtücke nur nach BGH i.d.R. (+) bei Steinwürfen von Autobahnbrücke (BGH, 4 StR 450/09).
<u>Def.:</u> **Grausam** tötet, wer dem Opfer vorsätzlich und aus gefühlloser, unbarmherziger Gesinnung besonders starke Schmerzen oder Qualen körperlicher oder seelischer Art zufügt, die nach Stärke oder Dauer über das für die Tötung erforderliche Maß hinausgehen.	Für das Mordmerkmal der Grausamkeit kann bei der regelmäßig mit der Auslösung von „Vernichtungsschmerzen" verbundenen Tötung durch Verbrennen ein Zeitraum von wenigen Sekunden genügen. Im Rahmen des Mordmerkmals der Grausamkeit sind auch seelische Qualen von Bedeutung (hier: u.a. die Gewissheit des Opfers, dass auch das bereits lebensfähige ungeborene Kind versterben würde) (BGH, 5 StR 390/16). **(P): Unterlassen** Ein Mord durch grausame Tötung kann *auch als unechtes Unterlassungsdelikt* begangen werden (z.B. verhungern und verdursten lassen).

Def.: Mit **gemeingefährlichen Mitteln** tötet, wer ein Mittel zur Tötung einsetzt, das in der konkreten Tatsituation typischerweise eine Mehrzahl von Menschen (wohl ab drei) an Leib oder Leben gefährden kann, weil der Täter die Ausdehnung der Gefahr nicht in seiner Gewalt hat.	Bei der Subsumtion ist nicht allein auf die abstrakte Gefährlichkeit eines Mittels abzustellen, sondern auf seine Eignung und Wirkung in der konkreten Situation unter Berücksichtigung der persönlichen Fähigkeiten und Absichten des Täters (BGH, 4 StR 170/18, **RA 2018, 665**). (-) „schlichte“ Mehrfachtötung; wenn sich also der Täter mit Tötungsabsicht gegen eine bestimmte Anzahl von ihm individualisierter Opfer richtet (BGH, 2 StR 415/19, **RA-Telegramm 2020, 32** [Brandstiftung bzgl. Wohnhaus]; 4 StR 170/18, **RA 2018, 665**). Streitig, wenn der Täter z.B. ein Flugzeug über unbewohntem Gebiet zum Absturz bringt, weil die betroffenen Opfer dann von Anfang an feststehen. Für den Germanwings-Absturz verneinend z.B. Mitsch JuS 2015, 887, bejahend Fahl, JA 2016, 405, da die Opfer beliebig austauschbare Repräsentanten der Allgemeinheit seien. (-) beim Schuss in die Menschenmenge (-), wenn es dem Täter bei mittlerem Verkehrsaufkommen darauf ankommt, das sich ungeschützt auf der Motorhaube festklammernde Opfer abzuschütteln (BGH, 1 StR 375/16). i.d.R. (-) bei Steinwürfen von Autobahnbrücke (BGH, 4 StR 450/09), wobei Einzelfall maßgeblich ist (anders u.U., wenn das Ziel ein vollbesetzter Bus oder ein Tanklaster ist). (+) bei Maschinenwaffen, Sprengstoffen, Brandstoffen, Giftgasen **(P): Raser-Fälle:** Ein Verkehrsteilnehmer, der bei einem illegalen Rennen mit einem Pkw innerorts mit deutlich überhöhter Geschwindigkeit einen anderen Menschen tötet, **kann** (!) wegen Mordes mit einem gemeingefährlichen Mittel zu bestrafen sein (LG Berlin, 251 Js 52/16, **RA 2017, 437**, JuS 2017, 700; a.A. im konkreten Fall BGH, 4 StR 399/17 (Revision zu LG Berlin), **RA 2018, 273** = JuS 2018, 492 = JA 2018, 468). Das Mordmerkmal greift nicht ein, wenn der Täter eine bereits vorhandene gemeingefährliche Situation nur zur Tat ausnutzt (Fischer, § 211 Rn 24). Deshalb scheidet meist auch ein Mord **durch Unterlassen** aus, weil der BGH das „Einsetzen“ gemeingefährlicher Mittel durch aktives Handeln verlangt (BGH, 3 StR 204/09).
Def.: Aus **Mordlust** tötet derjenige, bei dem der Tod des Opfers als solcher der einzige Zweck der Tat ist, der Täter also allein aus Freude an der Vernichtung eines Menschenlebens handelt oder aus Langeweile, Angeberei, zum nervlichen Stimulans oder Vergnügen.	Mord aus Mordlust setzt direkten Vorsatz voraus. Mordlust begrifflich eigentlich *nicht* anzunehmen, wenn jedes Motiv zur Tötung fehlt (str.).

Def.: **Zur Befriedigung des Geschlechtstriebs** tötet, wer das Töten unmittelbar oder mittelbar als ein Mittel zur geschlechtlichen Befriedigung benutzt, wer also im Augenblick des Entschlusses zur Tötung und bei der Tötungshandlung von sexuellen Motiven geleitet ist.	Vier anerkannte Fallgruppen: • Lustmord, bei dem der Täter in der Tötungshandlung selbst sexuelle Befriedigung sucht • Täter tötet, um das Opfer geschlechtlich zu missbrauchen, • sexuelle Befriedigung in nekrophiler Art erst an der Leiche oder • sexuelle Befriedigung an Videoaufzeichnungen vom Tötungsakt (**Kannibale** von Rotenburg, BGH, 2 StR 310/04, JuS 2005, 958; Kannibale aus dem Erzgebirge, BGH, 5 StR 504/15, JA 2016, 629 = JuS 2016, 947; Stromschlag-Fall, LG München I, 1 Ks 21 Js 5718/18, **RA-Telegramm 2020, 120** = JuS 2020, 987)
Habgier ***Def.:*** Rücksichtsloses Gewinnstreben um jeden Preis; auch um den Preis eines Menschenlebens.	Nach h.M. macht es aber keinen Unterschied, ob der Täter einen Vermögenszuwachs anstrebt oder einen Vermögensverlust verhindern will. Das „Gewinnstreben" liegt nach h.M. auch vor, wenn der Täter handelt, um sich **Aufwendungen** (z.B. Unterhalt) zu **ersparen**. Habgier setzt weder voraus, dass der erstrebte Vorteil unmittelbar aus dem Vermögen des Opfers stammen soll noch verlangt sie einen funktionalen Zusammenhang zwischen Tötung und Vermögensmehrung (z.B. **Lebensversicherungsprämie**). Ob auch das Erstreben einer staatlichen Versorgung in einer JVA genügt, ist fraglich (ja: BGH, 4 StR 140/20, **RA-Telegramm 2021, 31**; nein Jäger, JA 2021, 167, 168, da die Vorsorgung – unanhängig vom Delikt – einem humanen Strafvollzug geschuldet ist). Welchen Wert der erstrebte Vorteil hat, spielt keine Rolle. Geld und Leben können nicht gegeneinander aufgerechnet werden, so dass die Herstellung von Wertrelationen ausscheidet (Köhne, JURA 2008, 805, 806). Nur dann, wenn der erstrebte Gegenstand gar **keinen Vermögenswert** besitzt, ist die Grenze des Anwendungsbereichs für das Mordmerkmal erreicht.
Def.: **Beweggründe sind niedrig**, wenn sie nach allgemeiner sittlicher Wertung auf tiefster Stufe stehen und deshalb besonders verachtenswert sind. Neben den speziellen subjektiven Mordmerkmalen ist die Annahme auch des Mordmerkmals niedriger Beweggründe nur möglich, wenn die zur Begründung dieses Merkmals herangezogenen Motive des Täters einen über diese	Subjektives Mordmerkmal ⇨ nicht (z.B. gem. § 25 II) zurechenbar (BGH, 2 StR 505/13) Gesamtwürdigung aller äußeren und inneren für die Handlungsantriebe des Täters maßgeblichen Faktoren, insbesondere die Umstände der Tat, die Lebensverhältnisse des Täters und seine Persönlichkeit (BGH, 2 StR 656/13, **RA 2017, 493** [zur Eifersucht]). Stets anzuwendende Abwägungskriterien: • War Tat spontan oder geplant? • Gibt es für die Tat ein „verständiges" Motiv? Ist der Täter aus einem „verständigen" Motiv spontan zur Tat hingerissen, scheidet der niedrige Beweggrund i.d.R. aus. Ein niedriger Beweggrund kann auch dann gegeben sein, wenn der Täter in dem Bewusstsein handelt, keinen Grund für eine Tötung zu haben oder zu brauchen. Eine solche Einstellung, bei welcher der Täter meint, **nach eigenem Gutdünken über das Leben des Opfers verfügen zu können** (scheinbar anlasslose Tötung zur Machtdemonstration oder aus Langeweile), steht auf sittlich tiefster Stufe und ist besonders verachtenswert (BGH, 1 StR 273/11; JuS 2012, 562; vgl. auch BGH, 2 StR 242/12, JA 2013, 312). Gleiches gilt für das bewusste Abreagieren

hinausgehenden weiteren Unrechtsgehalt aufweisen (BGH, 4 StR 327/17).	von frustrationsbedingten Aggressionen an einem Opfer, das damit weder personell noch tatsituativ etwas zu tun hat (BGH, 5 StR 222/15). Hierbei ist aber zu berücksichtigen, dass der rechtswidrigen Tat nach § 212 schon an sich ein unerträgliches Missverhältnis innewohnt; daher wäre es, auch im Hinblick auf § 103 II GG und die absolute Rechtsfolge des § 211 verfehlt, jede vorsätzliche Tötung, für welche sich kein ‚nachvollziehbarer' oder nahe liegender Grund finden lässt, als Mord aus niedrigen Beweggründen anzusehen (F § 211 Rn 18; ebenso BGH, 1 StR 234/05). Bei einer Tötung aus **nichtigem Anlass** zur Tat kommt die Annahme niedriger Beweggründe grundsätzlich in Betracht; es ist jedoch eine Gesamtwürdigung vorzunehmen (Tötung eines Nachbarn wegen Benutzung eines „Trampelpfads"; BGH, 1 StR 53/15). Bei einem **Motivbündel** ist nach Möglichkeit das beherrschende Motiv herauszuarbeiten, bei massiven Gefühlsregungen, die dahinterstehende Grundhaltung zu erforschen (BGH, 4 StR 84/12). Es genügt, wenn das dominierende Motiv als niedrig zu bewerten ist; nachvollziehbare Begleitmotive stehen dann der Bewertung der Tötung als Mord nicht entgegen. Waren bei der Tatbegehung mehrere Motive gleichrangig vorhanden, so ist die Annahme niedriger Beweggründe nur möglich, wenn alle als niedrig einzustufen sind. Für „**Blutrache**" und „**Ehrenmord**" (BGH, 5 StR 466/19)**: Maßgebend ist stets eine Gesamtbetrachtung.** Der Maßstab für die Bewertung eines Beweggrundes ist den Vorstellungen der Rechtsgemeinschaft der Bundesrepublik und nicht den Anschauungen einer Volksgruppe zu entnehmen, die die sittlichen und rechtlichen Werte dieser Rechtsgemeinschaft nicht anerkennt (BGH, 5 StR 480/17). Vor diesem Hintergrund kann die Verwurzelung eines Täters in einem anderen Kulturkreis und in einer bestimmten Glaubensform nur ganz ausnahmsweise die Ablehnung der **subjektiven Seite** niedriger Beweggründe rechtfertigen (BGH, 5 StR 480/17). Es genügt, dass sich der Täter bei der Begehung der Tat der Umstände bewusst ist, die seine Beweggründe für die Rechtsgemeinschaft als niedrig erscheinen lassen. Eine eigene Bewertung der Beweggründe als niedrig muss der Täter dagegen nicht vornehmen.
Verdeckung einer anderen Straftat ***Def.:*** Mit Verdeckungsabsicht tötet, wem es darauf ankommt, durch die Tötung entweder die Aufdeckung der Vortat in einem die Strafverfolgung sicherstellenden Umfang oder die Aufdeckung seiner Täterschaft zu verbergen.	Als zu ermöglichende bzw. zu verdeckende **Straftat** kommt nur eine kriminell strafbare Handlung i.S.v § 11 I Nr. 5 in Betracht (Verbrechen oder Vergehen), **nicht** dagegen eine bloße **Ordnungswidrigkeit**; stattdessen kommt ein niedriger Beweggrund in Betracht. Die **Verdeckungsabsicht** ist ein subjektives Mordmerkmal und als solches stets **aus der Sicht des Täters** (auf der Basis seiner Vorstellungen) **zu beurteilen** (BGH, 4 StR 541/18, **RA-Telegramm 2020, 93** = JuS 2020, 180). **Voraussetzung** ist aber stets, dass die Verdeckungshandlung selbst **nach der Vorstellung des Täters Mittel der Verdeckung** sein soll. Wenn der Täter annimmt, eine Aufdeckung der anderen Straftat werde unabhängig von der Verdeckungshandlung und von deren Tötungserfolg nicht eintreten, fehlt es an der erforderlichen (vorgestellten) Kausalität einer möglicherweise objektiv ‚verdeckenden' Handlung für den subjektiv angestrebten Erfolg. (BGH, 2 StR 239/10). **(P): Bereits entdeckte Tat** Verdeckungsabsicht ist auch dann noch möglich, wenn der Täter weiß, dass seine **Tat bereits entdeckt** wurde. Ausreichend ist, wenn der Täter immerhin glaubt, mit der Tötung eine günstige Beweisposition aufrecht

erhalten zu können oder seine Lage verbessern zu können, selbst wenn er bereits als Täter der Vortat verdächtigt wird (BGH, 1 StR 50/11, JuS 2011, 942). Ist die Tat nach dem Wissen des Täters jedoch in einem die Strafverfolgung sicherstellenden Umfang bereits aufgedeckt, scheidet Verdeckungs-absicht aus (BGH, 4 StR 170/21, JA 2022, 77).

(P): Bloße Fluchtsicherung
Eine Fluchtmotivation steht der Verdeckungsabsicht nicht entgegen. Wenn die befürchtete Ergreifung zugleich die Aufdeckung der eigenen Tatbeteiligung zur Folge haben kann, besteht vielmehr notwendigerweise ein enger Zusammenhang zwischen Flucht und Tatverdeckung. Anders, wenn der Täter ausschließlich deswegen tötet, um sich der Ergreifung durch Flucht zu entziehen. In diesem Fall kann das Mordmerkmal der niedrigen Beweggründe vorliegen (BGH, 4 StR 541/18, **RA-Telegramm 2020, 93** = JuS 2020, 180).

(P): Andere Tat
Der Täter kann nicht diejenige Tat verdecken, die er gerade begeht. Folglich handelt derjenige Täter, der aus Mordlust tötet nicht auch zur Verdeckung einer „anderen" Tat. Ein unmittelbarer zeitlicher Zusammenhang mit der Vortat steht der Verdeckungsabsicht jedoch nicht entgegen. Die Vortat muss keine selbstständige Tat i.S.v. § 264 StPO darstellen und mit der Tötung auch nicht in Tatmehrheit stehen (BGH, 4 StR 498/11).

(-), wenn von vornherein einheitlicher Tötungsvorgang
(-), nach BGH, wenn Täter bei Begehung der ersten KV (nur) mit Eventualvorsatz bzgl. des Todes handelt und dann ohne Zäsur zu einer absichtlichen Tötung übergeht (BGH, 2 StR 370/16, JuS 2017, 1225)
(+), wenn im obigen Fall eine zeitliche Zäsur vorliegt (BGH, 3 StR 541/14, JuS 2015, 754)
(+), wenn Täter vom KV- zum Tötungsvorsatz übergeht, selbst wenn keine zeitliche Zäsur (BGH, 1 StR 160/18).
(P): Wertungswiderspruch zw. Fall 2 und 4, da Täter mit ursprünglichem Tötungsvorsatz privilegiert wird; deshalb a.A. auch (+) in Fall 2 (Eisele, JuS 2015, 754 f.)

In-dubio-Konstellation (**BGH, 03.02.2015, 3 StR 541/14**, JuS 2015, 754): Unklar, ob obiger Fall 2 oder 4 vorliegt: 1. Teilakt: in dubio nur KV-Vorsatz; 2. Teilakt: in dubio beim 1. Teilakt Tötungsvorsatz und deshalb gem. Fall 2 keine Verdeckungsabsicht

Unter „**andere Straftat**" ist nicht nur eine andere Straftat des Täters, sondern auch eine andere Straftat einer *anderen Person* zu verstehen.

(P): Bloßer Eventualvorsatz zur Tötung
Verdeckungsabsicht kommt grundsätzlich auch dann in Betracht, wenn der Tod des Opfers nicht mit direktem Vorsatz angestrebt, sondern **nur bedingt vorsätzlich** in Kauf genommen wird (BGH, 4 StR 345/18, **RA 2019, 213** [„Raser" flieht vor Polizei]). Anders ist dies, wenn sich im Einzelfall der Tod des Opfers als zwingend notwendige Voraussetzung einer Verdeckung darstellt (BGH, 2 StR 391/20, **RA 2021, 496**; 1 StR 474/19, **RA 2021, 49;** 4 StR 541/18, **RA-Telegramm 2020, 93** = JuS 2020, 180). Dies ist z.B. der Fall, wenn der Täter dem Opfer persönlich bekannt ist und der deshalb den Täter im Fall des Überlebens sicher identifizieren könnte („guter Zeuge").
Tritt meist zusammen mit dem folgenden Problem auf:

	(P): Verdeckungsmord durch Unterlassen Dies ist möglich und wird meist mit der Frage zusammentreffen, ob ein bloßer Eventualvorsatz zur Tötung neben der Verdeckungsabsicht ausreicht (hierzu oben). Greift der Täter das Opfer mit (bedingtem) Tötungsvorsatz an und verlässt er sodann den lebensgefährlich Verletzten, um sich drohender Strafverfolgung zu entziehen, kommt eine Strafbarkeit wegen Verdeckungsmordes durch Unterlassen mangels Verdeckens einer anderen Straftat nicht in Betracht (BGH, 3 StR 415/16).
Ermöglichung einer anderen Straftat ***Def.:*** Die mit der Handlung verfolgte Absicht muss darauf gerichtet sein, die Begehung der anderen Tat zu ermöglichen.	Die Tötung braucht nicht notwendige Voraussetzung zur Begehung der anderen Tat zu sein; es genügt, wenn sie die Tatbegehung nach der Vorstellung des Mörders erleichtert oder eine schnellere Tatbegehung ermöglicht (BGH, 2 StR 422/14). **(P): Existenz der zu begehenden Straftat** Die zu ermöglichende andere Tat muss nicht begangen werden; ja sie muss nicht einmal begehbar sein. Ein **Irrtum** des Mörders hierüber schließt seine Ermöglichungsabsicht nicht aus; so steht der Irrtum des Täters über das tatsächliche Vorliegen von Notwehr einem Mord zur Ermöglichung der Begehung einer anderen Straftat nicht entgegen. Nimmt der Täter dagegen irrtümlich an, dass weitere Handeln, das durch die Tötung ermöglicht werden soll, bilde gar keine Straftat oder sei gerechtfertigt, dann scheidet Ermöglichungsabsicht aus. Seine Motivlage ist in diesem Fall aber unter dem Gesichtspunkt der sonst niedrigen Beweggründe zu prüfen. **(P): andere Tat** Die „andere Tat“ muss dabei nicht prozessual selbstständig im Sinne des § 264 StPO sein. **Der Täter kann jedoch nicht diejenige Tat ermöglichen, die er gerade begeht.** Deshalb könnte man beim sog. „Raubmord“ am Vorliegen der Ermöglichungsabsicht zweifeln, wenn die Tötungshandlung gerade die für den Raub eingesetzte Gewalteinwirkung darstellt. Dennoch wird von der h.M. hier die Ermöglichungsabsicht bejaht. Die konkurrenzrechtliche Teilüberschneidung der Delikte ist egal, solange jenseits der Tötung ein weiterer Teilakt (die Wegnahme) vorgenommen werden soll (F, § 211 Rn 66). Andere Straftat ist bei der Ermöglichungsabsicht z.B. der Betrug zum Nachteil der Lebensversicherung. **Keine** andere Straftat ist § 218, wenn der Täter sein Opfer tötet, um die Geburt des Kindes zu verhindern (BGH, 2 StR 422/14). In den **Kannibalen**-Fällen (BGH, 2 StR 310/04, JuS 2005, 958; BGH, 5 StR 504/15, JA 2016, 629 = JuS 2016, 947) hat der BGH in der Störung der Totenruhe gem. § 168 StGB die zu ermöglichende Tat gesehen.
Wahlfeststellung	Eine (echte oder unechte) Wahlfeststellung ist auch bei der alternativen Verwirklichung verschiedener Mordmerkmale möglich (BGH, 2 StR 391/20, **RA 2021, 496** [Ermöglichungs- und Verdeckungsabsicht]; 4 StR 498/11 [niedriger Beweggrund und Verdeckungsabsicht].

<table>
<tr><th colspan="2">Tötung auf Verlangen, § 216</th></tr>
<tr><td colspan="2">§ 216 ist im Vergleich zu §§ 212, 211 eine Privilegierung. Liegt § 216 vor, entfaltet er Sperrwirkung.
Zur Abgrenzung zur Suizid-Beihilfe siehe im AT bei der Abgrenzung von Täterschaft und Teilnahme.</td></tr>
<tr><td>Ausdrückliches und ernsthaftes Verlangen</td><td>(P): Ernstliches Verlangen
Ernstlich ist ein derartiges Verlangen nur, wenn es auf fehlerfreier Willensbildung beruht. Der seinen Tod verlangende Mensch muss dazu die Urteilskraft besitzen, um die Bedeutung und Tragweite seines Entschlusses zu überblicken und abzuwägen. Dem entsprechend ist einem Tötungsverlangen die Anerkennung im Sinne des Privilegierungstatbestands für den Täter zu versagen, wenn das Opfer durch eine Erkrankung in seiner natürlichen Einsichts- und Willensfähigkeit beeinträchtigt war und es deshalb die Tragweite seines Entschlusses, sich töten zu lassen, nicht überblickte. Unbeachtlich ist aber auch ein Tötungsverlangen in depressiver Augenblicksstimmung, zumindest wenn es nicht von innerer Festigkeit und Zielstrebigkeit getragen wird (BGH, 2 StR 145/11, Anwendung auf eine Äußerung nach einem epileptischen Anfall; ebenso BGH, 3 StR 168/10).

In den Kannibalen-Fällen (BGH, 2 StR 310/04, JuS 2005, 958; BGH, 5 StR 504/15, JA 2016, 629 = JuS 2016, 947) hat der BGH jeweils § 216 abgelehnt. In der Lit. wird demgegenüber z.T. darauf hingewiesen, dass die Suche des Täters im Internet nur einen generellen Entschluss begründe, der eigentliche Entschluss zur konkreten Tat jedoch erst durch das potenzielle Opfer hervorgerufen werde (Mitsch, ZIS 2007, 197, 198 f.).

Beim ernstlichen Verlangen des Getöteten, welches dieser an eine andere Person richtet, handelt es sich um ein persönliches Merkmal i.S.v. § 28 II. (Nach BGH wohl Fall des § 28 I.)

(P): Irrtum gem. § 16 II
Geht der Täter allerdings irrtümlich davon aus, dass der Getötete seine Tötung ernstlich verlangt habe, dann greift die Tatbestandsverschiebung des § 16 II ein, so dass die Privilegierung gemäß § 216 im Ergebnis ebenfalls zu seinen Gunsten zur Anwendung kommen kann. Dies ist jedoch ausgeschlossen, wenn der Täter alle Umstände kannte, die zu der Äußerung des Todeswunsches geführt hatten (BGH, 2 StR 145/11).</td></tr>
</table>

<table>
<tr><th colspan="2">Aussetzung, § 221</th></tr>
<tr><td colspan="2">§ 221 ist ein Lebensgefährdungsdelikt. Es spielt nur eine Rolle, wenn eine Vollendung der §§ 212, 211 nicht gegeben ist. (Übersichtsaufsatz: Ladiges, JuS 2012, 687 ff.)</td></tr>
<tr><td>§ 221 I Nr. 2
„im Stich lassen“</td><td>(P): Fraglich ist die Rechtsnatur des § 221 I Nr. 2:
Etliche Autoren sprechen sich für ein sowohl durch Tun als auch durch Unterlassen begehbares Delikt aus (z.B. Fischer, § 221 Rn. 12). Andere halten § 221 I Nr. 2 für ein (reines) Unterlassungsdelikt (z.B. MK-Hardtung, § 221 Rn. 2).

Der BGH, 1 StR 233/11, hält § 221 I Nr. 2 StGB für ein Unterlassungsdelikt.

Das Verlassen des Opfers ist ein faktischer Anwendungsfall, aber kein gesetzlicher Unterfall des Im-Stich-Lassens. Dass der Täter die gebotene Handlung deshalb nicht vornimmt, weil er den Ort, an dem er handeln müsste, verlässt, ändert nichts an dem grundsätzlichen Rechtscharakter der Tat. Letztlich ist bei der Bewertung von Verhaltensweisen unter dem Blickwinkel, ob strafbares Tun oder strafbares Unterlassen vorliegen,</td></tr>
</table>

	darauf abzustellen, worin der "Schwerpunkt der Vorwerfbarkeit" liegt. Dieser liegt darin, dass der Täter die gebotene Hilfeleistung unterlässt, ohne dass es darauf ankommt, ob er sich (zusätzlich) räumlich entfernt. **(P): Anwendbarkeit von § 13 II** Ob (fakultativ) eine Strafrahmenmilderung gemäß § 13 II möglich ist, richtet sich danach, ob ein „echtes" oder „unechtes" Unterlassungsdelikt vorliegt. Für „echte" Unterlassungsdelikte gilt § 13 nicht (vgl. zusammenfassend Fischer, § 13 Rn. 3 mwN). „Echte" Unterlassungsdelikte müssen keinen Taterfolg aufweisen (Fischer, vor § 13 Rn. 16). So verhält es sich letztlich hier. Das pflichtwidrige Garantenverhalten führt im Rahmen von § 221 I Nr. 2 nicht zu einer Verantwortlichkeit für den daraus resultierenden Verletzungserfolg, sondern zur strafrechtlichen Haftung für die nicht abgewendete konkrete Gefahr. Ist aber aus diesen Gründen § 221 I Nr. 2 echtes Unterlassungsdelikt, sodass § 13 nicht anwendbar ist, kann für den hierauf aufbauenden **Qualifikationstatbestand des § 221 III** nichts anderes gelten (**BGH, 19.10.2011, 1 StR 233/11**). Anders Fischer, § 221 Rn 12: Nr. 2 verlange einen Gefährdungserfolg. Da § 221 I Nr. 1 auch durch Unterlassen begangen werden kann und hierauf § 13 II Anwendung findet, wäre es ein Widerspruch, auf den selben Täter § 13 II nicht anzuwenden, wenn er das Opfer nicht in die Gefahrenlage versetzt, sondern darin hält.

Körperverletzung, §§ 223 ff.

Def.: Eine **körperliche Misshandlung** ist eine üble, unangemessene Behandlung, die zu einer nicht unerheblichen Beeinträchtigung des körperlichen Wohlempfindens oder der körperlichen Unversehrtheit führt.	Rein **seelische** Beeinträchtigungen als solche fallen nicht hierunter. Bloße Angst- oder Panikgefühle des Opfers reichen nicht aus. Anders ist dies jedoch, wenn durch das Täterverhalten der Körper des Opfers in einen „pathologischen, somatisch *(körperlich)* objektivierbaren Zustand" versetzt wird (BGH, 4 StR 168/13; 4 StR 589/09). Dies kann auch dadurch passieren, dass beim Opfer durch ein Anspucken ins Gesicht aus Ekel ein Brechreiz hervorgerufen wird (BGH, 3 StR 289/15). **(P): Begehung der Tat durch Unterlassen** Die körperliche Misshandlung kann auch durch **Unterlassen** begangen werden, so etwa durch Entzug von Nahrung, längeren Schlafentzug, Vorenthalten nötiger Medikamente oder ärztlicher Behandlung bei Verletzungen oder Krankheit. **(P): ärztlicher Heileingriff** Nach BGH stellt der ärztliche Heileingriff grundsätzlich eine Körperverletzung dar, die durch eine (mutmaßliche) Einwilligung gerechtfertigt werden muss. Anders könne das Selbstbestimmungsrecht des Patienten nicht wirksam geschützt werden. (Vgl. § 630d BGB: „Einwilligung") Sofern der Arzt den Patienten falsch aufklärt (gar bewusst täuscht), ist die durch Täuschung erschlichene Einwilligung unwirksam. (So z.B. wenn ein Schönheitschirurg die Patientin darüber täuscht, dass bei der Fettabsaugung kein Anästhesist anwesend sein wird, BGH, 5 StR 561/10). Will der Arzt eine „Außenseitermethode" anwenden, muss er den Patienten darüber aufklären, dass diese Behandlung schulmedizinisch nicht anerkannt ist („Zitronensaft-Fall", BGH, 3 StR 239/10). Demgegenüber ist nach der Gegenauffassung ein ärztlicher Heileingriff nicht tatbestandsmäßig, solange er nach den Regeln der ärztlichen Kunst („lege artis") erfolgt. **Achtung:** Der vom Arzt fahrlässig begangene Kunstfehler ist nach BGH ein Fall des **ETBI** bzgl. des Vorliegens einer (mutmaßlichen) Einwilligung.

Def.: Eine **Gesundheitsbeschädigung** ist jedes Hervorrufen oder Steigern eines pathologischen Zustands.	Eine Störung des **seelischen** Befindens allein genügt noch nicht (BGH, 4 StR 589/09). Auch die Gesundheitsschädigung kann durch **Unterlassen** herbeigeführt werden, etwa durch das Nichtbehandeln einer Krankheit durch den Arzt als Garanten (Hardtung, JuS 2008, 864, 867).
§ 224 I Nr. 1: Gift oder andere gesundheitsschädliche Stoffe	„Gesundheitsschädlicher Stoff" kann auch Stoff des täglichen Bedarfs sein („Salzpudding-Fall", BGH, 4 StR 536/05, JA 2006, 743 = JuS 2006, 758)
§ 224 I Nr. 2: ***Def.:*** **Gefährliches Werkzeug** ist jeder Gegenstand, der nach seiner Beschaffenheit und der konkreten Art seiner Verwendung geeignet ist, erhebliche Verletzungen herbeizuführen. **Mittels** der Waffe oder des gefährlichen Werkzeugs ist die Körperverletzung begangen, wenn die Verletzung durch dieses Tatmittel verursacht wurde und sich zumindest als deren typische Folge darstellt.	**(P): beschuhter Fuß** i.d.R. (+), wenn damit in das Gesicht oder gegen den Kopf getreten wird (OLG Koblenz, 2 OLG 3 Ss 198/13, **RA 2014, 601;** einschränkend aber BGH, 2 StR 253/16, wenn das Opfer keine Verletzungen erlitten hat). **(P): unbewegliche Gegenstände** Nr. 2 (-), wenn der Täter das Opfer gegen einen unbeweglichen Gegenstand schlägt; deshalb (-) für eine Badewanne (BGH, 2 StR 60/12). **(P): Kfz** (+) i.d.R. bei der Verletzung durch das **Anfahren mit einem Kfz**; (-) aber, wenn sich die Verletzungsschwere alleine aus dem anschließenden Sturz ergibt, das Auto selbst also den Körper des Radfahrers nicht berührt (BGH, 4 StR 442/18, **RA 2019, 439;** OLG Zweibrücken, 1 OLG 2 Ss 42/18, **RA 2019, 45**). **(P): bloß psychische Wirkung** Tut der Täter mit einem von hinten um den Hals gelegten Elektro-kabel nur so, als wollte er das Opfer erdrosseln, so entfaltet das Werkzeug als bloße „Requisite" bei der Inszenierung einer scheinbar lebensbedrohlichen Situation seine Wirkung nicht unmittelbar körperlich, sondern bloß psychisch vermittelt, was nicht ausreicht, um den TB zu bejahen (BGH, 4 StR 589/09). **(P): Unterlassen (fragl. Entsprechungsklausel beim Wort „mittels")** Dem Begehen durch aktives Tun steht zumindest in der Mehrzahl der Fälle ein *Unterlassen* durch einen Garanten nicht im Sinne von § 13 gleich, denn der nicht handelnde Garant bedient sich dann vielfach nicht des Werkzeugs.
§ 224 I Nr. 3: ***Def.:*** Ein **hinterlistiger Überfall** liegt vor, wenn der Täter planmäßig in einer auf Verdeckung der wahren Absicht berechneten Weise vorgeht, um dadurch dem Gegner die Abwehr des nicht erwarteten Angriffs zu erschweren und die	**(P): Verhältnis zur Heimtücke** Der hinterlistige Überfall entspricht nicht der Heimtücke beim Mord. Der hinterlistige Überfall erfordert nämlich mehr als die bloße Ausnutzung einer Arg- und Wehrlosigkeit in feindseliger Willensrichtung, die oftmals bei einem überraschenden Angriff von hinterrücks bereits zu bejahen ist. Hinterlist ist erst bei einem planmäßigen Verbergen der Verletzungsabsicht gegeben (vgl. BGH, 2 StR 395/10). Ein Überfall ist nicht schon dann hinterlistig, wenn der Täter für den Angriff auf das Opfer das Überraschungsmoment ausnutzt, indem er es von hinten angreift (BGH, 3 StR 146/12; 2 StR 524/12).

Vorbereitung auf seine Verteidigung nach Möglichkeit auszuschließen.	Hinterlistiger Überfall **zu bejahen**: • Entgegentreten mit vorgetäuschter Friedfertigkeit (BGH NStZ 2004, 93) • heimliches Verabreichen von Bewusstsein trübenden Mitteln, wie Alkohol, Drogen oder „K.O.-Tropfen" (anders für § 250 II Nr. 1 wegen der besonderen Bedeutung jener Qualifikation BGH, 4 StR 473/08) • Täter verbirgt sich vor Opfer und lauert ihm auf • Täter schleicht sich an (BGH, 1 StR 62/04). • Stellen einer Falle (z.B. Locken an einen Ort, an dem Abwehr- oder Fluchtmöglichkeiten eingeschränkt sind)
§ 224 I Nr. 4: Mit einem anderen Beteiligten gemeinschaftlich	**Nr. 4 setzt weder Eigenhändigkeit noch Mittäterschaft voraus**; ausreichend ist das gemeinsame Wirken eines Täters und eines Gehilfen bei der Begehung einer Körperverletzung (BGH, 2 StR 188/16). Das führt aber nicht dazu, dass der Gehilfe schon deshalb als Mittäter zu bestrafen wäre. Wer bloßer Gehilfe des Grunddelikts (§ 223 I) ist, der ist auch bloßer Gehilfe bei der Qualifikation des § 224 I Nr. 4 (BGH, 4 StR 522/09). Erforderlich ist, dass das Opfer am Tatort mindestens zwei Personen gegenübersteht, wobei es ausreicht, wenn lediglich einer die Körperverletzungshandlung unmittelbar ausführt, sofern der andere oder die anderen zu dieser zumindest **aktiv** Beihilfe leisten (aggressives Gegenübertreten am Tatort; bloß passive Anwesenheit genügt nicht; BGH, 3 StR 261/15). Erforderlich ist vielmehr eine Beteiligung, durch die sich die Gefährlichkeit der konkreten Tatsituation erhöht (BGH, 2 StR 188/16). Daran fehlt es, wenn sich mehrere Opfer jeweils nur einem Angreifer ausgesetzt sehen, ohne dass die Positionen ausgetauscht werden. Denn in diesem Fall stehen dem jeweiligen Opfer die Beteiligten gerade nicht gemeinschaftlich gegenüber (BGH, 3 StR 171/15).
§ 224 I Nr. 5: Mittels einer das Leben gefährdenden Behandlung	Von maßgeblicher Bedeutung sind Dauer und Stärke der Einwirkung, die zwar nicht dazu führen muss, dass das Opfer der Körperverletzung tatsächlich in Lebensgefahr gerät, aber **abstrakt** geeignet sein muss, das Leben des Opfers zu gefährden (BGH, 3 StR 444/15; 2 StR 38/13). Das ist der Fall, wenn die Art der Behandlung durch den Täter nach den Umständen des Einzelfalls (generell) geeignet ist, das Leben zu gefährden (st. Rspr). Dabei ist vor allem die individuelle Schädlichkeit der Einwirkung gegen den Körper des Verletzten zu berücksichtigen, sodass auch Schläge mit der bloßen Hand oder der Faust gegen den Kopf des Opfers unter Nr. 5 fallen *können* (BGH, 2 StR 520/12, **RA 2013, 270**), ebenso das Würgen angesichts der Dauer und Stärke der Einwirkung (BGH, 1 StR 344/16). Nach a.A. ist eine konkrete Lebensgefährdung nötig. Nach h.M. ist auch die Infektion mit **HIV** durch ungeschützten Sexualverkehr oder Verabreichung einer Injektion mittels einer ungereinigten Spritze im Drogenmilieu eine das Leben gefährdende Behandlung, weil die Infektion zum Ausbruch der unheilbaren Immunschwächekrankheit Aids führen kann. Das Merkmal „**mittels**" scheidet aus, wenn nicht die Körperverletzungshandlung lebensgefährlich ist, sondern erst eine durch sie ausgelöste Gefahr. So im Fall (BGH, 4 StR 123/06): *[A verfolgte T neben einer Autobahn und warf sich auf diesen. T erlitt Prellungen und Blutergüsse. Dabei kam der Kopf des T auf der Autobahn zu liegen. Mehrere Fahrzeuge konnten nur knapp ausweichen.]* Anders im Fall OLG Hamm, 4 RVs 159/16, **RA 2017, 217** = JuS 2017, 563):

	[Plötzliches Öffnen der Beifahrertür eines fahrenden Pkws, um einen neben dem Pkw befindlichen Radfahrer „auffahren“ zu lassen.] Hier ist bereits die Handlung abstrakt lebensgefährlich, auch wenn der konkrete Körperverletzungserfolg erst durch das Ausweichmanöver eintritt. **(P): Unterlassen** Eine das Leben gefährdende Behandlung kann auch bei einem pflichtwidrigen **Unterlassen** vorliegen, etwa wenn ein Garant eine hilflose Person über längere Zeit hinweg nicht mit Lebensmitteln versorgt.
§ 225: Misshandlung von Schutzbefohlenen	Täter des Sonderdelikts kann nur sein, wer selbst in einem Pflichtverhältnis der in Abs. 1 genannten Art zum Opfer steht. Die Pflichtverhältnisse sind besondere persönliche Merkmale des Täters im Sinne von §§ 14 I, 28 II. Fehlen sie beim Teilnehmer der Tat, so wird der Tatbestand für den Teilnehmer zu den „normalen“ KV-Delikten verschoben. Die Tathandlung des „Quälens“ kann auch durch Unterlassen begangen werden (BGH, 1 StR 624/14, **RA 2015, 613**).
§ 226: Schwere Körperverletzung	**Erheblich i.S.v. § 226 I Nr. 3** ist eine Entstellung nur dann, wenn sie zumindest dem Gewicht der geringsten Fälle nach § 226 I Nr. 1 und 2 gleichkommt. Dies kann jedoch im Einzelfall bei besonders großen oder markanten Narben der Fall sein, ebenso bei einer Vielzahl von Narben in derselben Körperregion (BGH, 2 StR 29/11). Allein der Umstand, dass eine **Narbe deutlich sichtbar** ist, reicht dabei aber für die Annahme einer erheblichen Entstellung noch nicht aus. Erst wenn im Einzelfall – etwa durch eine deutliche Verzerrung der Proportionen des Gesichts – ein Grad an Verunstaltung erreicht ist, der in einer Relation zu den anderen schweren Folgen im Sinne des § 226 I steht, kommt die Annahme einer erheblichen Entstellung in Betracht (BGH, 4 StR 163/14). Bei **§ 226 II** handelt es sich nicht nur um eine Strafzumessungsregel, sondern um eine **Qualifikation** gegenüber dessen Absatz 1, die durch das „absichtliche“ oder „wissentliche“ Verursachen der schweren Folge gekennzeichnet ist. Hierfür reicht zwar aus, dass der Täter die schwere Körperverletzung als sichere Folge seines Handelns voraussieht. Dafür genügt es nicht, dass der Angeklagte wusste und wollte, dass sein Opfer „erheblich verletzt“ wird (BGH, 4 StR 274/13).
§§ 226/227: Erfolgsqualifikationen	Zur Frage des Unmittelbarkeitszusammenhangs: siehe im Allgemeinen Teil bei den Erfolgsqualifikationen.

Beteiligung an einer Schlägerei, § 231

I. Tatbestand
1. **Schlägerei oder ein von mehreren verübter Angriff**
2. **Beteiligung hieran**
3. **Vorsatz bzgl. 1. und 2.**
4. **Eintritt der schweren Folge (Tod oder § 226)**

II. Rechtswidrigkeit (P): Absatz 2

III. Schuld

Def.: **Schlägerei** Eine Schlägerei liegt bei gegenseitigen Körperverletzungen mindestens dreier Personen vor.	Auch körperliche Auseinandersetzungen in mehreren **Zweier-Konstellationen** können eine Schlägerei konstituieren, sofern sie in der Zusammenschau ein einheitliches Geschehen bilden (BGH, 4 StR 347/13). Aber: Keine Schlägerei **mehr**, wenn sich so viele Beteiligte entfernen, dass nur noch zwei Personen verbleiben, die aufeinander einschlagen (BGH, 4 StR 347/13).

***Def.:* Von mehreren verübter Angriff** ist die in feindseliger Willensrichtung unmittelbar auf den Körper eines anderen abzielende Einwirkung von mindestens zwei Personen.	Einschlägig, wenn keine wechselseitigen körperlichen Auseinandersetzungen stattfinden, das Opfer sich also nicht wehrt, oder sich auf Schutzwehr beschränkt. Körperverletzungen sind (zunächst) nicht nötig; auch die bloße Verfolgung eines Opfers reicht aus.
Beteiligung	Beteiligung deckt sich hier nicht mit dem Oberbegriff der Teilnahme. Für (täterschaftliche) Beteiligung an einer Schlägerei soll vielmehr nach h.M. Anwesenheit am Tatort und irgendeine physische (tätliche) oder psychische (intellektuelle) Mitwirkung in feindseliger Willensrichtung erforderlich und zugleich ausreichend sein. Der „reine" Streitschlichter ist kein Beteiligter.
Schwere Folge	Objektive Bedingung der Strafbarkeit. Also sind Vorsatz oder Fahrlässigkeit nicht erforderlich. Auch (+) bei durch Notwehr gerechtfertigter Handlung. Auch (+), wenn die schwere Folge bei einem Unbeteiligten eintritt. Auch (+), wenn der Täter selbst verletzt wird (beachte dann aber § 60). Auch (+), wenn feststeht, dass die schwere Folge erst vor oder erst nach dem Ausscheiden des Täters aus der Schlägerei eingetreten ist (str.). § 231 ist eine „materiell-rechtlich formulierte Beweiserleichterung" und stellt ein abstraktes Gefährdungsdelikt dar.
Ausschluss der Vorwerfbarkeit nach Abs. 2	Der in Abs. 2 angeordnete Strafbarkeitsausschluss bezieht sich auf die Beteiligung im Ganzen, die durch Eingreifen eines Erlaubnissatzes gerechtfertigt oder durch einen Entschuldigungsgrund nicht schuldhaft begangen wird. Die dogmatische Einordnung des Absatz 2 ist unklar. Während die einen meinen, es werde lediglich deklaratorisch auf die Kriterien der Rechtswidrigkeit oder der Schuld hingewiesen („Fingerzeig" des Gesetzgebers) (Joecks, § 231 Rn 15), meinen die anderen, dass Rechtfertigungs- oder Entschuldigungsgründe zu einem „atypischen Tatbestandsausschluss" führen würden (BeckOK-Eschelbach, § 231 Rn 16). Dieser Streit hat in der Klausur in der Regel keine Bedeutung. Vor allem darf der Aufbau des Gutachtens nicht erklärt werden. Es wird deshalb empfohlen, im gängigen Schema zu bleiben, und lediglich bei der Prüfung der Rechtswidrigkeit kurz auf § 231 II StGB hinzuweisen. Die Bewertung der Schlägereibeteiligung ist von der Rechtfertigung oder Entschuldigung einzelner Handlungen in diesem Zusammenhang zu unterscheiden. So kann die Tötung oder schwere Verletzung eines Angreifers in Notwehr gerechtfertigt sein, die Beteiligung an der Schlägerei, in deren Rahmen die Tötung erfolgt ist, aber gleichwohl vorwerfbar bleiben; denn der Bezugspunkt ist ein anderer. Die Vorwerfbarkeitsfrage im Sinne von Abs. 2 bezieht sich auf das Gesamtgeschehen und die Beteiligung des Einzelnen daran. (BGH, 4 StR 347/13)

Beleidigung, §§ 185 ff.

I. Tatbestand
1. Tatobjekt: lebender Mensch (vgl. § 189) (auch Einzelne unter Kollektivbezeichnung) und Personengemeinschaften
2. Tathandlung: Beleidigung
3. Vorsatz bzgl. 1. und 2.
II. Rechtswidrigkeit (beachte § 193)
III. Schuld
Beachte Straffreiheit gem. § 199 und Qualifikation, § 185 2. Alt.

Def.: **Beleidigung** ist der Angriff auf die Ehre eines anderen durch die Kundgabe eigener Missachtung oder Nichtachtung.

Aus Art. 1 I, 2 I GG folgt, dass es einen Bereich vertraulicher Kommunikation innerhalb besonders ausgestalteter Vertrauensbeziehungen gibt, wozu insbesondere der engste Familienkreis gehört, welcher dem Ehrenschutz vorgeht („**beleidigungsfreie Sphäre**“). Damit soll jedem ein persönlicher Freiraum gewährt werden, in dem er unbeobachtet sich selbst überlassen ist und sich mit seinen engsten Verwandten ohne Rücksicht auf gesellschaftliche Verhaltenserwartungen frei aussprechen und seine Emotionen frei ausdrücken, geheime Wünsche oder Ängste offenbaren und das eigene Urteil über Verhältnisse oder Personen freimütig kundgeben kann, ohne eine gerichtliche Verfolgung befürchten zu müssen. Hierzu kann auch eine per **WhatsApp** versandte

Die Kundgabe der Missachtung des Opfers kann bei § 185 StGB – anders als bei §§ 186 f. – sowohl durch Behauptung einer ehrenrührigen Tatsache als auch durch Abgabe eines ehrenrührigen Werturteils gegenüber dem Opfer selbst erfolgen.
In der bloßen Wiedergabe als solcher gekennzeichneter, herabsetzender Werturteile Dritter („Drecksjäger“; „widerlicher Wildschleifer“) in einem Zeitungsbericht (Drittzitat) liegt keine persönliche Identifizierung des Verfassers mit dieser Begriffsverwendung (OLG Rostock, 20 RR 66/16).

Mehrere Gerichtsentscheidungen haben sich mit der Frage befasst, ob die Verwendung des Kürzels **„A.C.A.B”** für „all cops are bastards” als strafrechtlich verfolgbare Beleidigung einzustufen ist.

Herkömmlich unterscheidet man hier wie folgt:

Die **Beleidigung eines Kollektivs** als solches ist dann möglich, wenn die Personenmehrheit genau abgrenzbar ist, eine rechtlich anerkannte Funktion erfüllt und einen eigenen Willen zu bilden vermag. Die Polizei als solche kommt insoweit nicht in Betracht, da eine einheitliche Willensbildung dort nicht möglich ist. Unter dem Begriff „Polizei“ ist eine Vielzahl von Einrichtungen in Bund und Ländern zu verstehen, die sich in Aufgabenstellung, Bedeutung und Organisation erheblich voneinander unterscheiden. Daher gibt es für die Polizei als Gesamtheit keine übergreifende, alle Einrichtungen umfassende Organisationsstruktur mit einem einheitlichen Träger politischer oder verwaltungsmäßiger Verantwortung.

Sodann ist aber auch eine **Beleidigung einzelner unter einer Kollektivbezeichnung** denkbar. Dies kann einmal der Fall sein, wenn nur ein Einzelner der Gruppe gemeint sein soll, aber die angesprochene Gruppe einen relativ kleinen und damit bezüglich der Individualität der Gruppenmitglieder überschaubaren Personenkreis umfasst. Zum anderen ist eine Beleidigung unter einer Kollektivbezeichnung auch möglich, wenn durch die Bezugnahme auf eine bestimmte Personengruppe alle Angehörigen getroffen werden sollen; allerdings müssen dann Umstände gegeben sein, aufgrund derer sich die Betroffenen deutlich aus der Allgemeinheit herausheben und der Kreis der Adressaten auf diese Weise klar abgegrenzt wird.

Dementsprechend war vorliegend die Frage zu beantworten, ob trotz der Benutzung der pauschal gehaltenen Wendung „A.C.A.B.“ aus den Umständen des Einzelfalles eine Beleidigung aller vor Ort anwesender Polizeibeamten abzuleiten war.
BVerfG, 1 BvR 2150/14, „Karlsruher Banner-Fall“: Der Bf. hielt während des Zweitligaspiels des Karlsruher SC gegen den VfL Bochum im Oktober 2010 gemeinsam mit anderen Personen vier Banner mit der Buchstabenfolge „ACAB“ für jedermann sichtbar im Stadion hoch. Einige der im Stadion anwesenden Polizeibeamten fühlten sich in ihrer Ehre verletzt.

Mitteilung an enge Familienmitglieder gehören (OLG Frankfurt, 16 W 54/18, **RA-Telegramm 2019, 43**).	BVerfG, 1 BvR 257/14, JA 2016, 714 = JuS 2016, 751, „Münchener Hosen-Fall“: Der Bf. trug während des Besuchs eines Fußballspiels im Oktober 2012 eine Hose, die im Gesäßbereich gut sicht- und lesbar mit dem Akronym „ACAB“ bedruckt war. Ein Bereitschaftspolizist, an dem der Bf. nach dem Spiel vorbeiging, erstattete Strafanzeige. In beiden Fällen hob das BVerfG die Strafurteile auf, die davon ausgingen, dass die Polizeibeamten, die an einem konkreten Einsatz teilnehmen, ein hinreichend umgrenzter Kreis der zum kollektiv gehörenden Personen seien. Für die Annahme einer hinreichend überschaubaren und abgegrenzten Personengruppe reiche es nicht, dass die im Stadion eingesetzten Polizeikräfte eine Teilgruppe aller Polizistinnen und Polizisten sind. Vielmehr bedürfe es einer personalisierten Zuordnung. Es genügt nicht, dass beiden Bf. bewusst war, dass Einsatzkräfte der Polizei anwesend sein würden. Der bloße Aufenthalt im Stadion im Bewusstsein, dass die Polizei präsent ist, genüge den verfassungsrechtlichen Vorgaben an eine erkennbare Konkretisierung der Äußerung im Hinblick auf bestimmte Personen nicht. Es sei hieraus nicht ersichtlich, dass die Äußerung sich individualisiert gegen bestimmte Beamte richte (bestätigt durch BverfG, 1 BvR 1593/16, JuS 2017, 898). Gegenbeispiel: Eine hinreichende Individualisierung ist hingegen gegeben, wenn der Täter mit dem Finger auf einen Polizeibeamten zeigt und zugleich „ACAB“ ruft (OLG Stuttgart, 1 Ss 329/08). Ebenso enthält das „ostentative“ und „nachgerade paradierende“ Zur-Schau-Stellen eines mit der Aufschrift „A.C.A.B.“ bedruckten Stoffbeutels vor Polizeikräften eine hinreichende Individualisierung einzelner Personen aus einer größeren Gruppe (BVerfG, 1 BvR 2832/15, JA 2017, 876).
Wahrnehmung berechtigter Interessen, § 193	Bei § 193 handelt es sich um einen besonderen Rechtfertigungsgrund für die Beleidigungsdelikte. Die **Meinungsäußerung** ist gem. **Art. 5 I 1 GG** grundrechtlich geschützt, ohne dass es darauf ankommt, ob sie wertvoll oder wertlos, richtig oder falsch, begründet oder grundlos, emotional oder rational ist. Auch scharfe und übersteigerte Äußerungen fallen grundsätzlich in den Schutzbereich der Meinungsfreiheit. Dies gilt allerdings dann nicht, wenn die Äußerung die Menschenwürde eines anderen antastet oder sich als **Formalbeleidigung** oder **Schmähkritik** darstellt. Im Hinblick auf den weiten Schutzbereich der Meinungsfreiheit ist der Begriff der Schmähung eng auszulegen. Die Äußerung muss jenseits auch polemischer und überspitzter Kritik eine persönliche Herabsetzung darstellen, bei der - losgelöst vom Sachbezug - die Diffamierung der Person im Vordergrund steht. Handelt es sich um eine Meinungsäußerung, die weder eine Formalbeleidigung noch eine Schmähkritik darstellt, ist eine **Abwägung** zwischen der Meinungsfreiheit und dem Ehrenschutz geboten, deren Ergebnis verfassungsrechtlich nicht vorgegeben ist, bei der jedoch alle wesentlichen Umstände des Falles zu berücksichtigen sind und bei der es auf die Schwere der Beeinträchtigung der betroffenen Rechtsgüter ankommt. (OLG Brandenburg, (2) 53 Ss 4/13, **RA 2013, 861**) Zur Bezeichnung eines konkreten Polizisten als „Spanner“: BVerfG, 1 BvR 2732/15, JA 2016, 874. Zur Bezeichnung “Obergauleiter der SA-Horden”: BverfG, 1 BvR 2973/14, JA 2017, 475 = JuS 2017, 899).

Hausfriedensbruch, § 123	
Geschützte Räumlichkeiten	Abbruchhäuser sind, soweit sie (noch) Schutzwehren aufweisen, befriedetes Besitztum, wobei der Wegfall ihrer ursprünglichen sozialen Funktion ohne Bedeutung ist, so dass **Hausbesetzungen** tatbestandlichen Hausfriedensbruch darstellen.
Eindringen ***Def.:*** Das Eindringen setzt voraus, dass der Täter einen der geschützten Bereiche betritt, d.h. mindestens mit einem Teil des Körpers hineingelangt. Aufsatz: Kuhli, JuS 2013, 211	(+) beim „Fuß in der Tür" str.: Hineingreifen, Griff nach der Sicherungskette, Hineinbeugen mit dem Oberkörper; (-) Hineinwerfen von Gegenständen oder nicht-körperliche Einwirkungen bspw. durch Lärm und das Parken ohne Parkberechtigung **(P): Gegen den Willen** Das Betreten muss gegen den Willen des Hausrechtsinhabers erfolgen. (+) bei Drohung (-) bei erschlichener Zutrittserlaubnis (Regel: Das Einverständnis ist wirksam, auch wenn es durch Täuschung erschlichen wurde.) (+), wenn durch (Identitäts-)Täuschung ein Hausverbot überwunden wird. Im Falle des Betretens von dem **Publikumsverkehr** generell geöffneten Räumlichkeiten kommt es darauf an, ob das Verhalten nach dem **äußeren Erscheinungsbild** von einem normalen, gestatteten Betreten abweicht („Strumpfmasken-Theorie"). **(P): Eindringen durch Unterlassen** **Garanten** können sich dadurch strafbar machen, dass sie ein Betreten der geschützten Räumlichkeiten durch Dritte nicht verhindern. Nach h.M. ebenso, wer durch aktives Verhalten zunächst unvorsätzlich, gerechtfertigt oder schuldlos oder entschuldigt eingedrungen ist, wenn die den Vorsatz ausschließenden, rechtfertigenden oder die Schuld betreffenden Umstände wegfallen. Ebenso in Fällen der Überschreitung zeitlich begrenzter Betretungserlaubnisse, etwa durch **Einschließenlassen** eines verborgenen Besuchers in einem Museum.
Verweilen ***Def.:*** Wer sich auf Aufforderung des Berechtigten, die ausdrücklich oder konkludent erfolgen kann, nicht unverzüglich aus der geschützten Räumlichkeit entfernt.	Als konkludente Aufforderung kommt in Betracht: • das demonstrative Öffnen der Tür oder das wortlose Zeigen auf den Ausgang • ein akustisches Signal, dass die Schließung einer Räumlichkeit ankündigt • str. ist, ob der *Aushang von* Öffnungszeiten als „vorab erklärte" Aufforderung hinreicht